beck^{**I**}sche
reihe

W0090141

b^s^r

Bernhard Maier beschreibt anschaulich 25 Sternstunden der Religionen, die den Lauf der Weltgeschichte verändert haben. Zur Sprache kommen Religionsstifter wie Buddha, Jesus und Muhammad, religiöse Erneuerer wie Judas Makkabäus, Martin Luther und Ignatius von Loyola sowie neue Religionen wie die Mormonen und die Baha'i. Insgesamt bietet der Band eine ebenso kurzweilige wie lehrreiche Religionsgeschichte der Menschheit.

Bernhard Maier, geb. 1963, ist Professor für Religionswissenschaft an der Universität Tübingen. Bei C. H. Beck liegen von ihm bereits mehrere Standardwerke vor, u. a. «Stonehenge» (2005), «Die Kelten» (2. Auflage 2003) und «Die Religion der Germanen» (2003).

Bernhard Maier

Sternstunden
der Religionen

Verlag C. H. Beck

Dieses Buch erschien zuerst 2008 als limitierte Sonderausgabe
in der Beck'schen Reihe.

Originalausgabe

© Verlag C. H. Beck oHG, München 2008
Gesamtherstellung: Druckerei C. H. Beck, Nördlingen
Umschlagentwurf: malsyteufel, willich
Umschlagabbildung: Buddha Amitabha flankiert von zwei Gottheiten,
Ausschnitt aus der Seidenmalerei «Das Paradies des Amitabha»
im Tempel des Suguk-sa, Korea, 1795
Photo: The Art Archive/Musée Guimet/Gianni Dagli Orti
Printed in Germany
ISBN 978 3 406 58354 4

www.beck.de

Inhalt

Vorwort

Die Geschichte der Religionen ist vermutlich so alt wie die Menschheit selbst, und die uns bekannte Religionsgeschichte erstreckt sich von den ältesten Schriftzeugnissen aus dem dritten Jahrtausend vor Christi Geburt bis in die jüngste Vergangenheit. Das vorliegende Buch betrachtet diesen Zeitraum anhand ausgewählter Querschnitte, die als «Sternstunden» für die einzelnen Religionen von herausragender Bedeutung sind und sowohl die Eigenart der betreffenden Traditionen als auch zentrale Erscheinungsformen von Religion und bedeutende Etappen der historischen Entwicklung in beispielhafter Weise veranschaulichen können.

Um dem Leser die Übersicht über den historischen Ablauf zu erleichtern, behandelt jedes der insgesamt 25 Kapitel die im Titel genannte Sternstunde in ihrem geschichtlichen Zusammenhang. Geschildert werden aber nicht nur die Ereignisse selbst, sondern auch deren Weiterwirken und Nachleben. Dabei berücksichtigt die Darstellung einerseits die Ergebnisse der neueren religionswissenschaftlichen Forschung, andererseits die – mitunter davon abweichende – traditionelle Sicht der Anhänger einer Religion. Hier galt es, den Leser auf alternative Deutungen der geschilderten Ereignisse hinzuweisen und ihm die jeweiligen Voraussetzungen unterschiedlicher Sichtweisen darzulegen.

Dass der rote Faden der Chronologie gleichsam von selbst den inneren Zusammenhang einer Sammlung von historischen «Sternstunden» herstellt, liegt auf der Hand. Das besondere Interesse der vorliegenden Auswahl ergibt sich dabei nicht zuletzt daraus, dass kultur- und epochenübergreifende Entwicklungslinien verdeutlicht werden, die von Ägypten und dem Alten Orient zur griechisch-römischen Antike, vom antiken Judentum zum Christentum und zum Islam sowie vom indo-iranischen Altertum zu den heutigen Religionen Süd-, Zentral- und Ostasiens führen. Davon abgesehen beruht die innere Einheit des vorliegenden Buches auf einer Tendenz der Religionsgeschichte, die jenseits aller theologisch oder weltanschaulich motivierten Deutungen und Wertungen kaum zu bestreiten sein dürfte: der einer fortschreitenden Globalisierung, die von den regional begrenzten Ausstrahlungen altägyptischer und altorientalischer Kulte über die Entstehung der heute so genannten Weltreligionen bis hin zu den weltweiten interreligiösen Begegnungen und Konflikten der Gegenwart führt.

Es versteht sich von selbst, dass bei einem Buch wie dem vorliegenden die Auswahl der «Sternstunden» letztlich im Ermessen des Verfassers liegt und ein anderer Autor – wie auch mancher Leser – vielleicht eine andere Auswahl getroffen hätte. Dennoch hofft der Verfasser, dass seine Entscheidung die eingangs genannten Kriterien in vollem Umfang erfüllt. Bei fremdsprachigen Namen und Begriffen wurde auf diakritische Zeichen zugunsten der besseren Lesbarkeit des Textes verzichtet. Wo keine gebräuchliche eingedeutschte Form zur Verfügung stand, lehnt sich die Schreibweise in der Regel an die gängigen wissenschaftlichen Transkriptionsweisen an, ohne ihnen jedoch genau zu entsprechen.

I.

«Fort dauert ein Mann,
dessen Lebenswege gerade sind»

Ptahhotep lehrt den Einklang des Menschen
mit der Weltordnung

«Beginn der Formulierungen vollkommener Rede, die verfasst hat der Fürst und Graf, der von Gott geliebte Gottesvater, der Verhöre durchführte in den sechs großen Gerichtshöfen, der Mund, der im ganzen Lande Zufriedenheit schafft, der Bürgermeister und Wesir Ptahhotep der Ältere. Er spricht als einer, der den Unwissenden zum Wissen erzieht und zu den Regeln vollkommener Rede, zum Nutzen dessen, der darauf hört, zum Schaden dessen, der dawider handelt.»

So lautet die weihevolle Einleitung zu jenem altägyptischen Text aus der zweiten Hälfte des dritten vorchristlichen Jahrtausends, der heute als die *Lehre des Ptahhotep* bekannt ist. Will man seine Botschaft verstehen, gilt es zunächst die Voraussetzungen seiner Entstehung ins Auge zu fassen.

Schon zu Beginn des dritten Jahrtausends v. Chr. waren kulturell und ethnisch unterschiedliche Bevölkerungsgruppen des Niltals und des Nildeltas unter der Führung Oberägyptens zu einem einzigen Staat vereinigt worden. In der Bezeichnung des Herrschers als «König von Ober- und Unterägypten» und in der Benennung Ägyptens als «die beiden Länder» spiegelt sich die große Bedeutung, welche die Ägypter dieser Vereinigung widerstrebender Gegensätze für die Entstehung ihrer Kultur und Gesellschaft beimaßen. Mittelpunkt, Sinnbild und Garant der neuen politischen Ordnung war der König, der sich bei Herrschaftsantritt als Verkörperung des falkengestaltigen Himmelsgottes Horus zu erkennen gab. Vom König eingesetzte Beamte sorgten im Namen des Herrschers für Ordnung in diesem ägyptischen Staat, der sich inmitten der lebensfeindlichen Wüste vom Delta im Norden bis in die Gegend von Edfu und später zum ersten Nilkatarakt bei Elephantine im Süden erstreckte. Eine wichtige Rolle für die politische Organisation und wirtschaftliche Planung spielten die Einführung eines einheitlichen Kalenders sowie die Entwicklung der für Ägypten charakteristischen, aus Bild- und Lautzeichen kombinierten Hieroglyphenschrift, die in unterschiedlichen Ausprägungen bis in die römische Kaiserzeit in Gebrauch war. Als königliche Residenz diente jene Festung unweit der Grenze von Ober- und Unterägypten, die später unter dem Namen Memphis bekannt wurde. Westlich davon lagen in der Nähe des Ortes Saqqara die ältesten Gräber der geschichtlichen Zeit.

Eine erste Blüte erlebte die ägyptische Hochkultur noch vor der Mitte des dritten Jahrtausends v. Chr. zu Beginn des sogenannten Alten Reichs mit dem Aufkommen lebensgroßer Steinplastiken und einer monumentalen Steinarchitektur. Als dauerhaftes Abbild des ersten Hügels, der nach ägyptischer Vorstellung bei der Weltentstehung aus den Urfluten emporgestiegen war, ließ König Djoser über seinem Grab eine 60 Meter hohe Stufenpyramide errichten. In ihrer unmittelbaren Nähe wurden hohe Beamte des Königs beigesetzt, über deren Leben und Wirken idealisierende Biographien auf den Wänden der Grabkammern noch heute Auskunft geben. In diesen und anderen Schriftquellen hören wir von Feldzügen gegen Nubier und Libyer, Steinbruch-Expeditionen in die gebirgige Wüste zwischen Nil und Rotem Meer und einem regen Schiffsverkehr zwischen Ägypten, Syrien und dem Libanon. An der Spitze der königlichen Verwaltung stand ein «Wesir», der zum einen die staatliche Wirtschaft leitete und zum anderen das Amt eines obersten Richters innehatte.

Unter den Königen Cheops, Chephren und Mykerinos entstanden auf einem Wüstenplateau 14 Kilometer nördlich der Stufenpyramide von Saqqara die großen Pyramiden von Gize, darunter als höchstes Bauwerk der Antike die aus 2,3 Millionen Kalksteinblöcken gefügte, 146 Meter hohe Cheops-Pyramide. Der in ihrer Folge beständig abnehmenden Größe der Pyramiden entspricht eine zunehmende Schwäche der königlichen Zentralgewalt und eine wachsende Autonomie der einzelnen Landesteile, verbunden mit einem gestärkten Selbstbewusstsein der Beamten und Priester. Zunehmende religiöse Bedeutung gewannen in diesem Zusammenhang der Sonnengott Re und der Gott Osiris als Herr der Toten. Dabei galt der amtierende König zu seinen Lebzeiten als «Sohn des Re» und wurde nach seinem Tode mit Osiris identifiziert. Die religiöse Gedankenwelt jener Zeit spiegelt sich einerseits in den sogenannten Pyramidentexten, die das Fortleben des toten Königs sichern sollten, andererseits in einer vor allem aus späteren Abschriften bekannten Weisheitsliteratur, zu der auch die eingangs zitierte *Lehre des Ptahhotep* gehört.

Was aber sagt der Text? Umrahmt von einer Vor- und Nachrede, bietet er 37 jeweils in wenigen Sätzen zusammengefasste Regeln, die – so die Einleitung – in erster Linie für einen Schüler des Wesirs Ptahhotep, also einen hochgestellten Vertreter der staatstragenden Beamtenschicht, bestimmt waren. Diese Zweckbestimmung spiegelt sich im Inhalt der Maximen, die vor allem den dienstlichen Umgang mit Vorgesetzten, Untergebenen und gleichgestellten Kollegen ins Auge fassen. «Sei nicht eingebildet auf dein Wissen», «Halte die Menschen nicht in Schrecken vor dir», «Hüte dich vor der Verführung zur Habgier» und «Gib keinen Klatsch weiter» sind nur einige der Ratschläge, die den Empfänger zu Selbstbeherrschung, Wahrhaftigkeit, Gerechtigkeit, Urteilsfähigkeit, Großzügigkeit und Höflichkeit erziehen sollen. Dabei wechselt der Verfasser immer wieder von Mahnungen und Warnungen zu allgemeinen Feststellungen. Diese erstrecken sich ähnlich wie in den biblischen Psalmen häufig über zwei Zeilen, wobei die zweite Zeile den Gedanken der ersten mit anderen Worten wiederholt, weiter ausführt oder durch den Hinweis auf das Gegenteil verdeutlicht. «Vollkommene Rede ist verborgener als ein Malachit, und doch kann man sie entdecken bei den Mägden über den Mahlsteinen», heißt es etwa an einer Stelle, oder «Wen sie (die Götter) leiten, der kann nicht fehlgehen, doch wen sie schifflos lassen, der findet keine Überfahrt.»

Wie diese Beispiele zeigen, sind die Vergleiche und Bilder dieser Lebensregeln in erster Linie dem ägyptischen Alltag entlehnt. Neben dem Bild der Mägde, die über ihre Handreibsteine gebeugt das Korn mahlen, und dem des armen Schluckers, der ohne fremde Hilfe nicht einmal von einem Ufer des Nils zum anderen gelangen kann, begegnet der Leser immer wieder dem Bild des Ackers, der bewässert, gepflügt und eingesät werden will, um einen guten Ertrag zu liefern. Wie das Zitat in der Überschrift dieses Kapitels zeigt, kennt die Lehre des Ptahhotep auch schon das später weithin geläufige Bild des menschlichen Lebens als Weg, den es zu beschreiten gilt. Bildhaft ist auch die Sprache des Textes, der das menschliche Herz als Zentrum des Fühlens und Denkens ansieht. «Weitherzig» bezeichnet ähnlich wie im Deutschen den Großmütigen, aber «großherzig» ist der Eingebildete und Hochmütige. «Dem Herzen folgen» bedeutet «das Leben genießen», und wer seinen Gefühlen freien Lauf lässt, «wäscht das Herz». Im Original wird die Prägnanz der Sätze zudem durch ihre metrisch gebundene Form erhöht, doch kann man diese Wirkung wegen unserer unsicheren Kenntnis der Aussprache des Ägyptischen nur ansatzweise nachvollziehen und in einer Übersetzung kaum nachahmen.

Der zuletzt zitierte Satz vom schifflosen Mann veranschaulicht die Rolle der Götter im Weltbild des Verfassers. Sie treten weniger im Zusammenhang mit dem offiziellen Kult oder der persönlichen Frömmigkeit des einzelnen Menschen in Erscheinung, sondern als Garanten der kosmischen und sozialen Ordnung. Diese Ordnung umgreift den Lauf der Gestirne, den Wechsel von Tag und Nacht, das An- und Abschwellen des Nils und das Leben der Pflanzen und Tiere in gleicher Weise wie die politische Stabilität des ägyptischen Staates und die Regeln des menschlichen Zusammenlebens. Der Ägypter bezeichnet sie mit dem Wort Maat, das zugleich auch «Wahrheit», «Richtigkeit» und «Gerechtigkeit» bedeuten kann. In der Formulierung und Ausgestaltung dieser Vorstellung liegt die eigentliche Bedeutung der Lehre des Ptahhotep als einer «Sternstunde der Religionen», denn erstmals wird hier ein allgemeines, Gesellschaft und Natur umfassendes Ordnungsprinzip benannt, wie wir es in ähnlicher, doch keineswegs austauschbarer Form auch aus anderen, späteren Kulturen kennen. Erwähnt seien hier nur die indische Vorstellung des *rita* bzw. *dharma*, von denen im folgenden noch die Rede sein wird, sowie die griechische Vorstellung einer Weltvernunft *(logos)*, wie sie in der antiken Philosophie begegnet.

Nach Ptahhotep wird die göttliche Ordnung der Welt durch kluge Beobachtung erkannt. Deshalb hebt der Text gleich in der Einleitung das hohe Alter des Verfassers hervor und beruft sich darüber hinaus auf das Beispiel der Vorfahren. Vorbildlich verwirklicht wird die Ordnung durch den König, der wegen seiner gottgleichen Stellung auch selbst als Gott bezeichnet werden kann. Verschiedentlich ist in der Lehre des Ptahhotep die Rede davon, dass «der (Schöpfer-)Gott» oder «die Götter» die Geschicke eines Menschen lenken, doch wird die Frage nach dem Verhältnis zwischen menschlicher Freiheit und göttlicher Fügung nirgends gestellt. Wie sehr der Gedanke einer allgemein verbindlichen Ordnung die Vorstellung vom individuellen Wirken einzelner Götter in den Hintergrund drängte, zeigt das Fehlen jeglicher Götternamen in unserem Text: Namentlich erwähnt werden weder der Sonnengott Re noch der Totengott Osiris, die Throngöttin Isis, der Schöpfergott Ptah, der Erdgott Geb oder die Himmelsgöttin Nut, die uns doch aus bildlichen Darstellungen und den dazugehörigen Inschriften wohlbekannt sind.

Mit einem einleitenden Hinweis auf «Ratschläge der Vorfahren» stellt sich die *Lehre des Ptahhotep* in eine literarische Tradition, deren Kenntnis für das Verständnis des Textes außerordentlich hilfreich wäre, von der jedoch so gut wie nichts erhalten geblieben ist. Auf uns gekommen sind lediglich Bruchstücke einer vermutlich wenig älteren Schrift, welche die Überlieferung dem Prinzen Djedefhor, einem jüngeren Sohn des Königs Cheops, zuschreibt. Erinnert Ptahhoteps Aufforderung zur Gründung einer Familie an eine entsprechende Mahnung Djedefhors, so findet man umgekehrt in zahlreichen späteren Texten Formulierungen, die sich wie Anspielungen auf die Maximen Ptahhoteps ausnehmen. Eine Fundgrube dafür sind die idealisierenden Autobiographien aus den Gräbern der königlichen Beamten, deren Beteuerungen mitunter wie direkte Antworten auf die Forderungen

Ptahhoteps klingen. So heißt es etwa an einer Stelle unseres Textes: «Hüte dich, Worte zu verschärfen, so dass du etwa einen Großen gegen einen anderen aufbringst.» Dazu passend sagt der Verfasser einer solchen Autobiographie über sich selbst: «Was mir in hässlicher Weise gesagt wurde, sagte ich in schöner Weise meinem Herrn.» An anderer Stelle bemerkt unser Text mit psychologischem Scharfblick: «Einem Bittsteller ist es wichtiger, dass man seine Rede geneigt anhört, als dass erfüllt wird, weshalb er gekommen ist.» Dementsprechend charakterisiert sich ein hoher Beamter auf seinem Grabstein als «freundlich, bis (der Bittsteller) sein Leiden ausgesprochen hatte», und erläutert dies mit den Worten: «Ich sprach (zu mir): Sei nicht voreingenommen gegen einen Bittsteller, bis er ausgesprochen hat, weswegen er gekommen ist.» «Ich beherrschte meinen Mund und war geschickt beim Antworten», sagt ein weiterer hoher Beamter von sich selbst und bekundet damit sein Einverständnis mit einer anderen Forderung Ptahhoteps: «Verbirg deine Gedanken und beherrsche deinen Mund.» Wenn schließlich ein Beamter selbstbewusst von sich behauptet, er habe «die Grenzen des Wissens in allen Dingen erreicht», so bezieht er sich wohl auch damit voller Stolz auf einen Grundsatz Ptahhoteps, der gerade diese Möglichkeit in Abrede gestellt hatte. Dass einige Mahnungen des Ptahhotep gleichsam geflügelte Worte darstellten, zeigt der mit literarischen Sentenzen gespickte Brief eines Handwerkers aus der Arbeitersiedlung von Der el-Medine an seinen ungeratenen Sohn: ««Wenn ein Sohn auf den Vater hört, so ist das eine großartige Lehre für die Ewigkeit›, so sagt man. Aber siehe, du hast auf keine Ermahnung gehört, die ich vordem zu dir gesagt habe.»

Neben vielfältigen Anspielungen in den Autobiographien findet man Anklänge an die Maximen des Ptahhotep in Literaturwerken aus fast allen Epochen der ägyptischen Geschichte. So etwa begegnet die Mahnung zur Nachsicht gegenüber einem Missgestimmten auch in den sogenannten *Klagen des beredten Bauern*, seine Warnung vor einer *femme fatale* erscheint ganz ähnlich in der *Lehre des Ani*, und seinen Hinweis auf die Unerforschlichkeit der Zukunft findet man nicht viel anders in der *Lehre des Amenemope*. Nur selten kann man dabei die Frage entscheiden, ob Ähnlichkeiten zwischen der *Lehre des Ptahhotep* und diesen späteren Texten auf einer direkten oder einer indirekten literarischen Entlehnung oder aber auf der gemeinsamen Abhängigkeit von geprägten Formeln menschlicher Erfahrung beruhen. So bezeichnet diese älteste vollständig erhaltene Lebenslehre für uns Heutige den ersten Höhepunkt einer literarischen Tradition, in der das altägyptische Welt- und Menschenbild mit seiner später mehrfach erschütterten, aber nie preisgegebenen Überzeugung von einer alles umfassenden göttlichen Ordnung bleibenden Ausdruck fand. Ob der Text tatsächlich von dem historisch bezeugten Beamten namens Ptahhotep stammt oder ob er ihm nur in etwas späterer Zeit zugeschrieben wurde, mag die Neugier des Historikers und des modernen Lesers gleichermaßen fesseln. Für den Verfasser unseres Textes war sie zweifellos von untergeordneter Bedeutung, denn «vollkommene Rede ist verborgener als ein Malachit, und doch kann man sie entdecken bei den Mägden über den Mahlsteinen».

2.

«Er erkannte, was groß war, und setzte es ins Werk»

Der sumerische Stadtfürst Gudea baut einen Tempel

Zur gleichen Zeit, da sich in Ägypten aus der Vereinigung von regionalen Gemeinwesen viehzüchtender Nomaden und sesshafter Bauern ein einheitlicher Staat mit einer arbeitsteiligen Gesellschaft entwickelte, entstand in den Flussebenen des Euphrat und des Tigris die zweite große Hochkultur der Alten Welt. Ähnlich wie im Niltal beruht auch hier unser Wissen von der sprachlich-ethnischen Zusammensetzung ihrer Träger auf der Erfindung der Schrift, die zunächst vor allem praktischen Bedürfnissen diente. Als ihre Schöpfer gelten die nach einer babylonischen Landschaftsbezeichnung benannten Sumerer, die als erste in größerem Umfang reine Bildzeichen auch zur Schreibung einzelner Wörter und Silben verwendeten. Ihr charakteristisches Aussehen erhielt diese heute so genannte Keilschrift dadurch, dass man die Zeichen mit einem Griffel in feuchte Tontafeln drückte. Von den Sumerern übernahmen diese Erfindung zunächst die ebenfalls im Zweistromland ansässigen Akkader, später auch andere Völker Vorderasiens wie die Hethiter und die Hurriter.

Zu den erhalten gebliebenen sumerischen Texten zählen neben Aufzeichnungen aus den Bereichen der Verwaltung und Wirtschaft zahlreiche Weihe- und Bauinschriften, historische Darstellungen, Lieder unterschiedlicher Gattungen, Epen, Lehrgedichte, Sprichwörter, Gebete, Hymnen und Beschwörungen. Vieles davon ist nur in Abschriften aus dem zweiten und ersten Jahrtausend v. Chr. auf uns gekommen, als das Sumerische im täglichen

Gebrauch vom Akkadischen allmählich verdrängt und nur noch als Kunst- und Literatursprache gepflegt wurde. Einzigartig unter den Texten, die uns im Original aus der Zeit ihrer Entstehung erhalten geblieben sind, ist eine umfangreiche Inschrift des sumerischen Fürsten Gudea von Lagasch, deren Bruchstücke zwischen 1877 und 1900 bei der archäologischen Untersuchung des Ortes Tello zutage kamen. Aufgezeichnet auf zwei Tonzylindern von etwa 60 cm Länge und über 30 cm Durchmesser, berichtet der in 54 Spalten mit je 20–30 Zeilen gegliederte Text von einem wichtigen Ereignis in der Geschichte des Stadtstaates Lagasch und seiner Hauptstadt Girsu (des heutigen Tello) gegen Ende des dritten Jahrtausends v. Chr.

An den Anfang seines Berichts stellt der Erzähler den Wunsch des Gottes Ningirsu nach einem neuen Tempel und die Billigung dieses Wunsches durch den Gott Enlil. Daraufhin, so heißt es, schaute der weise und gottesfürchtige Herrscher Gudea des Nachts in einem Traum den Gott und empfing von ihm den Auftrag zum Tempelbau. Da Gudea durch die Schau dreier weiterer, ihm unbekannter göttlicher Wesen verunsichert wurde, begab er sich nach dem Erwachen sogleich mit dem Boot flussabwärts zum Tempel der Göttin Nansche, der Schwester Ningirsus, nicht ohne zuvor in einem nahegelegenen Tempel Ningirsu und der Göttin Gatumdug ein Opfer darzubringen und ein Gebet an sie zu richten. Auf die Schilderung seines Traums hin nannte ihm Nansche die Namen der von ihm geschauten Gottheiten und empfahl ihm, nach seiner Rückkehr dem Gott Ningirsu in seinem bisherigen Tempel einen Streitwagen als Opfer darzubringen, um ihn zu weiteren Auskünften zu bewegen. Gudea befolgte den Rat der Göttin und empfing nach ausgedehnten rituellen Vorbereitungen im Tempel Ningirsus ein weiteres Traumgesicht, in dem der Gott sein machtvolles Wesen offenbarte und dem Land für die Zeit des Tempelbaus Fruchtbarkeit verhieß.

Vom Schlaf erwacht, fand Gudea den göttlichen Entschluss durch eine rituelle Eingeweideschau bestätigt und traf daraufhin erste Vorbereitungen für die Grundsteinlegung. Zu diesem Zweck unterband er zunächst alle Formen ritueller Unreinheit sowie jeglichen Streit unter seinen Untertanen. Dann hob er Fronarbeiter aus und ließ das Baumaterial herbeischaffen. Zedernholz, Alabaster, Kupfer, Silber, Gold und weitere Rohstoffe trafen von überall her in Girsu ein. Mit eigener Hand steckte Gudea den Bauplatz ab, brachte ein Opfer dar, stellte den ersten Lehmziegel her und legte ihn an Ort und Stelle. Durch die Beobachtung weiterer Vorzeichen versicherte sich Gudea erneut des göttlichen Wohlwollens und schaute in einem dritten Traum den vollendeten Tempel, dessen Entstehung unter Mitwirkung der verschiedenen Götter der Text daraufhin ausführlich schildert.

Mit dem Hinweis auf die Vollendung der Bauarbeiten endet die Erzählung des ersten Zylinders. Der Text des zweiten Zylinders schließt unmittelbar daran an und berichtet zunächst von den Vorbereitungen Gudeas für den Einzug Ningirsus und seiner Partnerin Baba in den neuen Tempel. Wie es heißt, erzählte der Fürst dem Gott in einem Gebet von der Fertigstellung des Heiligtums und stattete es mit Hilfe der Götter kostbar aus. Daraufhin begaben sich Ningirsu und Baba in den neuen Tempel, in dem man ihnen sogleich Trank- und Speiseopfer darbrachte. Ausführlich beschreibt der Text in diesem Zusammenhang eine Reihe von Ämtern und Funktionen, mit denen untergeordnete Gottheiten betraut wurden. Weitere Geschenke Gudeas, darunter ein Streitwagen mit den dazugehörigen Waffen, Gefäße und eine Liegestatt, vervollständigten die Einrichtung des Heiligtums. Zur Feier seiner Übernahme durch das Götterpaar veranstaltete Gudea ein siebentägiges Fest, während dessen Schulden und Strafen erlassen und alle sozialen Unterschiede vorübergehend aufgehoben wurden. Mit dem Lobpreis Gudeas und Ningirsus endet der Text.

«Er erkannte, was groß war, und setzte es ins Werk.» Mit diesem mehrfach wiederholten Satz betont die hier zusammengefasste Schilderung des Tempelbaus die Verantwortung des Herrschers Gudea gegenüber den Göttern wie auch gegenüber seinen Untertanen. Den Dreh- und Angelpunkt des zugrundeliegenden Weltbilds bildet die Fruchtbarkeit der Felder, die über eine ausgeklügelte Bewässerungswirtschaft durch das alljährliche Ansteigen der Flüsse, letztlich also durch die von den Göttern gesandten Niederschläge bewirkt wird. Indem Gudea den Göttern in seiner Stadt eine prächtige Wohnung bereitet, schafft er die Voraussetzungen für ihre segensreiche Gegenwart, von der die allgemeinen Lebensgrundlagen abhängen. *Do ut des*, «Ich gebe, damit du gibst», lautet ein Grundsatz der ältesten schriftlich bezeugten Religionen, den somit auch die Tonzylinder Gudeas veranschaulichen. Darüber hinaus bietet der Text jedoch noch eine Fülle weiterer Angaben zur Religion des alten Zweistromlands.

Wie die mehrfachen Hinweise auf Ortswechsel sowohl der Götter als auch der Menschen zeigen, besaßen die mesopotamischen Kulte, Riten und Mythen ursprünglich einen ausgeprägt regionalen Charakter. Im Mittelpunkt unseres Textes stehen Lagasch, seine Bewohner und deren Schutzgott Ningirsu, während andere Werke der sumerischen Literatur andere Gemeinwesen und deren Götter in den Mittelpunkt des Blickfelds rücken. Gemeinsam ist allen diesen Texten die Annahme einer sinnvollen Ordnung der Welt, die mit spezifischen religiösen Begriffen umschrieben wird. An erster Stelle steht hier der Begriff des Schicksals *(nam)*, das die Götter den Menschen «schneiden» *(tar)*, das heißt entscheiden oder bestimmen. Jeweils die ersten Sätze der beiden Zylinder berichten von einer solchen «Schicksalsbestimmung» *(nam-tar)* durch den Gott Enlil, und nachdem Gudea den symbolträchtigen ersten Ziegel des Gebäudes an Ort und Stelle gelegt hat, nimmt der Gott Enki eine weitere Schicksalsbestimmung vor. Dass mit dem Begriff *nam* das individuelle Schicksal im Rahmen einer umfassenden göttlichen Ordnung gemeint ist, zeigt der Ausdruck *nam-tag*, der sich als Bezeichnung des Eingriffs in diese Ordnung mit unserem Begriff der Sünde berührt. Nur schwer zu beschreiben und in seiner genauen Bedeutung bis heute umstritten ist der sumerische Ordnungsbegriff *me*, der so etwas wie das Wesen der Dinge meint und mit Bezug auf Gudeas Tempelbau eine besondere, nur mit göttlicher Hilfe erreichbare Qualität des Gebäudes und seiner Bestandteile bezeichnen dürfte.

Im Hinblick auf das Wirken der verschiedenen Gottheiten enthält der Text im Gegensatz zur *Lehre des Ptahhotep* nicht nur allgemeine Hinweise auf «(den) Gott» oder «die Götter», sondern gibt durch die namentliche Anführung einer Vielzahl von Göttern und Göttinnen Einblicke in die Besonderheiten des sumerischen Pantheons. Wie aus dem Text hervorgeht, handelt es sich dabei um eine hierarchisch geordnete Götterwelt, deren Mitglieder funktionale oder regionale Spezialisierungen erkennen lassen und durch vielfältige verwandtschaftliche Beziehungen miteinander verbunden sind. An erster Stelle steht der Himmelsgott An (akkadisch Anu), den man in Uruk als Stadtgott verehrte und dessen Name mit einem Schriftzeichen in der Form eines Sterns – zugleich das Zeichen für das Wort *dingir*, «Gott» – geschrieben wurde. Eine wichtige Rolle spielten ferner der in Larsa als Stadtgott verehrte Sonnengott Utu (akkadisch Schamasch) sowie der Gott des Luftraums Enlil (akkadisch Ellil), den man als Schutzgott der Stadt Nippur ansah. Als Kinder Enlils galten Ningirsu und seine Schwester Nansche.

Über diese Angaben zur Religion der Sumerer hinaus enthält der Text zahlreiche Hinweise auf religiöse Phänomene, die auch außerhalb des Zweistromlands in den Religionen der Alten Welt weit verbreitet waren. An erster Stelle ist hier das Opfer zu nennen, das als zentrale Form der Kommunikation zwischen Menschen und Göttern in unserem Text als Sach-, Tier-, Trank- und Speiseopfer begegnet. Allgemein üblich und häufig mit Opfern verbunden war die Erkundung des göttlichen Willens, wie sie in den Zylindern Gudeas in den wiederholten Hinweisen auf das Ritual der Eingeweideschau und andere Formen der Zeichendeutung zum Ausdruck kommt. Eine wichtige Rolle spielten in diesem Zusammenhang göttliche Traumoffenbarungen, die man auch durch Inkubation, also den Schlaf an besonders geheiligten Stätten, hervorzurufen suchte. Dabei nahmen die Herrscher des Zweistromlands ähnlich wie die ägyptischen Pharaonen eine Mittlerstellung zwischen Menschen und Göttern ein und galten als göttlich legitimiert – ein Grundzug der politischen Organisation im Alten Orient, der über die Vorstellung von der göttlichen Erwählung des Königs in Israel, die Vergöttlichung des Herrschers in den Nachfolgestaaten des Alexanderreichs, den römischen Kaiserkult und das aus solchen Quellen gespeiste Königtum des christlichen Mittelalters bis in die Neuzeit nachwirken sollte. Bemerkenswert ist in diesem Zusammenhang das – mit Bezug auf Gudea erstmals bezeugte – altorientalische Bild des Herrschers als eines «getreuen Hirten», das eine von mehreren Quellen der christlichen Vorstellung vom «Guten Hirten» darstellt. Von vergleichbar hoher kulturgeschichtlicher Bedeutung ist die – für unseren Text zentrale – altorientalische Vorstellung vom Tempel als Garanten göttlicher Gegenwart, deren weitreichenden Einfluss nicht zuletzt der hohe Stellenwert des Jerusalemer Tempels in der jüdischen, christlichen und muslimischen Überlieferung widerspiegelt.

Vergleicht man die Darstellung des Tempelbaus auf den Tonzylindern Gudeas mit biblischen Schilderungen von der Errichtung des salomonischen Tempels in Jerusalem, so erkennt man ohne weiteres eine Reihe augenfälliger Übereinstimmungen. Ähnlich wie der sumerische Text sieht auch die Bibel in der Weisheit und Frömmigkeit des Herrschers und in dem allgemeinen Frieden und Wohlstand eine wesentliche Voraussetzung für den Tempelbau (1 Könige 5,1–19). Wie bei Gudea, so beruhte auch Salomos Berufung zum Bauherr auf einer göttlichen Erwählung (1 Chronik 28,10), und wie in Sumer war man auch in Israel der Auffassung, beim Bau der göttlichen Wohnung einem von Gott offenbarten Plan zu folgen (Exodus 25,8f. mit Bezug auf die Bundeslade). Wie von Gudea heißt es auch von Salomo, dass er im ganzen Land Fronarbeiter aushob und aus dem Ausland Baumaterial herbeischaffen ließ (1 Könige 5,27–32). Nicht von ungefähr erinnert das sumerische Bild vom Tempel Ningirsus als Berg oder Gebirge an die biblische Rede von Zion als Gottes heiligem Berg (Psalm 2,6), und das hebräische Wort für «Tempel» und «Palast», *hekal*, geht letztlich zurück auf sumerisch *é-gal*, «großes Haus».

Das jüdische, christliche und muslimische Weiterleben der altorientalischen Vorstellungen vom Tempel als Garant der Gegenwart Gottes kann hier auch nicht in Umrissen skizziert werden. Erinnert sei immerhin an die bildlichen Darstellungen der Tempelfassade und der Bundeslade als Symbole endzeitlicher Hoffnungen während des letzten Aufstands der Juden gegen die römische Herrschaft, die Pläne des christenfeindlichen römischen Kaisers Julian Apostata für einen Wiederaufbau des Tempels zu Jerusalem, die christliche Deutung des jüdischen Tempels als Vorbild der Kirche Christi und des Himmlischen Jerusalems, den koranischen Hinweis auf eine nächtliche Reise des Propheten Muhammad zum «fernen Heiligtum» Jerusalem (Sure 17,1), den

Bau des Felsendoms und der al-Aqsa-Moschee an eben jener Stätte und schließlich die zentrale Rolle jenes letzten Restes des von den Römern endgültig zerstörten Tempels, der Klagemauer, im religiösen Leben des heutigen Judentums. Aus dieser Sicht bezeichnen die Tonzylinder des sumerischen Stadtfürsten Gudea zwar nicht den Ursprung, aber doch den ersten schriftlichen Niederschlag einer über viertausendjährigen Tradition, die aus Geschichte und Gegenwart der Religionen nicht wegzudenken ist.

3.

«Du bist fern,
doch deine Strahlen sind auf Erden»

Pharao Echnaton verehrt einen einzigen Gott

Wie im alten Zweistromland verehrte man auch in Ägypten von Anbeginn der geschichtlichen Überlieferung an eine Vielzahl von Göttern und Göttinnen – auch wenn Texte wie die *Lehre des Ptahhotep* oft nur «den (Schöpfer-)Gott» oder «(die) Götter» erwähnen. Radikal in Frage gestellt wurde der ägyptische Polytheismus nur ein einziges Mal unter jenem Pharao, der um die Mitte des 14. Jahrhunderts v. Chr. als Amenhotep oder Amenophis IV. den Thron bestieg, wenige Jahre später jedoch den Namen Achanjati annahm und deswegen heute unter dem Namen Echnaton bekannt ist. Um die Voraussetzungen, die praktische Umsetzung und die Nachwirkungen der von Echnaton unternommenen religiösen Revolution zu verstehen, muss man zunächst die Geschichte Ägyptens und der ägyptischen Religion in den rund tausend Jahren zwischen der Niederschrift der *Lehre des Ptahhotep* und dem Regierungsantritt Amenophis' IV. betrachten.

Nur wenige Generationen nach Ptahhotep hatte der Pharao die Herrschaftsgewalt über das Land verloren. Örtliche Machthaber, sogenannte Gaufürsten, beanspruchten königliche Privilegien und bildeten in lokalen Machtzentren eigene Dynastien. Erst in den letzten Jahrzehnten des dritten Jahrtausends v. Chr. stellte der Fürst Montuhotep vom oberägyptischen Theben aus die Einheit des Landes wieder her und begründete dadurch das ägyptische Mittlere Reich, die zweite große Blütezeit der altägyptischen Kultur. Sie war in religiöser Hinsicht gekennzeichnet durch den Aufstieg des Gottes Amun und die Überzeugung von einem Weiterleben nach dem Tode, die eine umfangreiche Ritualliteratur hervorbrachte. Von ihrer neuen Residenz etwa 30 Kilometer südlich von Memphis aus betrieben die ägyptischen Herrscher in enger Zusammenarbeit mit den nach wie vor mächtigen Gaufürsten die Festigung der Grenzen im Nordwesten und Nordosten sowie die wirtschaftliche Ausbeutung Nubiens und des Sinaigebiets. Weitreichende Handelsbeziehungen bestanden zur syrischen Hafenstadt Byblos, und im südlichen Palästina sicherten in regelmäßigen Abständen angelegte Militärstützpunkte wichtige Verkehrsverbindungen. Wesentlich verstärkt wurden die Beziehungen zwischen Ägypten und Vorderasien im 17. Jahrhundert v. Chr., als westsemitische Einwanderer im Zuge größerer Völkerbewegungen mit Hilfe einer überlegenen Waffentechnik ins Nildelta eindrangen, dort vorübergehend die Herrschaft an sich rissen und so erneut den Niedergang der Zentralgewalt einleiteten. Erst um die Mitte des 16. Jahrhunderts v. Chr. gelang es dem Fürsten Ahmose, wiederum von Theben aus die Macht der Lokalherrscher zurückzudrängen und Ägypten erneut unter einer einzigen Zentralgewalt zu vereinen.

In außenpolitischer Hinsicht führten die Könige des Neuen Reiches Ägypten auf den Höhepunkt seiner Machtentfaltung. Während das Reich der Hethiter in Kleinasien und das der Mitanni im oberen Zweistromland miteinander um die Vorherrschaft rangen, stieß Pharao Thutmosis III. mit seinem Heer über den Euphrat bis zum Orontes vor und brachte Syrien unter ägyptische Oberhoheit. Die Auseinandersetzungen mit dem Mitannireich setzten sich indessen auch unter seinem Nachfolger Amenophis II. fort und wurden erst gegen Ende des 15. Jahrhunderts v. Chr. mit dem Abschluss eines Friedensvertrags und der Vermählung des Pharaos Thutmosis IV. mit einer Mitanni-Prinzessin beigelegt. Mit einer Reihe dynastischer Verbindungen suchte auch Thutmosis' Nachfolger Amenophis III. die Vormachtstellung Ägyptens zu festigen, doch verlor der Pharao als Verbündeter des Mitannireichs gegenüber den Hethitern in Syrien zunehmend an Einfluss. Ob Amenophis III. noch zu Lebzeiten seinen Sohn zum Mitregenten erhob, ist umstritten. Klar erkennbar ist jedoch der religiöse Reformwille des neuen Königs Amenophis IV., der weite Bereiche des öffentlichen Lebens in Ägypten von Grund auf umzugestalten suchte.

Ein hervorstechendes Kennzeichen der ägyptischen Religion des Neuen Reichs war die beherrschende Stellung des Sonnengottes, dessen Wirkungsbereich die Welt der Lebenden wie auch die Unterwelt umfasste. Beredten Ausdruck fand seine Verehrung in neuen literarischen Schöpfungen wie etwa der als *Amduat* bekannten «Schrift des Verborgenen Raumes», welche die allnächtliche unterirdische Fahrt des Sonnengottes von Westen nach Osten schildert. Soweit es die – durchweg zeitgenössischen – Quellen erkennen lassen, knüpfte Amenophis IV. nach seinem Regierungsantritt an diese Verehrung des Sonnengottes an, sah im Unterschied zu seinen Vorgängern aber nicht mehr Re oder Amun, sondern die als *Aton* bezeichnete physische Erscheinung der Sonne als dessen vornehmste Verkörperung an. Konnte der neue Gott in den frühesten Darstellungen noch in traditioneller Weise als menschliche Gestalt mit dem Kopf eines Falken erscheinen, so setzte sich innerhalb weniger Jahre eine völlig neue Darstellungsform durch: Aton erscheint als Sonnenscheibe, deren Strahlen in segnenden Händen enden.

Eine grundsätzliche Abkehr von bis dahin nie in Frage gestellten Konventionen der ägyptischen Kunst ist auch in den Darstellungen des Königs und seiner Familie zu beobachten. Ihren wohl spektakulärsten Ausdruck fand sie in den frühen Kolossalstatuen des Königs, die für das große Heiligtum des Aton in Karnak bestimmt waren. Sie zeigen den Pharao im Gegensatz zu den idealisierenden Herrscherbildern seiner Vorgänger mit überschmalem Gesicht, schräg sitzenden Augen, wulstig aufgeworfenen Lippen und hängendem Kinn. In einem eigentümlichen Kontrast zum aufgetriebenen Bauch und den fetten Oberschenkeln stehen dünne Arme und Beine, was auf viele moderne Betrachter den Eindruck pathologischer Hässlichkeit machte und zu Spekulationen über mögliche Krankheiten und Anomalien des Herrschers Anlass gab. Wie ein Vergleich mit den übrigen Bilddenkmälern jener Epoche zeigt, handelt es sich bei den Kolossalstatuen von Karnak jedoch keineswegs um realistische, individuelle Darstellungen des Königs, sondern um eine bewusste Stilisierung im Dienste religiöser Propaganda, die wohl zum einen die Einmaligkeit und Außergewöhnlichkeit Echnatons, zum anderen die für den Schöpfergott charakteristische Verbindung männlicher und weiblicher Eigenschaften zum Ausdruck bringen sollte.

Religiös motiviert sind wohl auch die für ägyptische Verhältnisse neuartigen Darstellungen des Königs mit seiner Gattin Nofretete und ihren Kindern, deren ungezwungen-spielerisches, durch Küsse und Berührungen zärtlich wirkendes Miteinander nicht im Sinne moderner Genrebilder zu verstehen ist, sondern ähnlich wie bei den Darstellungen Echnatons die Einzigartigkeit der königlichen Familie und die zärtliche Liebe des Gottes Aton zu seiner Schöpfung versinnbildlicht haben dürfte. Vor Amenophis IV. pflegte man Flachbilder in Innenräumen in versenktem, an Außenwänden dagegen in erhabenem Relief auszuführen. Der neuen Hochschätzung des Sonnenlichts entsprechend bevorzugte man nun ganz allgemein das versenkte Relief, das erst durch den Einfall des Sonnenlichts und die dadurch geworfenen Schatten seine volle Wirkung erzielte. Der zentralen Rolle des Sonnenlaufs im religiösen Weltbild Echnatons entspricht die Bewegtheit der bildlichen Darstellungen, die durch lebhafte Gesten und im Lufthauch flatternde Bänder erzielt wird. Zu ihren bevorzugten Gegenständen gehört nicht von ungefähr der zu Beginn des Neuen Reichs aus Vorderasien übernommene, von zwei Pferden gezogene Wagen. Zu den eindrucksvollsten rundplastischen Werken jener Zeit zählt die berühmte, jetzt im Ägyptischen Museum in Berlin befindliche Büste der Königin Nofretete, die mit ihren feingeschnittenen, ebenmäßigen Zügen und der Spannung zwischen dem schlanken Sockel und der wuchtigen Kopfbedeckung den Betrachter noch heute in ihren Bann zu ziehen vermag.

Den endgültigen Bruch mit der traditionellen Religion vollzog Amenophis IV. fünf Jahre nach seinem Regierungsantritt, als er seinen Geburtsnamen in *Echnaton* änderte und auf einer abgelegenen Wüstenterrasse am Ostufer des Nils, dem heute so genannten Tell el-Amarna in Mittelägypten, eine neue Residenz mit dem Namen *Achetaton* gründete. Durch Grenzstelen mit königlichen

Inschriften markiert, erstreckte sich die zur Bebauung bestimmte Fläche in nord-südlicher Ausdehnung über zehn Kilometer. Den Mittelpunkt der in kürzester Zeit errichteten Stadt mit 50000 bis 100000 Bewohnern bildete der große Aton-Tempel mit weiteren, später davor errichteten Kultanlagen. Unmittelbar südlich davon befanden sich der Staatspalast und der durch eine Brücke mit ihm verbundene Privatpalast mit dem Staatsarchiv. Gelangte man in den traditionellen ägyptischen Tempeln aus einem offenen Hof durch lichtgeschützte Vorhallen zu dem in tiefem Dunkel liegenden Allerheiligsten, so kannten die Tempel Atons im Gegensatz dazu keinerlei dämmrige oder schattige Räume, da die Sonnenstrahlen sowohl den Prozessionsweg des Königs als auch die unter freiem Himmel aufgestellten Altäre bescheinen sollten. Mit der Ausgestaltung des Aton-Kults in der neuen Hauptstadt verband Echnaton eine bis dahin beispiellose Verfolgung der alten Götter, insbesondere des Reichsgottes Amun, dessen großer Tempel in Theben geschlossen und dessen Name auf zahllosen Denkmälern in allen Teilen des Landes getilgt wurde. Mit diesem Schritt vollzog der König erstmals den Schritt vom Polytheismus zum Monotheismus und stellte sich zugleich als erster Stifter einer neuen Religion dar.

Als Neuerer erwies sich Echnaton auch auf sprachlichem Gebiet, indem er die Umgangssprache seiner Zeit zur Literatursprache erhob. Dieses heute so genannte Neuägyptische unterscheidet sich von dem bis dahin als offizielle Sprache gepflegten Mittelägyptischen in ähnlicher Weise wie die frühen romanischen Sprachen vom Lateinischen, unter anderem durch den Gebrauch eines unbestimmten und eines bestimmten Artikels sowie durch die Verwendung neuer Wörter. Zu den wichtigsten literarischen Texten jener Epoche zählt der sogenannte *Große Aton-Hymnus*, der im Grab eines königlichen Beamten aufgezeichnet wurde und dadurch der Nachwelt erhalten blieb.

«Schön erstrahlst du am Himmelshorizont, du lebendige Sonne, die von Uranfang lebt.» So beginnt der Text, den die inschriftlich erhaltene Fassung mit den einleitenden Worten «Er sagt» dem König selbst in den Mund legt. Mit wenigen Worten nur erwähnt der Hymnus die Abwesenheit des Sonnengottes in der Nacht: «Die

Dunkelheit ist ein Grab. Schweigend liegt die Erde da, denn ihr Schöpfer ist zur Ruhe gegangen in seinem Horizont.» Um so ausführlicher schildert er die segensreiche Wirkung des Sonnenlichts bei Tage, das Menschen, Tieren und Pflanzen zu Lande, zu Wasser und in der Luft zugute kommt:

«Jedes Vieh ist zufrieden mit seinen Kräutern,
Bäume und Blumen wachsen,
die Vögel fliegen aus ihren Nestern auf,
und ihre Flügel preisen deine Lebenskraft.
Alles Wild springt auf den Füßen umher,
alles, was fliegt und flattert, lebt,
seit du aufgegangen bist für sie.
Die Schiffe fahren stromab und stromauf,
jeder Weg steht offen, weil du leuchtest.
Die Fische im Strom springen vor deinem Angesicht,
denn deine Strahlen dringen auch in die Tiefe des Meeres.»

Dabei gilt der Lobpreis des Hymnus in gleicher Weise dem Schöpfer und dem Erhalter der Welt:

«Nach deinem Wunsch hast du die Erde geschaffen,
du ganz allein,
mit Menschen, Tieren und jeglicher Kreatur,
mit allem, was auf der Erde ist und mit Beinen umherläuft,
mit allem, was in der Luft ist und mit seinen Flügeln fliegt.»

In einer eigentümlichen Spannung dazu steht der Anspruch des Königs, als einziges Wesen zwischen Gott und den Menschen zu vermitteln:

«Kein anderer ist es, der dich kennt,
als dein Sohn Nefercheperure (Echnaton);
ihn lässt du deine Absichten und deine Macht erkennen.»

Vermutlich lag in eben dieser Fixierung auf die Person des Herrschers, verbunden mit einem allzu schroffen Gegensatz zum traditionellen Polytheismus und Jenseitsglauben der Ägypter, bereits der Keim zum Untergang der neuen Religion. Wie sich die letzten Lebens- und Regierungsjahre Echnatons gestalteten, bleibt angesichts der Spärlichkeit der Quellen ungewiss. Augenscheinlich wurden jedoch die ausschließliche Verehrung Atons, die Verfolgung der alten Götter und die Leugnung der jenseitigen Unterwelt mitsamt ihrer Mythologie gleich nach dem Tod des Königs wieder aufgegeben. In seinem dritten Regierungsjahr änderte der junge Pharao Tutanchaton, der schon nach wenigen Jahren Echnatons Nachfolger Semenchkare auf den Thron gefolgt war, seinen Namen in Tutanchamun, siedelte mit seinem Hof von Achetaton nach Memphis um und sorgte für die Wiederherstellung der alten Kulte. Unter den Königen Sethos I. und Ramses II. wurde Echnatons Name aus den Königslisten getilgt und geriet allmählich in Vergessenheit, bis er von den Ägyptologen des 19. Jahrhunderts wiederentdeckt wurde.

War die religiöse Revolution des Königs damit gescheitert, wirkten seine Neuerungen doch in vielfältiger Weise nach. So etwa setzte sich das Neuägyptische als Schrift- und Literatursprache durch, und die bildende Kunst zeigt auch unter Echnatons Nachfolgern noch den Einfluss der nach seiner Residenz benannten Amarna-Zeit. Aber auch in religiöser Hinsicht dürfte Echnatons Gegenentwurf zur traditionellen Religion wesentlich dazu beigetragen haben, das Verhältnis von Diesseits und Jenseits, die Stellung des Königs als Mittler zwischen Göttern und Menschen sowie alternative Möglichkeiten des Ausdrucks persönlicher Frömmigkeit neu zu durchdenken. Auch wenn also die unmittelbare Nachwelt den «Frevler von Achetaton» mit Verachtung strafte, erhebt doch die weitreichende katalysatorische Wirkung seines Reformversuchs die vorübergehende ausschließliche Verehrung des Aton in den Rang einer «Sternstunde der Religionen».

Neue Funde und Forschungen haben das Bild Echnatons, seiner religiösen Vorstellungswelt, seiner religionspolitischen Aktivitäten, seines letztendlichen Scheiterns und der Vernichtung seines Andenkens in den vergangenen Jahren in vieler Hinsicht präzisiert und geklärt. Gleichwohl mag man auch heute wie vor über 150 Jahren der Ägyptologe Richard Lepsius darüber rätseln, «welche besondern Umstände einen legitimen Pharaonen ermuthigt haben mögen, eine so vollständige Umwälzung der tiefgewurzelten Religionslehre eines großen und hochgebildeten Volkes zu versuchen.»

4.

«Die Sünde des Vaters kommt über den Sohn»

König Mursili sinnt über menschliche Schuld und göttliche Strafe nach

«Ihr Götter, meine Herren! Im Lande Hatti entstand eine Pest, und dass das Land Hatti von der Pest geplagt wurde und dass es schwer bedrückt wurde, das ist nunmehr das zwanzigste Jahr. Und weil das Land Hatti so lange dahinstirbt, so fiel mir die Sache mit Tudhalija dem Jüngeren, dem Sohn des Tudhalija, aufs Gewissen, auch veranstaltete ich eine Orakelanfrage bei der Gottheit. Und da wurde die Sache mit Tudhalija dem Jüngeren von der Gottheit auch festgestellt.»

So beginnt, nach einer formelhaften Einleitung, das erste der heute so genannten Pestgebete des Hethiterkönigs Mursili. Verfasst in Kleinasien gegen Ende des 14. Jahrhunderts v. Chr., beruht es auf der Überzeugung, dass menschliches Fehlverhalten des Herrschers nicht nur das gesamte Land, sondern je nach der Schwere des Vergehens sogar spätere Generationen in Mitleidenschaft ziehen kann. In dem hier angesprochenen Fall hatte Mursilis Vater Suppiluliuma seinen Bruder, den legitimen Thronerben Tudhalija den Jüngeren, ermordet, um an seiner Statt den Thron besteigen zu können. Den Jahre später erfolgten Ausbruch einer Epidemie deutet Mursili rückblickend als göttliche Strafe für diesen Frevel, den er als Nachfolger seines Vaters sühnen muss. In vielen Kulturen des Alten Orients bezeugt, wird der Glaube an einen generationenübergreifenden Zusammenhang von menschlicher Schuld und göttlicher Strafe in dem hier zitierten hethitischen Text so unmittelbar und eindrücklich zum Ausdruck gebracht, dass seine Abfassung mit Recht als eine Sternstunde der Religionen gelten darf. Vor einer näheren Betrachtung der Pestgebete des Mursili und ihrer Gedankenwelt seien an dieser Stelle jedoch einige Hinweise zum geschichtlichen Hintergrund eingeschoben.

Wohl in der zweiten Hälfte des dritten Jahrtausends v. Chr. waren die ersten kleinen Gruppen von Sprechern einer indogermanischen Sprache aus Regionen nördlich des Schwarzen Meeres nach Kleinasien eingewandert. Dort hatten sie sich mit den Hattiern verbunden, den Trägern einer bodenständigen bronzezeitlichen Kultur, die dem heute so genannten Reich der Hethiter ihren Namen gaben. Aus dem ersten Viertel des zweiten Jahrtausends v. Chr. kennt man durch schriftliche Aufzeichnungen und archäologische Ausgrabungen eine Reihe konkurrierender Stadtstaaten, die von planmäßig angelegten ummauerten Zentren mit Tempeln und Palästen aus regiert wurden. Einer der größten und bedeutendsten davon war Nesa, das heutige Kültepe, nach dem die Hethiter ihre nur von uns «Hethitisch» genannte Sprache als «die von Nesa» *(nesili)* bezeichneten. Als «die von Hatti» *(hattili)* bezeichneten die Hethiter dagegen die nichtindogermanische Sprache der alteingesessenen Hattier, deren Namen man auch in dem des städtischen Zentrums Hattusa, des heutigen Bogazköy nordwestlich von Nesa/Kültepe, wiederfindet.

Hattusili, «der von Hattusa», nannte sich in der zweiten Hälfte des 16. Jahrhunderts ein König, der erstmals weite Gebiete Zentralanatoliens unter seiner Herrschaft vereinte und sein Reich durch erfolgreiche Kämpfe mit den Bewohnern Nordsyriens und Obermesopotamiens in den Rang einer vorderasiatischen Großmacht erhob. In einer langen Serie von innerdynastischen Auseinandersetzungen und bewaffneten Konflikten vor allem mit den syrischen Stadtstaaten südlich des Taurusgebirges und den Hurritern im nördlichen Mesopotamien festigte sich die Macht des Hethiterreichs, das zur Zeit seiner größten Ausdehnung im 14. und 13. Jahrhundert v. Chr. dem Ägyptischen Neuen Reich als ebenbürtiger Partner gegenübertreten konnte.

Unter welchen Umständen das Hethitische Großreich bald nach 1200 v. Chr. sein Ende fand, ist bis heute ungeklärt. Soziale Unruhen, Versorgungskrisen und eine Veränderung der politischen Kräfteverhältnisse in Verbindung mit der Zuwanderung neuer Völker im Mittelmeerraum mögen wesentlich zu seinem politischen Zusammenbruch beigetragen haben. Berichten einige biblische Texte des ersten Jahrtausends v. Chr. vom Land des Volkes der Hittim (Josua 1,4) und von dessen Stammvater Het als einem Sohn des Noah-Enkels Kanaan (Genesis 10,15), so beziehen sich diese Mitteilungen nicht mehr auf die vom anatolischen Hattusa aus regierte Großmacht, sondern auf einige in Nordsyrien gelegene Nachfolgestaaten, die im Laufe des 8. Jahrhunderts v. Chr. ebenso wie Samaria, Israel und seine aramäischen Nachbarn infolge der Ausdehnung des Neuassyrischen Reichs endgültig untergingen.

Über die Religion der Hethiter unterrichten uns neben den archäologischen Funden als deren stumme Überreste eine Vielzahl von Schriftdokumenten vor allem in hethitischer, hattischer, hurritischer und akkadischer (babylonischer) Sprache. Ritualvorschriften und damit verbundene Mythen, Gebete, Beschwörungen und Hinweise zur Vorzeichenkunde sowie Listen von Göttern und Opfergaben veranschaulichen den komplexen Charakter der hethitischen Kulte, der aus dem jahrhundertelangen Mit- und Nacheinander ganz unterschiedlicher Völker, Sprachen und Kulturen auf engem Raum zu erklären ist. Zu den religionsgeschichtlich bemerkenswertesten hethitischen Texten zählen die erwähnten Pestgebete des Mursili, in denen die allgemein altorientalische Auffassung von der menschlichen Sündhaftigkeit und der über Generationen wirksamen göttlichen Ahndung menschlicher Verfehlungen beredten Ausdruck findet.

Zu Beginn des ersten Gebets wendet sich Mursili an alle Götter und Göttinnen, Berge, Flüsse und Quellen, um sie in seiner Eigenschaft als ihr Priester und Diener um ein Ende der Seuche zu bitten. Wie er feststellt, bezeichnete ein Orakel den Eidbruch und Mord seines Vaters Suppiluliuma an dessen Bruder Tudhalija dem Jüngeren als Ursache der Epidemie. Nachdem Suppiluliuma das Land zunächst mit glücklicher Hand regiert habe, sei er in späteren Jahren mit vielen seiner ebenfalls eidbrüchigen Gefolgsleute von der Seuche hinweggerafft worden, was dem ganzen Land schweren Schaden zugefügt habe. Da Mursili das fortdauernde Wüten der Seuche als Ausdruck eines noch immer nicht besänftigten Grolls der Götter deutet, weist er in seinem Gebet auf die eigene Unschuld hin, verspricht den Göttern erneut Ersatz und Sühne und mahnt sie zugleich, doch nicht durch die Entvölkerung des Landes infolge der Epidemie die Fortdauer ihres Kults mit seinen Trank- und Speiseopfern zu gefährden.

Im zweiten Gebet wendet sich Mursili ausdrücklich an den Wettergott als obersten der hethitischen Götter und klagt darüber, dass er den Willen der Götter weder durch ein Orakel noch durch einen Traum, noch durch einen gottbegeisterten Seher in Erfahrung bringen konnte. Neben einem Eidbruch seines Vaters betrachtet er nun die Vernachlässigung eines von früheren Herrschern durchgeführten Rituals als Ursache der Epidemie und bittet den Wettergott, nach dem Eingeständnis der Schuld seines Vaters das Land von der Seuche zu befreien. Ähnliche Worte findet der König in dem sehr viel kürzeren dritten Gebet an die Sonnengöttin von Arinna, die neben dem Wettergott als oberste weibliche Gottheit der Hethiter verehrt wurde. Im vierten Gebet schließlich wendet sich der König an die Götter einzelner namentlich aufgezählter Regionen seines Reichs, erinnert sie an ihre früheren Wohltaten, bekräftigt seinen Willen zur Wiedergutmachung und bittet sie, der Seuche Einhalt zu gebieten.

Tragen die namentlich genannten Götter und ihre Kultstätten unverwechselbar hethitisches bzw. hattisches Gepräge, so finden das den Texten zugrundeliegende Weltbild und die daraus abgeleiteten Verhaltensweisen der Menschen gegenüber den Göttern vielfältige Parallelen in anderen Kulturen des Alten Orients. Wie in Anatolien galt auch im Zweistromland der für Recht und Ordnung verantwortliche Herrscher, der durch Traumoffenbarungen, Orakel und Vorzeichen den göttlichen Willen zu erforschen sucht, als Mittler zwischen der menschlichen und der göttlichen Sphäre. Wie die Hethiter betrachteten auch die Sumerer und Akkader ihre Götter als keinem fremden Willen unterworfene Herren, sich selbst aber als um deren Versorgung bemühte Diener. Wie in Kleinasien hielt man schließlich auch in den übrigen Regionen des Fruchtbaren Halbmonds die Anfälligkeit des Menschen, eigene Interessen über die der Gemeinschaft zu stellen, für einen Grundzug des menschlichen Wesens, der immer neue Anstrengungen zur Wiedergutmachung erfordere.

In den Literaturen des Zweistromlands begegnen entsprechende Gedanken vor allem in jenen akkadischen Texten, die man Handerhebungsgebete oder Gebetsbeschwörungen nennt. In ihnen preist der Beter zunächst die angerufene Gottheit, benennt sodann das Leiden, das ihn zu dem Gebet veranlasste, und bekennt seine Sünden. Das Gebet schließt mit der Bitte um die Vergebung auch der unbewusst und ungewollt begangenen Sünden und die Aufhebung des Leidens. Wie die Bezeichnung dieser Texte als «Beschwörung» vermuten lässt, war ihre Rezitation verbunden mit bestimmten Opferritualen, deren Vollzug die Erhörung des Gebets gewährleisten sollte. Ähnliche Sündenbekenntnisse findet man in den sumerischen «Herzberuhigungklagen», einer literarischen Gattung, die bezeichnenderweise erst nach dem Aussterben des Sumerischen als gesprochener Sprache entstand und allem Anschein nach denselben religiösen Hintergrund wie die akkadischen Gebetsbeschwörungen widerspiegelt.

Ihre langfristig wirkungsvollste und daher religionsgeschichtlich bedeutendste Ausprägung erfuhren die allgemein altorientalischen Anschauungen von der Sündhaftigkeit des Menschen in der religiösen Literatur Israels. Dort war die Überzeugung von einem engen Zusammenhang zwischen Schuld und Strafe so ausgeprägt, dass die in diesem Zusammenhang besonders häufigen Begriffe *het*, *hata'ah* und *awon* sowohl die Sünde als auch das daraus resultierende Verhängnis bezeichnen können und man je nach dem Zusammenhang entscheiden muss, was gemeint ist. Spricht etwa Kain nach der Ermordung seines Bruders Abel zu Gott, sein *awon* sei zu groß, um ihn zu tragen (Genesis 4,13), so deuteten dies bereits die aramäischen Übersetzer der hebräischen Bibel als «Meine Sünde ist größer, als dass du sie (tragen =) vergeben könntest.» Tatsächlich gemeint ist aber wohl «Meine Strafe ist größer, als dass ich sie tragen könnte», wobei der Sprecher die Sünde zugleich als sein Verhängnis begreift.

Dass der Urheber seine Schuld «tragen» muss, ein anderer sie jedoch «wegtragen», das heißt ihre negativen Folgen beseitigen kann, veranschaulicht eine weitere Eigenheit der alttestamentlichen Sündenvorstellung. «Sünde» ist für die Autoren der biblischen Schriften nämlich weniger ein abstrakter Begriff als vielmehr die Bezeichnung einer zwar unsichtbaren, doch dingähnlichen Substanz, die an ihrem Urheber haftet und dort ihre verhängnisvolle Wirkung ausübt. Weit entfernt vom Glauben an einen blinden Automatismus, äußern die biblischen Autoren dabei in verschiedener Weise ihre Überzeugung vom Wirken Gottes im Zusammenhang von Tat und Ergehen: Gott «vergilt» oder «ahndet» die Sünde, kann andererseits aber auch die Schuld an ihrem Urheber «vorübergehen lassen», das heißt vergeben, und sie ihm dadurch «nicht anrechnen».

Auf das Verständnis der Sünde als einer unheilbringenden Substanz gründen sich die biblischen Anschauungen von der rituellen Entsühnung, wie sie in den sprachlichen Bildern des Wegtragens, Abwischens, Reinigens und Auslösens zum Ausdruck kommen. Entscheidende Bedeutung gewann dabei in den letzten fünf Jahrhunderten v. Chr. die von den Priestern am Tempel in Jerusalem vollzogene Sühne, bei welcher der Schuldige seine Hände auf den Kopf eines Haustieres stützte, seine Schuld dadurch auf das Tier übertrug und es sodann unter der Mitwirkung eines Priesters in den Tod schickte (Leviticus 4,27–35). Eine wichtige Rolle spielt in diesem Zusammenhang der Umstand, dass sich der einzelne in den Kulturen des Alten Orients nicht so sehr als Individuum denn vielmehr als Glied einer Gemeinschaft begriff. An erster Stelle steht dabei die Sippe oder das drei bis vier Generationen umfassende «Haus», an zweiter Stelle der auf einen gemeinsamen Ahnherrn zurückgeführte Stamm und schließlich das aus mehreren Stämmen bestehende Volk. Wie gesellschaftliche Rechte und Pflichten konnte sich auch die Sünde im Sinne einer Unheilssphäre immer weiter vererben, so dass Gott «die Schuld der Väter heimsucht an Kindern und Kindeskindern, bis ins dritte und vierte Geschlecht» (Exodus 34,7). Dementsprechend kennt das Alte Testament nicht nur die individuelle, sondern auch die kollektive Sühne, etwa wenn am Versöhnungstag der Hohepriester die Sünden des Volkes insgesamt durch Handauflegen und Sündenbekenntnis auf einen Ziegenbock («Sündenbock») übertrug und ihn daraufhin in die Wüste schickte (Leviticus 16,21).

Dass menschliche Verfehlungen allein oder doch in erster Linie durch diese Riten zu sühnen seien, blieb innerhalb des Judentums jedoch nicht unumstritten. So etwa begegnet im Danielbuch die Hoffnung auf einen endzeitlichen Versöhnungstag (Daniel 9,24), während man im Jesajabuch die Vorstellung der Versöhnung zwischen Gott und den Menschen durch das stellvertretende Leiden eines geheimnisvollen Gottesknechts findet (Jesaja 53). Bereits zuvor hatte der Prophet Hesekiel die Vorstellung einer über Generationen wirkenden Sündenschuld in Frage gestellt und stattdessen einen individuellen Tat-Ergehen-Zusammenhang proklamiert (Hesekiel 18). Aufgegriffen wurden diese Anschauungen im Christentum, wobei Paulus einerseits die durch Adams Ungehorsam in die Welt gelangte «Erbsünde» als alles bestimmende Macht der vorchristlichen menschlichen Existenz betonte (Römer 5,12ff.), andererseits in Anlehnung an die Vorstellung vom leidenden Gottesknecht die sühnende Bedeutung des Todes Jesu hervorhob (so etwa Römer 5,6 oder 1 Korinther 15,3).

Kehren wir von dieser kurzgefassten Übersicht über das Nachleben der altorientalischen Vorstellungen von Sünde und Sühne zurück zu den Pestgebeten des Hethiterkönigs Mursili. Zweifellos kennen wir aus dem Zweistromland ältere Zeugnisse des Glaubens an einen Zusammenhang von menschlicher Schuld und göttlicher Strafe, und im Vergleich zum breiten Strom der biblischen Überlieferung mögen die wenig bekannten altkleinasiatischen Texte fast wie ein unbedeutender Seitenarm wirken. Vielleicht jedoch können gerade dem heutigen Leser die Pestgebete des Mursili durch ihre situationsbezogene Unmittelbarkeit und das Fehlen jeglicher Einbettung in weiterführende theologische Argumentationen besser als die vom liturgischen Gebrauch geprägten biblischen Schriften einen Eindruck davon vermitteln, welche Überzeugungskraft die Idee der göttlichen Vergeltung menschlicher Verfehlungen und der Glaube an die befreiende Wirkung des Sündenbekenntnisses im Alten Orient besaßen.

5.

«Puruscha ist all dies, was war und was sein wird»

Der vedische Seher deutet im Opfer die Welt

Neben den beiden Reichen der Hethiter und der Ägypter hatte sich im 15. Jahrhundert v. Chr. das Reich der Mitanni zwischen dem oberen Euphrat und dem Tigris zur dritten Großmacht des Alten Orients entwickelt. Wie die keilschriftlich bezeugten Eigennamen vermuten lassen, bildeten darin die schon seit dem Ende des dritten Jahrtausends v. Chr. bezeugten Hurriter die Bevölkerungsmehrheit. Die Führungsschicht des Staates bestand jedoch aus Angehörigen einer später zugewanderten indogermanischsprachigen Minderheit. Wie man heute weiß, handelte es sich dabei um die Vorfahren der späteren Inder, die eine eng mit dem Iranischen verwandte Sprache verwendeten. Nicht von ungefähr finden wir daher in einem Vertrag des Hethiterkönigs Suppiluliuma mit dem Mitannikönig Sattiwaza die Namen mehrerer Götter, die uns auch im *Rigveda,* der ältesten Sammlung indischer religiöser Texte, begegnen.

In Europa erst um die Mitte des 19. Jahrhunderts bekannt geworden, fand der *Rigveda* («das Wissen um die Preislieder») seit seiner sprachlichen und inhaltlichen Erschließung durch die frühe Indogermanistik, Indologie und Religionswissenschaft von jeher besondere Aufmerksamkeit. Ausschlaggebend dafür war neben dem Interesse der Romantik für alles Indische nicht zuletzt seine hohe Bedeutung für die allgemeine Kulturgeschichte. Zusammen mit den sogenannten *Gathas* des Zarathustra, der ältesten Literatur der Zoroastrier, bildet der *Rigveda* nämlich die früheste

Sammlung von Hymnen in einer indogermanischen Sprache, die in ununterbrochener Tradition von der schriftlosen Vorzeit bis zur Gegenwart tradiert, kommentiert und rituell verwendet wurden. Denn obschon die handschriftliche Überlieferung der vedischen Texte erst im zweiten Jahrtausend n. Chr. einsetzt, geht diesen schriftlichen Aufzeichnungen eine rund zweitausendjährige mündliche Tradition voraus, die bis zur Entstehung dieser Texte während oder bald nach der Einwanderung indogermanischsprachiger Stämme aus Afghanistan in das nordwestliche Indien im späten zweiten Jahrtausend v. Chr. zurückreicht. Davon abgesehen kann der *Rigveda* für sich in Anspruch nehmen, in besonderer Weise die Vielschichtigkeit eines zentralen Phänomens der allgemeinen Religionsgeschichte zu beleuchten: die des Opfers, dessen weitverzweigte rituelle und mythologische Bezüge den vedischen Hymnen ihre unverwechselbare Eigenart verleihen.

«Ich preise Agni, den Priester des Hauses, den göttlichen Vollzieher des Opfers, den Rufer, der die meisten Schätze gibt.»

So lautet die erste Strophe des ersten Hymnus, der dem Feuergott Agni gewidmet ist. In seiner Manifestation als Herdfeuer erscheint dieser den Menschen enger verbunden als jeder andere Gott, weshalb man nur ihn als den «Hausherrn» und «Gast» der Menschen bezeichnet. Mindestens ebenso wichtig ist seine zentrale Funktion im vedischen Opferritus. Sie hat zur Folge, dass Agni in über 200 der insgesamt 1028 Hymnen angerufen wird und damit zu den bedeutendsten Göttern des vedischen Pantheons zählt. Was die Hymnen über Agni berichten, spiegelt dementsprechend vor allem die rituelle Rolle des Feuers wider: Als «Bote» geleitet er die Götter zum Opfer und führt ihnen zugleich die Opfergabe zu. Als «der mit den zwei Geburten» *(dvijánman)* hat er Anteil an der himmlischen und der irdischen Sphäre, wobei die verschiedenen Aussagen über Agnis Geburten auf unterschiedliche Möglichkeiten der Entstehung und Erzeugung des Feuers zurückgehen: Spiegelt sich in der Vorstellung von Agnis Geburt aus dem Stein die Beobachtung der mit Feuersteinen erzeugten Funken, so bezeichnen die zehn Schwestern, die Agni als den «Sohn der Kraft» hervorbringen, zweifellos die zehn Finger der Hände beim kraftvollen Drehen des Feuerholzes. Verschiedentlich vergleichen die vedischen Hymnen Agni mit Tieren, so etwa wenn das Prasseln des Feuers mit dem Brüllen eines Stiers gleichgesetzt wird oder Agni sich aus dem Himmel kommend auf das Brennholz niederlässt wie der Vogel auf einen Baum. Aber auch dort, wo der Dichter sich Agni in menschlicher Gestalt vorstellt, erkennt man hinter den poetischen Schilderungen seines rötlichen Bartes und der scharfen, goldenen Zähne ohne weiteres die Beschreibung der züngelnden, alles verzehrenden Flammen.

Die zentrale Rolle des Opfers in der vedischen Religion erhellt nicht zuletzt daraus, dass bereits die oben zitierte erste Strophe des ersten Hymnus drei verschiedene Bezeichnungen für die damit befassten Priester enthält. Dabei bezieht sich der gewöhnlich mit «Hauspriester» übersetzte Ausdruck *purohita* (eigentlich «Vorgesetzter») auf einen vom König auf Lebenszeit ernannten Würdenträger, der für den Herrscher nicht nur die Opfer ausrichtete, sondern ihm auch in allen wichtigen Belangen beratend zur Seite stand. Im Unterschied dazu bezeichnet das hier mit «Vollzieher des Opfers» übersetzte Wort *ritvij* im engeren Sinn den Opferpriester, der bei jeder Opferhandlung ganz bestimmte, von der Tradition vorgegebene Handlungen vollzog. Eine noch speziellere Bedeutung hat schließlich die hier mit «Rufer» wiedergegebene Bezeichnung *hotar,* die sich in vielen uns erhaltenen Texten auf den Rezitator der heiligen Texte, eben des *Rigveda,* bezieht. Worin aber bestand der Zweck des hochentwickelten vedischen Opferwesens?

Wie bereits die oben zitierte Anrede Agnis als Gott, «der die meisten Schätze gibt», erkennen lässt, beruhte auch das vedische Opferwesen wie in den antiken Religionen allgemein üblich auf dem Grundsatz *Do ut des,* «Ich gebe, damit du gibst». Dementsprechend handelt es sich bei den meisten Opfern, deren Zweck für uns erkennbar ist, um Bittopfer. Indem der Opfernde die Götter mit seinen Gaben stärkt und erfreut, sichert er sich ihr Wohlwollen, das in reichen Gegengaben zum Ausdruck kommt. In welchem Umfang dabei der Gedanke mitspielte, dass das Opfer den

Adressaten zu einer Gegenleistung verpflichte und damit gleichsam aus sich heraus wirke, bleibt uns weitgehend verborgen. Nur gelegentlich deuten einzelne Verse des *Rigveda* die Vorstellung an, der Opfernde könne durch die überlieferten Gebete und rituellen Handlungen eine Art Zwang auf die Götter ausüben. Es steht zu vermuten, dass gerade dieser Aspekt wesentlich dazu beitrug, den lange Zeit mündlich überlieferten Wortlaut des *Rigveda* getreu zu bewahren, um auf diese Weise seine rituelle Wirksamkeit sicherzustellen. Eine Art Doppelgesicht zeigen im übrigen auch jene Texte, die sich mit Opferhandlungen zur Sühne von Verfehlungen befassen: Neben der Vorstellung von der göttlichen Vergebung, die mit Opfern erfleht, aber letztlich freiwillig gewährt wird, steht auch hier die aus der Bibel bekannte Anschauung von der Sünde als einer schädlichen Substanz, die durch Riten abzuwaschen, zu verbrennen oder auf anderem Wege zu beseitigen ist.

Eine wichtige Rolle spielt in diesem Zusammenhang wie auch sonst im vedischen Indien die Vorstellung von einer unpersönlichen Weltordnung, *rita*. Mit diesem Begriff, der wörtlich übersetzt so etwas wie «Fügung» bedeutet, bezeichnen die vedischen Dichter eine Macht, die in gleicher Weise die Ordnung der Natur, der menschlichen Gesellschaft und des Götterkults umgreift und so den geregelten Lauf der Welt gewährleistet. Dem Rita entsprechend geht jeden Morgen die Sonne auf, strömen die Flüsse, handeln die ehrlichen Menschen und erhalten die Götter ihre Opfer. In besonderer Weise mit dieser Ordnung verbunden sind die beiden Götter Mitra und Varuna, von denen insbesondere Varuna als ihr unbestechlicher Hüter geschildert wird.

Zu den aus heutiger Sicht bemerkenswertesten Hymnen des *Rigveda* zählen zwei Gedichte, die sich mit der Entstehung der Welt befassen und damit Überlegungen in den Mittelpunkt der Betrachtung rücken, die in den meisten Opferhymnen entweder gar nicht oder nur am Rande angesprochen werden. Beide Texte entstammen dem zehnten und letzten der insgesamt zehn Bücher oder Liederkreise (Mandalas), in die man den *Rigveda* üblicherweise einteilt. Dies spiegelt sich sowohl in der gedanklichen Nähe des Inhalts zu späteren philosophischen Abhandlungen als auch in den Schilderungen des gesellschaftlichen Umfelds der Dichter, das sich von jenem der ältesten rigvedischen Texte merklich unterscheidet.

Die Entstehung der Welt aus einem anfangslosen einheitlichen Urprinzip lehrt der 129. Hymnus des zehnten Buchs: Bevor das Seiende und das Nichtseiende, Tod und Unsterblichkeit, Sonne und Mond existierten, habe es nur «das eine» *(tad ekam)* gegeben. Durch Erhitzung *(tapas)* sei daraus das Verlangen entstanden, das aus der Einheit die Vielfalt hervorgebracht habe. In den beiden letzten Strophen äußert der Dichter jedoch Zweifel daran, dass irgend jemand etwas Zuverlässiges über die Entstehung der Welt aussagen könne. Da auch die Götter erst im Zuge der Schöpfung entstanden seien, wisse dies vielleicht nur der hier als «Aufseher» *(adhyaksha)* bezeichnete oberste Gott im höchsten Himmel – vielleicht aber auch nicht einmal er.

Eine andere Darstellung der Weltentstehung findet man im 90. Hymnus des zehnten Buchs. Hier ist es ein riesenhafter Urmensch *(purusha)* mit tausend Köpfen, tausend Augen und tausend Füßen, aus dem die Welt hervorging. Indem die Götter ihn zum Opfer darbrachten, entstanden aus ihm die Hymnen, die Lieder und die Opferformeln. Es ist dies die erste Erwähnung jener drei Sammlungen von Ritualtexten, die zusammen die älteste Schicht der altindischen Literatur bilden: Finden wir im *Rigveda* die Hymnen oder Preislieder für die einzelnen Götter, so enthalten der *Samaveda* die dazugehörigen Melodien und der *Yajurveda* die beim Vollzug des Opfers rezitierten Sprüche. Unerwähnt bleibt im Puruscha-Hymnus der *Atharvaveda,* eine Sammlung von Zaubersprüchen, Beschwörungen und Segensformeln, deren Kenntnis man dem «dreifachen Wissen» *(trayi vidya)* des *Rig-, Sama-* und *Yajurveda* namentlich in der frühen Zeit unterordnete und erst später als (fast) gleichberechtigt zur Seite stellte.

Aus dem Puruscha, so der Hymnus weiter, gingen aber auch Pferde, Rinder, Ziegen und Schafe sowie die einzelnen Stände oder Klassen *(varna)* der indischen Gesellschaft hervor: Aus seinem Mund entstand die Klasse der Priester *(brahmana)*, aus seinen Armen die der Krieger (hier *rajanya*, später auch *kshatriya*), aus seinen Schenkeln die der Bauern und Handwerker *(vaishya)* und aus seinen Füßen die der niedrigen Arbeiter *(shudra)*. Es ist dies die erste Darstellung der einzelnen Stände, aus denen man sich die indische Gesellschaft zusammengesetzt dachte. Dabei könnte die Verwendung des Wortes *varna* (eigentlich «Farbe») zu ihrer Bezeichnung vermuten lassen, dass nicht zuletzt Unterschiede der Hautfarbe und mithin der Gegensatz zwischen den indogermanischsprachigen Einwanderern und der alteingesessenen Bevölkerung bei ihrer Ausbildung eine wichtige Rolle spielte. Charakteristisch für die gesellschaftliche Gliederung im späteren Hinduismus ist jedoch weniger die Gliederung in vier Stände als vielmehr eine Einteilung in mehrere tausend, durch Heiratsverbote voneinander klar abgegrenzte Gruppen *(jati)*, deren Angehörige durch gemeinsame Berufe, gesellschaftliche Verpflichtungen, Sitten und Gebräuche miteinander verbunden sind. Für diese Gruppen, in die der Einzelne hineingeboren wird, prägten europäische Beobachter der frühen Neuzeit auf der Grundlage des lateinischen Wortes *castus* («keusch, rein») das Wort Kaste. Neben den einzelnen Klassen der indischen Gesellschaft lässt der Dichter auch die Götter aus dem Puruscha hervorgehen: Aus seinem Verstand, so heißt es, entstand der strahlende Mond, aus seinem Auge die Sonne, aus seinem Mund die Götter Agni und Indra und aus seinem Atem der Windgott Vayu. Schließlich schufen die Götter aus dem Leib des Puruscha das Universum: Aus seinem Nabel machten sie den Luftraum, aus seinem Kopf den Himmel, aus seinen Füßen die Erde und aus seinen Ohren die Himmelsrichtungen.

Für das hohe Alter der hier bezeugten Vorstellung von der Erschaffung der Welt aus einem Urriesen spricht ein Vergleich mit der Mythologie der Nordgermanen, wie man sie aus einigen Gedichten der altnordischen Skalden (Hofdichter), mehreren Liedern der *Edda* und aus dem mythologischen Handbuch des isländischen Politikers und Schriftstellers Snorri Sturluson (1179–1241) kennt. Snorris Darstellung zufolge waren es die Götter Odin, Vili und Vé, die aus dem Körper eines Urriesen namens *Ymir* die Welt erschufen. Aus seinem Blut machten sie das Meer, aus seinem Fleisch die Erde, aus seinen Knochen die Berge und aus seinem Schädel den Himmel. Dass diese Schilderung trotz des großen zeitlichen Abstands mit dem zuvor zitierten vedischen Gedicht zusammenhängt, lässt nicht zuletzt der Name *Ymir* vermuten. Ihn verbindet man sprachgeschichtlich mit lateinisch *geminus* (Zwilling) und deutet ihn als «Doppelwesen» oder «Zwitter». Im *Rigveda* findet *Ymir* eine Entsprechung in dem Zwillingspaar *Yama* (männlich) und *Yami* (weiblich), wie in der ältesten indischen Literatur die Stammeltern der Menschen heißen. In denselben Vorstellungskreis gehört wohl auch der Name *Tuisto*, der sprachgeschichtlich zu deutsch *Zwitter* gehört und bei dem römischen Historiker Tacitus (*Germania* 2,2) als Erzeuger des eigentlichen Stammvaters der Germanen erwähnt wird. Der Name dieses Stammvaters, *Mannus*, ist neben der Gleichung *Ymir* – *Yama/Yami* ein weiteres Beispiel dafür, dass mythologische Bezeichnungen der indogermanischen Grundsprache mitunter noch in den verschiedenen daraus hervorgegangenen Einzelsprachen lebendig blieben, denn ihm entspricht im *Rigveda* der Name *Manu* als Bezeichnung für den ersten Menschen.

Neben diesen altertümlichen Zügen enthält der Puruscha-Hymnus jedoch auch manches, was auf spätere Entwicklungen der indischen Religions- und Kulturgeschichte verweist. Dazu gehören – neben dem bereits erwähnten Hinweis auf die zentrale Bedeutung der Veden – die Schilderung des hier zum ersten Mal erwähnten Kastenwesens sowie die im Puruscha-Mythos angelegte Vorstellung von der Transzendenz und Immanenz des Göttlichen in der Welt. Hier findet man bereits Anklänge an die monistischen und pantheistischen Anschauungen der Upanischaden, deren Abfassung die nächste Sternstunde der Religionen im indischen Kulturraum bezeichnet.

6.

«Bringe den Dämonen keine Opfer dar!»

*Zarathustra bekehrt König Vischtaspa
zu seiner Religion*

Sucht man unter den frühen Zeugnissen der Religionsgeschichte nach Parallelen zu den Mythen, Kulten und Riten des vedischen Indien, so findet man die meisten und genauesten Entsprechungen bei den geographisch benachbarten iranischen Völkern nordwestlich des Indischen Subkontinents. Diese bezeichneten sich ebenso wie die frühen Inder selbst als *Arier* – der Name lebt fort in der Bezeichnung *Iran* – und gebrauchten nach Ausweis der ältesten Texte eine mit dem Vedischen eng verwandte Sprache. Gleichwohl weisen die ältesten iranischen Texte trotz ihrer Ähnlichkeit mit den vedischen Hymnen eine eigenständige Prägung auf, die man nicht allein mit dem Hinweis auf Unterschiede der Entstehungszeit oder der geographischen Herkunft erklären kann. Vielmehr spiegelt sich in diesen Texten eine Religion, die zwar auf dem Boden einer der vedischen ähnlichen Weltsicht entstand, jedoch bereits in früher Zeit eine völlig eigenständige Entwicklung nahm. Die Überlieferung schreibt diese Entwicklung dem Wirken jenes Mannes zu, der in griechischen und lateinischen Quellen Zoroaster heißt und im deutschsprachigen Raum unter dem Namen Zarathustra bekannt ist.

Über das Leben Zarathustras unterrichten uns zwei Texte, die im 9. Jahrhundert n. Chr. in mittelpersischer Sprache abgefasst wurden. Dabei handelt es sich zum einen um den *Denkard* («Akten der Religion»), ein umfassendes Kompendium der nach Zarathustra/Zoroaster benannten zoroastrischen Religion, zum anderen um die *Wizidagiha i Zadspram* («Anthologie des Zadspram»), eine geschichtstheologische Abhandlung über das Leben Zarathustras und seine heilsgeschichtliche Bedeutung. Der Darstellung dieser Texte zufolge bilden Zarathustras Leben und Wirken den Mittel- und Wendepunkt der Geschichte, die sich von der Schöpfung der Welt bis zu ihrer Verklärung am Ende der Zeiten erstreckt und vier Weltalter umfasst. Im ersten Weltalter rief der «Weise Herr» (altiranisch *Ahura Mazda*, mittelpersisch *Ohrmazd*) zunächst das geistige Urbild der Schöpfung hervor. Ihm folgte im zweiten Weltalter die materielle Schöpfung, die – obschon zunächst vollkommen – aufgrund ihrer materiellen Existenz den Angriffen des «Bösen Geistes» (altiranisch *Angra Mainyu*, mittelpersisch *Ahriman*) ausgesetzt war. So konnte Angra Mainyu im dritten Weltalter in die Schöpfung eindringen, in der von da an Gut und Böse miteinander vermischt waren. Zu Beginn des vierten Weltalters sandte Ahura Mazda Zarathustra, der die Menschen «die gute Religion» *(veh den)* lehrte und sie zur Entscheidung gegen das Böse aufforderte. Eine wichtige Rolle spielt in diesem Zusammenhang der Begriff *asha* oder *arta*, der sprachgeschichtlich dem vedischen *rita* entspricht und die vom Schöpfergott gewollte kosmische und gesellschaftliche Ordnung bezeichnet. In der Zukunft, so lehren die mittelpersischen Schriften der Zoroastrier, werden nach Zarathustra noch drei weitere Helfer auftreten, deren letzter die Auferstehung der Toten herbeiführen und das Weltgericht einleiten wird. Danach wird das Böse vernichtet werden, und Ahura Mazda wird der Welt ihre ursprüngliche Vollkommenheit wiedergeben.

Im Einklang mit dieser Vorstellung einer weltgeschichtlichen Bedeutung Zarathustras wissen die oben genannten Darstellungen seines Lebens und Wirkens zahlreiche wunderbare Einzelheiten zu berichten: Noch vor seiner Geburt wiesen außergewöhnliche Vorkommnisse auf die außergewöhnliche Bestimmung des Kindes hin, so dass Dämonen im Auftrag des Bösen Geistes vergeblich versuchten, die Niederkunft seiner Mutter zu verhindern. Auch nach seiner Geburt entging Zarathustra, der zur Überraschung der Hebammen lachend zur Welt kam, nur knapp den Mordanschlägen, welche die Priester der traditionellen Religion seines Volkes gegen ihn unternahmen. Schon im Alter von sieben Jahren wandte er sich – sehr zum Unwillen seines Vaters – gegen die überkommenen Kulte und Riten. Zwischen seinem dreißigsten und vierzigsten Lebensjahr offenbarten sich ihm eine Gruppe göttlicher Wesenheiten, die «Wohltätigen Unsterblichen» *(Amesha Spentas)*, und schließlich der Schöpfergott Ahura Mazda selbst. Er belehrte Zarathustra über das Wesen und die Bestimmung der Welt und verlieh ihm die Gabe der Allwissenheit. Nach ersten Predigten und erfolglosen Bekehrungsversuchen gelangte Zarathustra an den Hof des Königs Vischtaspa. Dort wurde er zunächst auf das Betreiben der Priester hin ins Gefängnis geworfen und gefoltert, konnte sich daraus aber auf wunderbare Weise befreien und seine Botschaft Vischtaspa vortragen. Zugleich offenbarten sich dem König die «Wohltätigen Unsterblichen» und forderten ihn auf, die Verkündigung Zarathustras anzunehmen, die Gerechtigkeit zu preisen und nicht länger den Dämonen Opfer darzubringen. Als Ahura Mazda ihn darüber hinaus einen Blick in die geistige Welt tun ließ, bekehrte sich Vischtaspa zur Religion Zarathustras und verhalf ihr dadurch endgültig zum Durchbruch.

Seinen Anhängern – den Zoroastriern in Iran und den nach ihrer Herkunft als *Parsen* bezeichneten persischen Einwanderern in Nordwestindien – gilt Zarathustra nicht zuletzt aufgrund der hier skizzierten Ereignisse bis heute als der eigentliche Stifter ihrer Religion. Die frühe Religionswissenschaft hat sich diese Sicht weitgehend zu eigen gemacht, obschon sie – anders als im Fall Echnatons – weniger auf zeitgenössischen Quellen als vielmehr auf späterer Überlieferung beruht. Um diese Überlieferung in angemessener Weise zu beurteilen, muss man sie jedoch in ihrem geschichtlichen Zusammenhang betrachten.

Abgefasst im 9. Jahrhundert n. Chr., stammen die Berichte über die Bekehrung des Königs Vischtaspa aus einer Zeit, als sich der aus Arabien vordringende Islam als herrschende Religion Irans etabliert hatte und ein Teil der zoroastrischen Minderheit bereits nach Indien ausgewandert war. Eine wesentlich ältere Quelle bildet demgegenüber die liturgische Literatur der Zoroastrier, das sogenannte *Avesta*. Obschon er kaum vor dem 4. Jahrhundert n. Chr. aufgezeichnet wurde und die ältesten Handschriften sogar erst aus dem 13. Jahrhundert stammen, ist das *Avesta* in einer dem Vedischen nahestehenden Sprache abgefasst, was die Annahme einer jahrhundertelangen mündlichen Überlieferung nahelegt. Einstmals wesentlich umfangreicher, besteht er noch heute aus drei Teilen: dem in 72 Kapitel unterteilten *Yasna*, der bis heute beim Hauptgottesdienst der Zoroastrier rezitiert wird, den 21 *Yashts*, einer Reihe von Hymnen an mythologische Wesen, sowie dem *Videvdad*, einer Sammlung religiöser Rechtsvorschriften.

Enthält das *Avesta* im Unterschied zu den späteren mittelpersischen Schriften keine biographische Darstellung, so nimmt Zarathustra in ihm doch eine beherrschende Stellung ein: Er gilt als Verfasser der ältesten Gebete, Begründer der zoroastrischen Liturgie und Gesprächspartner des Schöpfergottes Ahura Mazda, als dessen eigene Worte das *Avesta* viele seiner Abschnitte darstellt. Des öfteren ergreift in den Texten aber auch Zarathustra selbst das Wort, so etwa in einer Bitte um die Bekehrung des Vischtaspa (*Yasht* 5,105). Eingestreute Hinweise auf eine rituelle Verehrung Zarathustras lassen darauf schließen, dass man ihn bereits Jahrhunderte vor den ältesten uns erhaltenen Lebensbeschreibungen als den eigentlichen Stifter der nach ihm benannten Religion ansah. Relativiert wird dieser Eindruck jedoch dadurch, dass gerade die ältesten Teile des *Avesta* ein anderes Bild bieten.

Wie man heute weiß, sind einige Abschnitte der zoroastrischen liturgischen Texte in einer erheblich älteren Form jener altiranischen Sprache abgefasst, die man nur aus dem *Avesta* kennt und danach als Avestisch bezeichnet. Dabei handelt es sich vor allem um die Kapitel 28–34, 43–46, 47–50, 51 und 53 des *Yasna*, die man alle zusammen als die fünf *Gathas* (Gesänge) bezeichnet. Dass diese Texte von Zarathustra selbst gedichtet wurden, galt Iranisten wie Religionswissenschaftlern lange Zeit als selbstverständlich, wird seit einiger Zeit jedoch mit guten Gründen bezweifelt. Zwar spielen Zarathustra und Vischtaspa nach Ausweis der Häufigkeit ihrer Erwähnung schon in den *Gathas* eine herausragende Rolle, doch bestehen im Hinblick auf den Raum, die Zeit, das gesellschaftliche Umfeld und die religiöse Weltsicht der *Gathas* zahlreiche Unklarheiten. Dies liegt zum einen an ihrer überaus poetischen, mitunter absichtlich dunklen und mehrdeutigen Sprache, des Weiteren an der komplizierten und mit vielen Unsicherheiten belasteten Überlieferung, schließlich auch an der geringen Zahl dieser ältesten zoroastrischen Texte.

In welchem Umfang man die sehr viel spätere mittelpersische Übersetzung des *Avesta,* den *Zand,* zur Erhellung des Originals heranziehen kann, ist gerade im Hinblick auf die *Gathas* äußerst umstritten: Einmal abgesehen von den Schwierigkeiten beim Verständnis auch der Übersetzung kann man nämlich wegen der Spärlichkeit der Quellen nur selten überprüfen, ob eine erst spät bezeugte Deutung das ursprünglich Gemeinte wirklich trifft, oder ob sie nicht vielmehr auf einem – nicht immer nachvollziehbaren – Missverständnis beruht. Ähnliches gilt im übrigen für viele Passagen der mittelpersischen zoroastrischen Literatur, die vordergründig eine Vielzahl dunkler Stellen im *Avesta* zu erhellen scheinen, vielleicht aber erst im Laufe der Jahrhunderte aus nicht mehr recht verständlichen Abschnitten der heiligen Schrift herausgesponnen wurden.

Angesichts dieser Deutungsprobleme kann es kaum überraschen, dass selbst die Meinungen über die Lebenszeit Zarathustras weit auseinandergehen. Noch vor wenigen Jahrzehnten glaubten namhafte Forscher in Zarathustras Förderer Vischtaspa den von den Griechen *Hystaspes* genannten Vater des Perserkönigs Dareios I. erkennen zu können und datierten die Anfänge des Zoroastrismus dementsprechend in das 6. Jahrhundert v. Chr. Im Unterschied dazu neigt man heute überwiegend zu einer Datierung in das 10. oder 11. Jahrhundert v. Chr., da die Sprache der *Gathas* augenscheinlich um Jahrhunderte älter ist als die der jüngeren Teile des *Avesta,* deren Sprache wiederum dem Altpersischen zur Zeit des Königs Dareios vergleichbar erscheint. Völlig unbekannt ist jedoch, in welcher Region des altiranischen Sprachraums die Gathas entstanden sind. Hier hat man neben dem Territorium der heutigen Staaten Iran und Afghanistan auch Teile der ehemaligen Sowjetunion in Erwägung gezogen. Einigkeit besteht hier wohl lediglich darin, dass das Avestische sich von dem im Südwesten des iranischen Sprachraums beheimateten Altpersischen klar unterscheidet und zugleich mit keiner anderen bekannten iranischen Sprache näher verwandt ist.

In welchem Umfang die mittelpersischen Schilderungen von der Bekehrung Vischtaspas durch Zarathustra auf alte Überlieferungen zurückgehen und für das Verständnis der Gathas herangezogen werden dürfen, muss angesichts dieser Unsicherheiten offen bleiben. Ihre herausragende Stellung in der religiösen Literatur der Zoroastrier beruht vermutlich weniger auf ihrem Wert als Geschichtsquelle als vielmehr auf ihrem Symbolcharakter: Wie die Erzählung vom Triumph Zarathustras über die Priester Vischtaspas für den einzelnen Gläubigen den letztendlichen Sieg des Guten über das Böse veranschaulichen konnte, so mochte die Geschichte von der Bekehrung des weltlichen Herrschers durch den religiösen Reformer für die Gemeinschaft der Zoroastrier jenes Bündnis zwischen Thron und Altar versinnbildlichen, das in der Geschichte des Zoroastrismus eine so große Rolle spielt. Ob die Erzählung ihre Entstehung der Unterstützung des Zoroastrismus durch das Königshaus der Achämeniden im 6.–4. Jahrhundert v. Chr. verdankt, oder ob sie die Anknüpfung an diese Tradition durch die Dynastie der Sassaniden im 3.–7. Jahrhundert n. Chr. widerspiegelt, mag dahingestellt bleiben. In jedem Fall konnte sie nach dem Aufstieg des Islams und dem Untergang des Perserreichs dazu dienen, Erinnerungen an die große Zeit des Zoroastrismus wachzuhalten und einer nur mehr geduldeten religiösen Minderheit Hoffnung zu geben.

7.

«Steige herauf zu mir auf den Berg und bleibe da!»

Mose empfängt die Zehn Gebote

In weiten Teilen des Mittelmeerraums brachten die Jahrzehnte um 1200 v. Chr. einschneidende Veränderungen mit sich. Im Gefolge weiträumiger Völkerwanderungen zerfiel das Großreich der Hethiter, und selbst Ägypten konnte sich nur mit Mühe gegen den Ansturm der sogenannten «Seevölker» und der mit ihnen verbündeten libyschen Stämme aus den Gebieten westlich des Niltals behaupten. In der zeitgenössischen Inschrift einer Stele, auf welcher der regierende Pharao Merenptah seinen Sieg über die Eindringlinge für die Nachwelt festhielt, begegnet erstmals ein Name, der für die Religionsgeschichte Vorderasiens, Europas und schließlich weit darüber hinaus eine kaum zu überschätzende Bedeutung erlangen sollte – Israel.

Für die moderne Geschichtswissenschaft steht dieser erste Beleg des Namens Israel im Zusammenhang mit Wanderbewegungen westsemitischer Stämme und Stammesgruppen, die man in den letzten Jahrhunderten des zweiten Jahrtausends v. Chr. sowohl in Syrien und Palästina als auch in Ägypten nachweisen kann. Die Bibel der Juden und der Christen sieht in dieser Zeit jene entscheidende Phase der Geschichte, in der Gott mit seinem Volk einen Bund schloss und ihm im Anschluss an die Epoche der Erzväter Abraham, Isaak und Jakob die Besiedelung des Landes Kanaan ermöglichte. Untrennbar verbunden ist diese Phase der biblischen Geschichte mit dem Wirken jenes Mannes, der zu den am häufigsten erwähnten, am meisten respektierten und zugleich rätselhaftesten Gestalten der Bibel zählt – Mose.

Folgt man dem Bericht der nach Mose benannten fünf ersten Bücher der Bibel, so offenbarte sich Gott bereits den Erzvätern Abraham, Isaak und Jakob, auf dessen zwölf Söhne das Volk Israel seine Abkunft zurückführte. Anlässlich einer Hungersnot ließen sich die Nachkommen Jakobs in Ägypten nieder, wo man sie zunächst gastfreundlich aufnahm, später jedoch unterdrückte und zu Fronarbeiten heranzog. In Ägypten geboren, wurde Mose von seiner Mutter gleich nach der Geburt am Nilufer ausgesetzt, jedoch von der Tochter des Pharao gerettet. Nach der Tötung eines Ägypters floh Mose in die Wüste zum Stamm der Midianiter, wo Gott sich ihm offenbarte und ihn zum Anführer und Sprecher seiner Landsleute berief. Daraufhin kehrte Mose nach Ägypten zurück und trotzte dem Pharao die Erlaubnis ab, die Israeliten aus Ägypten herauszuführen. Auf dem Berg Sinai schloss Gott durch die Vermittlung des Mose einen Bund mit den Israeliten und verpflichtete sie zur Einhaltung einer Reihe ethischer und kultischer Gebote. Nach einem vierzigjährigen Aufenthalt in der Wüste erreichten die Israeliten schließlich das Ostjordanland, wo Mose im Alter von 120 Jahren starb und begraben wurde.

Die überragende Rolle der hier skizzierten Ereignisse in der Erinnerung Israels und später der Juden erhellt das hohe Ansehen, das die auch als Pentateuch bezeichneten fünf Mosebücher Genesis, Exodus, Leviticus, Numeri und Deuteronomium als Bücher der »Weisung» (Tora) vor allen anderen Schriften der hebräischen Bibel von jeher genossen. Sie bilden gleichsam das Fundament für die darauffolgenden Bücher der «Propheten» (Nebiim) und «Schriften» (Ketubim), anhand derer man sich die markanten Stationen der weiteren Geschichte Israels in den letzten zwölf Jahrhunderten vor Christi Geburt vergegenwärtigen kann: die vorstaatliche Epoche der «Richter» in der Zeit um 1200 bis 1000, das Königtum Davids und Salomos nach 1000, die Reichsteilung in ein Nordreich Israel und ein Südreich Juda 931, die Eroberung des Nordreichs durch die Assyrer 722, den Untergang des Südreichs mit der Zerstörung Jerusalems und dem Beginn des babylonischen Exils der Judäer 586, die Rückkehr nach Jerusalem und den Wiederaufbau des Tempels nach der Vernichtung des Babylonischen Reichs durch die Perser 538, die Eroberung des Perserreichs durch Alexander den Großen 332, den Aufstand der Juden gegen die seleukidischen Nachfolger Alexanders 167–164, die Befreiung von der seleukidischen Fremdherrschaft unter dem Priestergeschlecht der Hasmonäer 129, die Eroberung Jerusalems durch die Römer 63 und schließlich die Einsetzung Herodes' des Großen zum König der Juden 37 v. Chr.

Zweifellos wurden viele der ursprünglich mündlich überlieferten Erzählungen aus der Frühzeit Israels über Jahrhunderte hinweg geformt, erweitert und im Lichte der jeweiligen Gegenwart neu gedeutet. In der uns vorliegenden endgültigen Fassung des Textes erkennt man dies etwa am Wechsel zwischen dem Gottesnamen Jahwe und der Gottesbezeichnung Elohim sowie in Spannungen oder Widersprüchen zwischen aufeinander folgenden Erzählungen. So etwa entwirft der erste Schöpfungsbericht in Genesis 1,1–2,4a das Bild eines souveränen und transzendenten, Elohim genannten Gottes, während der unmittelbar anschließende zweite Schöpfungsbericht in Genesis 2,4b–3,24 den nunmehr Jahwe genannten Gott sehr viel plastischer und menschenähnlicher zeichnet. Vergleichbare Spannungen und Widersprüche findet man nicht nur in den erzählenden Texten, sondern auch in Rechts- und Kultüberlieferungen, was man am besten durch ein unterschiedlich hohes Alter und unterschiedliche Interessen der jeweiligen Verfasser erklären kann. Ein charakteristisches Beispiel dafür bilden die als Dekalog bekannten «Zehn Gebote», die in der uns vorliegenden Fassung der Mosebücher zum einen in Exodus 20,2–17 und zum anderen in Deuteronomium 5,6–21 begegnen: Obschon Deuteronomium 5,22 ausdrücklich feststellt, dass Gott diese Gebote auf steinerne Tafeln geschrieben und an Mose übergeben habe, stimmt der Text der beiden Fassungen keineswegs in allen Einzelheiten überein. So etwa begründete Gott die Heiligung des Sabbat Exodus 20,11 zufolge damit, dass auch er in sechs Tagen Himmel und Erde gemacht und am siebten Tag geruht habe. Dagegen heißt es in Deuteronomium 5,15, Gott habe die Sabbatruhe zum Gedenken an den Auszug aus Ägypten eingeführt. Eine gewisse Spannung ergibt sich im übrigen auch aus den biblischen

Hinweisen auf die Niederschrift der göttlichen Gebote. So etwa heißt es in Exodus 24,4, Mose habe alle Gebote selbst aufgeschrieben, während er nach Exodus 24,12 sowie 31,18 und 32,15–16 von Gott dazu aufgefordert wurde, zu ihm auf den Berg Sinai hinaufzusteigen, um dort zwei steinerne Tafeln mit den von Gott darauf geschriebenen Geboten entgegenzunehmen. Nach Exodus 32,19 sowie 34,1 und 34,27–29 zerschmetterte Mose diese Tafeln aus Zorn darüber, dass Israel in seiner Abwesenheit ein goldenes Kalb anbetete, worauf Gott ihn damit beauftragte, zwei neue Tafeln auf den Berg zu bringen und die Gebote Gottes noch einmal darauf zu schreiben. Diese in Exodus 34,11–26 angeführten Zehn Gebote decken sich nun jedoch keineswegs mit dem bereits erwähnten, heute so genannten «ethischen Dekalog» von Exodus 20,2–17 und Deuteronomium 5,6–21, sondern finden als «kultischer Dekalog» mit Anweisungen für Riten und Feste genaue Entsprechungen in Exodus 23,10–19 und weiteren Abschnitten des Pentateuch.

Die Entgegennahme der Zehn Gebote durch Mose und der Abschluss des Sinai-Bundes zwischen Gott und Isarael zählen wegen ihrer zentralen Bedeutung für die Geschichte des Monotheismus zweifellos zu den «Sternstunden der Religionen». Insbesondere die Zehn Gebote prägten nicht nur die gesamte Ethik des Judentums, sondern wirken über ihre Rezeption im Christentum und im Islam bis heute auch dort, wo ihre Forderungen nicht mehr religiös begründet werden. Ungeachtet dieser immensen Wirkungsgeschichte mag man sich angesichts der verwickelten Entstehungsgeschichte der Mosebücher fragen, ob der biblische Bericht darüber tatsächlich historische Ereignisse aus der Zeit um 1200 v. Chr. oder nicht vielmehr solche einer späteren Epoche widerspiegelt. Einen Fingerzeig für die Beantwortung dieser Frage gibt die biblische Archäologie. Ihren Forschungen zufolge spielten viele der im Zusammenhang mit dem Auszug Israels aus Ägypten erwähnten Orte zwar nicht in der Zeit um 1200 v. Chr., wohl aber ein halbes Jahrtausend später im 7. Jahrhundert v. Chr. eine wichtige Rolle. Darüber hinaus lassen archäologische Ausgrabungen darauf schließen, dass das in Numeri 20,14–21 erwähnte Königreich von Edom im Ostjordanland zur Zeit des Auszugs aus Ägypten noch gar nicht vorhanden war, sondern erst unter assyrischer Oberhoheit im 7. Jahrhundert v. Chr. entstand, um bereits ein Jahrhundert später nach dem Untergang des Assyrischen Reiches von den Babyloniern zerstört zu werden. All dies spricht dafür, dass wesentliche Elemente der Erzählung um Mose im 7. Jahrhundert v. Chr. entstanden, als das Nordreich Israel bereits untergegangen war und sich das Südreich Juda gegen das Assyrische Reich als einen ebenso mächtigen wie begehrlichen Nachbarn zur Wehr setzen musste. Gestützt wird diese Vermutung durch den Vergleich des biblischen Berichts von der Geburt des Mose mit einem augenfällig ähnlichen mesopotamischen Text.

> «Sargon, der starke König, König von Akkad, bin ich. ... Meine Mutter, eine Hohepriesterin, wurde mit mir schwanger. Insgeheim gebar sie mich. Sie legte mich in ein Schilfkästchen. Mit Bitumen dichtete sie meine Behausung ab. Sie setzte mich am Fluss aus, der (mich) nicht überspülte. Der Fluss trug mich fort, zu Akki, dem Wasserschöpfer, brachte er mich. Akki, der Wasserschöpfer, zog mich heraus, als er seinen Wassereimer eintauchte. Akki, der Wasserschöpfer, zog mich als sein Adoptivkind groß. Akki, der Wasserschöpfer, setzte mich in seiner Gartenarbeit ein. Während meiner Gartenarbeit verliebte sich die Göttin Ischtar in mich. 55 Jahre übte ich die Königsherrschaft aus.»

So lässt ein neuassyrisch und neubabylonisch überlieferter Keilschrifttext Sargon von Akkad sprechen, der um 2300 v. Chr. von Mesopotamien aus das älteste Großreich der Geschichte begründete. Wie sprachliche Indizien zeigen, handelt es sich dabei jedoch keineswegs um die späte Abschrift einer uralten Sage, sondern vielmehr um eine politische Propagandaschrift aus der Zeit des Neuassyrischen Reichs. Ihr Ziel bestand augenscheinlich darin, den Herrschaftsantritt der Könige Sargon II. (722–705) und seiner Nachfolger Sanherib, Asarhaddon und Assurbanipal religiös zu überhöhen: Verdankte bereits der sagenumwobene König Sargon von Akkad seine Macht dem Schutz und der Erwählung durch eine Gottheit – so die Botschaft des Textes –, dann konnte man dies auch bei den ähnlich erfolgreichen Herrschern des Neuassyrischen Reiches voraussetzen. Der Grund für eine solche religiöse

Legitimation des Königs lag nicht zuletzt darin, dass die Thronfolge der genannten Herrscher nicht unumstritten war und gerade im Fall Asarhaddons erbitterte Kämpfe vorangegangen waren. Nicht von ungefähr lässt eine Sammlung von Orakeln anlässlich der Thronbesteigung Asarhaddons die Götter selbst Partei für den König ergreifen: Rühmt sich der Reichsgott Assur der Vernichtung der Feinde Asarhaddons, so fordert die Göttin Ischtar die Götter als ihre Väter und Brüder dazu auf, dem Bund *(adû)* zwischen dem obersten Gott Assur und dessen Schützling Asarhaddon beizutreten. Dafür fordert die Göttin vom König die Erfüllung der rituellen Pflichten gegenüber den Göttern als Gegenleistung für deren Beistand.

Vergleicht man die Geburtsgeschichte Sargons von Akkad mit dem biblischen Bericht von der Geburt des Mose in Exodus 2,1–10, so sind die Übereinstimmungen unübersehbar: Wie Sargon ist auch Mose nichtehelicher Herkunft und wird deswegen von seiner Mutter ausgesetzt. Wie Sargon wird auch Mose in einen mit Bitumen abgedichteten Kasten aus Schilf gelegt und am Flussufer sich selbst überlassen. Wie Sargon wird schließlich auch Mose durch Zufall gefunden, von Stiefeltern adoptiert und großgezogen, um dann als Erwachsener einen göttlichen Auftrag zu erfüllen.

Da vergleichbare Erzählungen aus den Kulturen Altägyptens und des Alten Orients weit weniger auffällige Übereinstimmungen aufweisen, sind diese Ähnlichkeiten wohl kaum damit zu erklären, dass die jeweiligen Verfasser aus einem gemeinsamen Fundus volkstümlicher Erzählmotive schöpften. Als sehr viel wahrscheinlicher gilt eine Rezeption des assyrischen Textes durch die biblischen Autoren, wobei diese ihre Vorlage jedoch in eigenständiger Weise umgestalteten. So entstammt Sargon als Sohn einer Hohepriesterin letztlich doch der gesellschaftlichen Oberschicht und nimmt daher mit seinem Herrschaftsantritt trotz scheinbar niedriger Herkunft dank göttlicher Hilfe den ihm gebührenden Platz ein. Dagegen kann Mose trotz seiner Verbindung zum Königshof seine Herkunft aus dem Kreis der verachteten und rechtlosen Hebräer nicht verleugnen und ergreift schließlich im Auftrag Gottes für sie Partei gegen den mächtigen Pharao. In augenfälligem Gegensatz zur assyrischen Vorlage ist der Held der biblischen Geburtserzählung also nicht nur kein göttlich legitimierter Herrscher, sondern stellt sich vielmehr als einfacher Mann aus dem Volk im Auftrag Gottes gegen einen König. In Übereinstimmung damit schließt Gott am Berg Sinai keinen Bund mit Mose, sondern mit dem ganzen Volk Israel. Zwar spielt Mose in der biblischen Erzählung von der Niederschrift des göttlichen Rechts eine Rolle, die nach altorientalischem Verständnis dem Herrscher zukommt, doch gelten die Verpflichtungen des Bundes eben nicht in erster Linie für den König, sondern für das ganze Volk.

Sehr wahrscheinlich spielte die Erinnerung an einen Aufenthalt der Vorfahren in Ägypten, deren Wanderung durch die Wüste und Inbesitznahme des Kulturlands mit göttlicher Hilfe schon lange vor der Entstehung des uns vorliegenden biblischen Textes für das Selbstverständnis der Israeliten eine zentrale Rolle. Den unbekannten Autoren des 7. Jahrhunderts v. Chr. jedoch blieb es vorbehalten, diese Überlieferungen in Auseinandersetzung mit den Ansprüchen der assyrischen Könige in einer Art und Weise zu interpretieren, die losgelöst vom konkreten politischen Hintergrund über alle Wechselfälle der Geschichte hinweg das jüdische Selbstverständnis prägen sollte und bis heute unmittelbar zum Leser spricht.

8.

«Aber dem Schicksal
ist noch keiner entronnen»

Homer besingt Götter und Helden

«Sie (Homer und Hesiod) waren es, die den Griechen eine Lehre von der Abstammung der Götter und den Göttern ihre Bezeichnungen gaben. Sie legten ihren Rang und ihre Funktionen fest und beschrieben ihre äußere Erscheinung.»

So schreibt im 5. Jahrhundert v. Chr. der «Vater der Geschichte» Herodot (*Historien* 2,53). Blickt man nach fast zweieinhalb Jahrtausenden auf diese Aussage zurück, so ist der Eindruck von der weitreichenden Wirkung gerade Homers und der ihm zugeschriebenen Epen *Ilias* und *Odyssee* heute eher noch größer als zur Zeit des ersten griechischen Historikers. Noch heute bestimmen die Erzählung vom Trojanischen Krieg und von den Irrfahrten des Odysseus maßgeblich unsere Vorstellung davon, welches Bild sich die Griechen von ihren Göttern machten, nachdem Homers Erzählungen über diese Götter von der Antike bis zur Gegenwart Theologen und Philosophen zur Stellungnahme herausgefordert und Dichter, Komponisten, Maler und Bildhauer zu immer neuen Schöpfungen inspiriert haben. Zeus, «Vater der Menschen und Götter», die Liebesgöttin Aphrodite, der Götterbote Hermes, der Meeresgott Poseidon und viele andere sind noch heute sehr viel bekannter als etwa die Götter der Kelten, Germanen oder Slawen. Zu einem guten Teil liegt dies an der Übernahme weiter Bereiche der griechischen Mythologie durch die Römer, die griechische Götter und Göttinnen in ihre Götterwelt aufnahmen oder mit ihren eigenen Gottheiten gleichsetzten. Wie aber sind die homerischen Epen entstanden?

Wohl in der ersten Hälfte des zweiten Jahrtausends v. Chr. waren die ersten Sprecher einer griechischen Sprache von der Balkanhalbinsel aus in das griechische Festland und die Peloponnes eingewandert. In den darauffolgenden Jahrhunderten gründete die Oberschicht dieser Stämme dort zahlreiche Königreiche oder Fürstentümer, die sie von stark befestigten Zentralsiedlungen aus regierten. Charakteristische Beispiele für solche bronzezeitlichen Fürstensitze sind Iolkos im östlichen Thessalien, Theben in Boiotien, Athen in Attika, Mykenae und Tiryns in der Argolis und Pylos in Messenien. Mit der Eroberung weiter Teile des minoischen Kreta im 15. Jahrhundert v. Chr. und der Übernahme der dort entwickelten Silbenschrift erreichte diese sogenannte Mykenische oder Achäische Kultur den Höhepunkt ihrer Macht. 300 Jahre später jedoch gingen fast alle frühgriechischen Fürstensitze nahezu gleichzeitig in Flammen auf. Sehr wahrscheinlich verursachten umfangreiche Völkerverschiebungen, die man auch für den Untergang des Hethiterreichs und die Angriffe der sogenannten Seevölker auf das ramessidische Ägypten verantwortlich macht, ihren Zusammenbruch. Ein Teil der Bevölkerung wich ostwärts nach Euboia, auf die Ionischen Inseln, die Kykladen, Zypern und die kleinasiatische Westküste aus, während weite Gebiete des griechischen Festlands und der Peloponnes von aus dem Balkanraum neuzugewanderten Griechen, den sogenannten Dorern, besiedelt wurden.

Vom Ausmaß der Kontinuität der Mykenischen Kultur in den «dunklen Jahrhunderten» zwischen 1200 und 800 v. Chr. können wir uns wegen der Spärlichkeit der Quellen kein genaues Bild machen. Allem Anschein nach war die Erinnerung an die Namen und den Glanz der alten Fürstensitze aber noch lebendig, als die Kultur der ionischen Griechen Kleinasiens, der Kykladen, Attikas und Euboias im 8. Jahrhundert v. Chr. einen neuen Aufschwung nahm. Im Zuge intensiver Handelskontakte mit der Levante übernahmen die Griechen jener Zeit neue religiöse Kulte, literarische Stoffe und Motive, künstlerische Anregungen, technische Neuerungen mitsamt ihren Bezeichnungen und nicht zuletzt das phönizische Alphabet, aus dem später durch etruskische Vermittlung die lateinische Schrift hervorging. In die zweite Hälfte des 8. Jahrhunderts v. Chr. datiert man die Entstehung der homerischen Epen in der uns bekannten Form, was angesichts ihrer komplizierten Entstehungs- und Überlieferungsgeschichte aber noch einer näheren Erläuterung bedarf.

Wie man heute weiß, handelt es sich bei der *Ilias* und der *Odyssee* – im Unterschied etwa zur *Aeneis* Vergils – um Werke, die in einer langen Tradition mündlicher Dichtung stehen. Dies beweist in erster Linie der hohe Anteil formelhafter Wendungen im Text, die es dem Dichter solcher mündlicher Epen erleichterten, das Werk auch ohne Rückgriff auf schriftliche Aufzeichnungen bei jedem neuen Vortrag unter Verwendung geprägter Versatzstücke gleichsam neu zu erschaffen. Zu Beginn des 20. Jahrhunderts gewann man erstmals aus der Beobachtung noch praktizierender Sänger und Dichter – vor allem im früheren Jugoslawien – eine Vorstellung von der Eigenart dieser Kunst. Warf die Übertragung dieser Erkenntnisse auf das frühe Griechenland ein völlig neues Licht auf die Entstehung der homerischen Epen, so wurden bei genauerem Hinsehen doch auch gravierende Unterschiede deutlich: Nicht nur war die Metrik der jugoslawischen Heldenepik sehr viel einfacher als der daktylische Hexameter des frühgriechischen Epos, auch in anderer Hinsicht wie etwa der sprachlichen Ausformung, der Charakterisierung der Figuren und der Gestaltung menschlicher Tragik bleiben die modernen Sänger und Dichter in aller Regel deutlich hinter dem Schöpfer von *Ilias* und *Odyssee* zurück. Augenfällig ist besonders die Verbindung von großer Länge und kunstvollem Aufbau, für die man bei den noch lebenden Vertretern einer mündlichen epischen Dichtung keine Entsprechungen finden konnte. Bewiesen die Feldforschungen des frühen 20. Jahrhunderts also einerseits die Traditionsgebundenheit der homerischen Epen, so doch auch andererseits ihre Außergewöhnlichkeit.

Wie man heute weiß, geht der uns überlieferte Text der *Ilias* und der *Odyssee* auf eine Fassung zurück, die im 3. Jahrhundert v. Chr. von Philologen im ägyptischen Alexandria erstellt wurde. Aus dieser Zeit stammt auch die noch heute übliche, im Grunde jedoch willkürliche Einteilung der beiden Epen in 24 Bücher, die nach den 24 Buchstaben des griechischen Alphabets bezeichnet werden – Großbuchstaben (Majuskeln) für die Ilias, Kleinbuchstaben (Minuskeln) für die Odyssee. Vereinzelte Zitate und Anspielungen bei Autoren des 7.–4. Jahrhunderts v. Chr. lassen darauf schließen, dass zu jener Zeit unterschiedliche Fassungen der Epen in Umlauf waren, ohne dass wir uns über das Ausmaß der Unterschiede ein genaues Bild machen könnten. Selbst über den ursprünglichen Umfang von *Ilias* und *Odyssee* herrscht letztlich Unklarheit, denn schon in der Antike wurden Vermutungen laut, das für den Gesamtaufbau entbehrliche 10. Buch der *Ilias* sei eine spätere Zutat, und die *Odyssee* habe ursprünglich mit dem 296. Vers des 23. Buches geendet.

Vergleicht man *Ilias* und *Odyssee* miteinander, so legen augenfällige Ähnlichkeiten die Annahme einer früheren Entstehung der *Ilias* nahe, da einige Anspielungen in der *Odyssee* fast wie Zitate wirken. Dass beide Epen von ein und demselben Verfasser stammen, galt in der Antike zwar als ausgemacht, doch war über die Lebensumstände dieses Dichters augenscheinlich schon im frühen 7. Jahrhundert v. Chr. nichts näheres mehr bekannt. Darüber hinaus galt Homer in der Antike auch als Verfasser etlicher weiterer Dichtungen, deren Zuschreibung an den Dichter der *Ilias* und *Odyssee* wir heute kaum nachvollziehen können. Im Hinblick auf gravierende Abweichungen zwischen dem Ethos der beiden Epen, ihrer Handlungsführung und der in ihnen geschilderten Lebenswelt hält man es im Unterschied zur antiken Auffassung daher für gut möglich, dass die *Odyssee* gar nicht vom Dichter der *Ilias* stammt, sondern in Anlehnung und Nachahmung des älteren Epos nach einem kurzen zeitlichen Abstand von einem weiteren Meister der mündlichen Dichtung geschaffen wurde.

Wie aus diesen Ausführungen deutlich geworden sein dürfte, ist die in der *Ilias* und der *Odyssee* geschilderte Welt der frühen Griechen also nicht die Welt des Verfassers – oder der Verfasser – dieser Werke, sondern vielmehr die einer ganzen Epoche, die sich vom 13. bis zum 8. Jahrhundert v. Chr. erstreckt und damit sowohl die Kultur der spätmykenischen Zeit als auch die der frühen Ionier umgreift. Dabei ist auch damit zu rechnen, dass älteres Traditionsgut in späterer Zeit missverstanden oder umgedeutet wurde. Ein charakteristisches Beispiel dafür bieten etwa die Hinweise auf Streitwagen, deren Existenz in einer fernen Vergangenheit dem Dichter zwar noch bekannt war, von deren militärischer Funktion und Einsatzweise er aber keine genauen Vorstellungen mehr hatte. Außerdem bieten die beiden Epen natürlich ungeachtet der zu Recht gerühmten bunten Vielfalt ihrer Schilderungen kein getreues Spiegelbild der gesamten Lebenswirklichkeit, sondern nur einen gleichsam gefilterten, künstlerisch gestalteten und in vieler Hinsicht idealisierten Ausschnitt. So erfährt man in der *Ilias* zwar viel über herausragende Helden adliger Abstammung, aber fast nichts über die große Masse der gewöhnlichen Krieger. Ebenso schildert der Dichter zwar ausführlich Einzelkämpfe zwischen den Anführern, übergeht jedoch das monotone Einerlei der langjährigen Belagerung ebenso wie die Versorgung der Verwundeten oder die Bewältigung von Nachschubproblemen.

Dass auch die in der *Ilias* und *Odyssee* teils geschilderten, teils vorausgesetzten religiösen Riten und Glaubensvorstellungen nicht einfach die zeitgenössische Wirklichkeit des Dichters wiedergeben, versteht sich nach dem oben Gesagten von selbst. Auch hier ist damit zu rechnen, dass der Dichter von vorneherein eine Auswahl aus der bunten Fülle und Vielfalt des Stoffs getroffen hat, dass er die Religion der adligen Oberschicht sehr viel stärker berücksichtigt als etwa die der Handwerker und Bauern und dass sich in seinen Beschreibungen Traditionsgut unterschiedlichen Alters und unterschiedlicher Herkunft mischt. Mithin wäre es verfehlt, einzelne Stellen ohne Rücksicht auf den dichterischen Gesamtzusammenhang als Kronzeugen für bestimmte religiöse Vorstellungen oder Haltungen der frühen Griechen im Allgemeinen heranzuziehen oder gar aus einer Blütenlese solcher Stellen die Religion der Griechen insgesamt rekonstruieren zu wollen: Wenn das Geschick der Menschen in der *Ilias* teils durch den Willen der Götter, teils durch ein davon unabhängiges Schicksal bestimmt erscheint, so darf man darin zwar einen Hinweis auf das Bestehen konkurrierender religiöser Vorstellungen sehen, sollte jedoch vom Dichter keine theologische Klärung oder Wertung dieses Widerspruchs erwarten.

Unübersehbar sind im übrigen gerade auch auf dem Gebiet der Religion die Unterschiede zwischen den beiden Epen: Treten die Götter der *Ilias* häufig in der Mehrzahl oder sogar in ihrer Gesamtheit in Erscheinung, so betont die *Odyssee* sehr viel stärker das Wirken einzelner Gottheiten. Ebenso zeigen die durchweg parteiischen Götter der *Ilias* mitunter eine moralische Lässigkeit, die man bei den Göttern der *Odyssee* vergeblich sucht. Es liegt jedoch auf der Hand, dass diese Abweichungen nicht etwa als Ausdruck unterschiedlicher religiöser Haltungen bei den frühen Griechen, sondern lediglich als eine Folge des jeweils beherrschenden Themas der beiden Epen zu erklären sind. Wenn nämlich der Dichter der *Ilias* in seiner Schilderung des Krieges zwischen Griechen und Trojanern keiner Seite Recht oder Unrecht gibt und für beide Parteien Sympathie zu wecken versteht, so findet dies eine genaue Entsprechung in dem Umstand, dass auch die Götter moralisch indifferent erscheinen. Umgekehrt entspricht dem Nachduck, den die *Odyssee* auf den letztlichen Sieg des Rechts über das Unrecht legt, der ausgeprägt ethische Charakter ihrer Götter.

Was die Entstehung der homerischen Epen in den Rang einer «Sternstunde der Religionen» erhebt, ist deshalb keineswegs die Klärung oder auch nur dichterische Gestaltung religionsphilosophischer Probleme, sondern die künstlerisch überzeugende Darstellung einer polytheistischen Götterwelt mit ihrer ganzen Vielfalt scharf profilierter individueller Gestalten. Als die wohl früheste schriftlich fixierte literarische Gestaltung einer Mythologie in Europa beeinflussten die homerischen Epen alle späteren Versuche dieser Art bis in die Gegenwart. So sind die fast menschlich-allzumenschlich wirkenden homerischen Götter mit ihrer festgefügten Hierarchie, ihren verwandtschaftlichen Bindungen untereinander und zu den Menschen, ihren klar umrissenen Zuständigkeitsbereichen und nicht zuletzt ihrer eigentümlichen Schwerelosigkeit das Vorbild, das noch heute für viele Menschen die Vorstellung von einer polytheistischen Religion bestimmt.

9.

«Ich bin Brahman»

Yajnavalkya lehrt das wahre Wesen der Seele

Ungefähr gleichzeitig mit den homerischen Epen entstanden in Indien als letzter Ausläufer der vedischen Literatur die ältesten Upanischaden. In ihnen findet man die wesentlichen Punkte jener Weltanschauung, die in späterer Zeit vielfach variiert und für viele (wenn auch längst nicht alle) Religionen und Philosophien Indiens konstitutiv geworden sind: die Identifikation der Allseele *(brahman)* mit der Individualseele *(atman)* sowie die Lehre vom leidvollen Kreislauf der Wiedergeburten *(samsara)*, der durch die Taten eines Menschen (sein *karman*) bedingt ist und den es zu durchbrechen gilt, will man Erlösung (*mukti* oder *moksha*) finden. «Ich bin Brahman» *(aham brahmasmi)* ist als klassische Formulierung der Einheit von Atman und Brahman eine der vier «großen Aussprüche» *(Mahavakyas)* der Upanischaden, der dem Weisen Yajnavalkya als dem Verfasser des *Shatapatha-Brahmana* zugeschrieben wird. Ebenso berühmt ist eine andere Formulierung, die Yajnavalkya auf die Frage nach dem Wesen des Brahman gebraucht haben soll. *Neti, neti* (wörtlich «nicht so, nicht so») sei Brahman, da alle Beschreibungen oder begrifflichen Bestimmungen des Brahman letztlich unzulänglich seien. Was aber sind die Upanischaden, in denen sich diese Formulierungen finden?

Nach traditioneller indischer Anschauung ist die älteste religiöse Literatur Indiens zwei grundverschiedenen Kategorien zuzuordnen. Auf menschliche Verfasser führt man allein die jüngste, als «Überlieferung» *(smriti)* bezeichnete Textschicht zurück. Dabei handelt es sich um die als *Sutras* (Leitfäden) oder *Vedangas*

(Glieder des Veda) bezeichneten Lehrbücher, die maßgebliche Ritualvorschriften zum Zweck der leichteren Erlernbarkeit in möglichst übersichtlicher Anordnung knapp zusammenfassen. Als «Offenbarung» *(shruti)* gelten demgegenüber zum einen die vier *Samhitas* selbst, zum anderen die unmittelbar daran anschließenden, von den *Sutras* bereits vorausgesetzten erklärenden Texte.

Die älteste Schicht dieser Literatur bilden die *Brahmanas*, die Anweisungen zur richtigen Durchführung der Kulthandlungen sowie ausführliche Erörterungen ihrer Bedeutung enthalten. Auf sie folgen die sogenannten *Aranyakas* (Wildnistexte oder Waldbücher), die bestimmte, mit besonderer Vorsicht und daher fernab menschlicher Siedlungen zu behandelnde Rituale erörtern. In ihnen findet man neben Vorschriften und Anweisungen zur Durchführung der Rituale auch symbolische Ausdeutungen spekulativen Charakters, wobei die einzelnen Sammlungen entsprechender Texte jeweils einem der ersten drei *Samhitas* des Veda zugeordnet sind. An chronologisch letzter Stelle der Offenbarungsliteratur stehen schließlich die eingangs erwähnten Upanischaden.

Wie schon die sprachliche Herleitung der Bezeichnung (zum Sanskrit-Verb *upa-ni-sad*, «sich in der Nähe niedersetzen») nahelegt, galten die Upanischaden zunächst als Geheimlehren, die im Zwiegespräch zwischen Meister und Jünger weitergegeben wurden. Oftmals sind sie eingebettet in oder angeschlossen an *Brahmanas* oder *Aranyakas*, wobei die einzelnen Upanischaden in der Regel jedoch keine Einheit bilden, sondern aus mehreren verschiedenen Texten unterschiedlichen Alters bestehen. Zum Teil sind diese Texte anonym, zum Teil werden sie namentlich bekannten Autoren zugeschrieben, wobei diese Zuschreibungen jedoch vielfach nicht überprüft werden können. Die Gesamtzahl der Upanischaden wird in den verschiedenen religiösen und philosophischen Schulen unterschiedlich hoch angesetzt. Dies rührt wohl vor allem daher, dass man zur Steigerung ihres Ansehens mitunter auch sehr späte und nur ganz vereinzelt rezipierte Texte als Upanischaden bezeichnete. Weithin üblich und akzeptiert ist die Annahme eines Kanons von 108 Upanischaden, wie er zuerst um die Mitte des 17. Jahrhunderts erwähnt wird. Von diesen 108 Texten, die erstmals in der *Muktika Upanishad* aufgeführt sind, stammen zehn (die sogenannten *Mukhya Upanishads* oder *Dashopanishads*) noch aus dem ersten Jahrtausend v. Chr. und genießen daher ein besonders hohes Ansehen.

Als letzter Teil der Offenbarungsliteratur werden die Upanischaden mitunter auch als *Vedanta*, das heißt «Ende» *(anta)* des «Wissens» *(veda)*, bezeichnet. Sehr viel häufiger bezieht sich die Bezeichnung *Vedanta* aber auf eine religiös-philosophische Schule oder Richtung, die sich zwar auf die Upanischaden beruft, jedoch erst in späterer Zeit ausgestaltet wurde. In diesem erweiterten Sinn bildet der Vedanta eine von insgesamt neun religiös-philosophischen Schulen, die man üblicherweise in zwei grundverschiedene Gruppen unterteilt. Auf der einen Seite stehen drei Traditionen, die man mit einer Ableitung von dem Sanskrit-Verb *nasti* («ist/existiert nicht») als *nastika* (etwa: «heterodox») bezeichnet. Dabei handelt es sich zum einen um die religiösen Systeme des Jainismus und Buddhismus, zum anderen um die philosophische Schule des Carvaka, die sich durch eine betont materialistische und religiös indifferente oder atheistische Tendenz auszeichnet. Was alle drei Traditionen verbindet, ist die Ablehnung des Veda, wobei jedoch zumindest der Jainismus und Buddhismus die Lehre vom *karman* und der Wiedergeburt anerkennen. Im Gegensatz zu diesen drei Traditionen stehen jene sechs religiös-philosophischen Schulen oder Sichtweisen *(Darshanas)*, die man mit einer Ableitung von dem Sanskrit-Verb *asti* («ist/existiert») als *astika* (etwa: «orthodox») bezeichnet. Ihre wesentliche Gemeinsamkeit besteht darin, dass sie sich alle auf die vedischen Texte als die höchste religiöse Autorität berufen. Dabei handelt es sich um den *Nyaya* als einem System des logischen Denkens, Schließens und Disputierens (mitsamt dem eng damit verbundenen *Vaisheshika* als einer Art atomistischer Naturphilosophie), die philosophische Schule des *Samkhya* oder *Sankhya* als einer Lehre von den letzten Weltprinzipien (mitsamt dem damit verwandten Meditationssystem des *Yoga*), schließlich die als *Mimamsa* bezeichnete Tradition der vedischen Exegese oder Ritualwissenschaft, die man mitunter auch als *Purva Mimamsa* («vordere» oder «frühere» Mimamsa) bezeichnet, um sie von der als *Uttara Mimamsa* («hintere» oder

«spätere» Mimamsa) bezeichneten Philosophie des *Vedanta* ab-
zugrenzen. Charakteristisch für den *Vedanta* ist dabei die Auffassung, dass die zuverlässige Mitteilung der vedischen Texte *(shabda
pramana)* als Mittel zur Erkenntnisgewinnung an erster Stelle stehen muss und den beiden anderen, ebenfalls zulässigen Erkennt-
nismitteln – nämlich der Wahrnehmung der Sinnesorgane *(praty-
aksha)* und der Schlussfolgerung *(anumana)* – übergeordnet ist.
Im Übrigen rechnet man die Vordenker des *Vedanta* in der Regel
den drei Hauptrichtungen des *Advaita-*, *Vishistadvaita-* und
Dvaita-Vedanta zu, je nach dem, ob sie eine streng monistische,
eingeschränkt monistische oder aber dualistische Sicht der Wirklichkeit vertreten.

Am Anfang der *Vedanta*-Philosophie stehen die *Brahma-* oder
Vedanta-Sutras, die dem sagenumwobenen Weisen der Vorzeit Ba-
darayana zugeschrieben werden, in der uns vorliegenden Gestalt
aber wohl aus den ersten Jahrhunderten n. Chr. stammen. Sie sind
als Leitfaden zu verstehen, der die teils schwer verständlichen,
teils scheinbar widersprüchlichen heiligen Texte in 555 kompri-
mierten Aphorismen unter Berücksichtigung der abweichenden
Standpunkte unterschiedlicher Kommentatoren systematisch zu
erschließen sucht. Die außerordentliche Kürze der Darstellung
bringt es allerdings mit sich, dass das Werk ohne weitere Ausführungen eines Lehrers oder eines Kommentars oft unverständlich
bleibt, so dass der heutige Leser vielfach auf spätere Erläuterungs-
schriften angewiesen bleibt. Dabei überragt alle früheren Kommentare, die oft nur als Zitate und Paraphrasen bei späteren Autoren auf uns gekommen sind, die Auslegung der *Brahma-Sutras*
durch den Philosophen Shankara.

Der Überlieferung nach um 788 als Sohn eines Brahmanen im
südindischen Kaladi (Kerala) geboren, soll Shankara schon zu
Lebzeiten zahlreiche Anhänger gewonnen und mehrere Klöster
gegründet haben, bevor er um 820 im nordindischen Kedarnath
(Uttar Pradesh) im Alter von nur 32 Jahren starb. Ausgehend vom
Denken seines Lehrers Govindapada, der wiederum an Gedanken
des Philosophen Gaudapada anknüpfte, interpretierte Shankara
die Upanischaden, die Brahmasutras und weitere Schriften wie
etwa die *Bhagavadgita* im Sinne einer absoluten Einheitslehre.

Oberstes Ziel seiner Philosophie und Gegenstand des von ihm postulierten «höheren Wissens» *(para-vidya)* ist die Erkenntnis der Identität der Individualseele *(atman)* mit der Allseele *(brahman)*, die in der meditativen Versenkung als Sein *(sat)*, Bewusstsein *(cit)* und Glückseligkeit *(ananda)* erfahren werden kann. Die Welt in ihrer Vielfalt und Unterschiedlichkeit gilt ihm als reine Illusion *(maya)*, die dem Menschen nur auf der Ebene des «niederen Wissens» *(apara-vidya)* als empirische Realität erscheint.

Im Unterschied zu Shankaras Lehre einer strengen «Nicht-Zweiheit» *(advaita)* steht die «eigenschaftsbehaftete Nicht-Zweiheit» *(vishishtadvaita)* des Philosophen Ramanuja, welcher der Überlieferung zufolge um 1017–1137 im tamilischen Sprachgebiet Südindiens lebte. Wie Shankara ging auch Ramanuja von den Upanischaden, den *Brahma-Sutras* und der *Bhagavadgita* aus, sah in dem allumfassenden Göttlichen aber kein unterschiedsloses reines Sein, sondern sprach ihm bestimmte Eigenschaften *(vishesha)* zu. Die Einzelseelen und die Materie verhalten sich seiner Auffassung zufolge wie der Leib zur Seele: So wie der Leib nicht ohne die mit ihm verbundene Seele existieren kann, so sind auch die Seelen und die Materie vom Göttlichen vollkommen abhängig, jedoch gleichzeitig von ihm verschieden. Die Vielheit, die der Mensch wahrnimmt, ist daher keine Illusion, sondern als Ausdruck unterschiedlicher Formen *(prakara)* des Göttlichen durchaus real. Als eine Art von Panentheismus, der die gesamte Realität im Göttlichen enthalten sieht, verbindet die «eigenschaftsbehaftete Nicht-Zweiheit» Ramanujas auf diese Weise die Lehre Shankaras von der «Nicht-Zweiheit» mit der theistischen Frömmigkeit der Alvars, tamilischer Hymnendichter im Dienste des Gottes Vishnu-Narayana, die der Überlieferung zufolge im 7.–10. Jahrhundert wirkten. Eine wichtige Rolle spielt daher nicht nur die in der Meditation gewonnene Erkenntnis, sondern auch die Hingabe oder liebende Versenkung in das Wesen des Gottes *(bhakti)*, durch die der Mensch erlöst werden kann.

In einem deutlichen Gegensatz zu den Anschauungen Shankaras und Ramanujas steht der dualistische *Dvaita-Vedanta,* als dessen Begründer der südwestindische Philosoph Madhva (um 1199–1278) gilt. Er interpretierte die Aussagen der Upanischaden im Sinne eines «fünffachen Unterschieds» *(panca-bheda)*, nämlich Gottes und der Seelen, Gottes und der Materie, der Seelen und der Materie, der Seelen untereinander und den leblosen Dingen untereinander. Das gesamte Weltgeschehen beruht ihm zufolge auf lediglich drei Entitäten, von denen allerdings nur das Göttliche autonom ist, während die Seelen und die Materie von ihm abhängig sind. Eine wichtige Rolle spielt im Übrigen auch hier die liebende Hingabe an den Gott Vishnu, wie sie im 13.-16. Jahrhundert auch von den religiös-philosophischen Lehrern Nimbarka, Vallabha und Caitanya vertreten werden sollte.

Im Abendland gehören die Upanischaden zweifellos zu den bekanntesten Texten der altindischen Literatur. Um ihre europäische Wirkungsgeschichte seit dem frühen 19. Jahrhundert zu verstehen, muss man zunächst einen Blick auf die indische Geschichte werfen. Nach dem Zustrom griechischer Kultureinflüsse im Anschluss an den Alexanderzug um 325 v. Chr. erfolgten im 3. Jahrhundert v. Chr. die Gründung des ersten indischen Großreichs unter Kaiser Ashoka und im 4. Jahrhundert n. Chr. die Gründung des Gupta-Reichs. Den ersten Einfällen muslimischer Araber im 8. Jahrhundert folgte der Zustrom turksprachiger Muslime aus Zentralasien, die vom 11.-12. Jahrhundert das Reich der Ghaznawiden und vom 13.-16. Jahrhundert das Sultanat von Delhi beherrschten. Letzterem folgte 1526 das Mogulreich, das bis 1858 Bestand haben sollte, während gleichzeitig seit dem späten 15. Jahrhundert zunächst die Portugiesen und danach vor allem die Engländer ihren Einfluss in Indien immer weiter ausdehnten.

Um die Mitte des 17. Jahrhunderts führte der Herrscher Shah Jahan das Mogulreich zu seiner größten kulturellen Blüte, von der nicht zuletzt das Grabmal seiner Lieblingsfrau, das Taj Mahal in Agra, noch heute Zeugnis ablegt. Sein Nachfolger wurde nach Thronstreitigkeiten noch zu seinen Lebzeiten sein Sohn Aurangzeb, der in Abkehr von der bis dahin vorherrschenden Religionspolitik eine intensive Islamisierung betrieb. Zu den Rivalen, die Aurangzeb ausschaltete, gehörte auch sein älterer Bruder Dara Shikoh, der in gleicher Weise an muslimischer wie auch an indischer Mystik interessiert gewesen war und zur Förderung des Studiums entsprechender Texte die wichtigsten Upanischaden aus dem Sanskrit ins Persische übertragen hatte. Dass bereits wenige Jahre später eine Handschrift mit dieser persischen Übersetzung nach Europa gelangte, war das Verdienst des französischen Orientalisten Abraham Hyacinthe Anquetil Duperron (1731–1805), der 1755–1761 zum Studium der zoroastrischen Literatur nach Indien gereist war. Er brachte von seiner Reise nicht nur eine aus erster Hand geschöpfte Kenntnis des Zoroastrismus, sondern auch 180 orientalische Handschriften nach Paris zurück. Bereits 1771 veröffentlichte er mit seinem nach einer persischen Übertragung gearbeiteten Werk *Zend-Avesta, ouvrage de Zoroastre* die erste Übersetzung des *Avesta* in eine europäische Sprache. 1801–1802 folgte in zwei Bänden unter dem Titel *Oupnek'hat* eine lateinische Übersetzung der Upanischaden nach der Übersetzung Dara Shikohs.

Für die Geschichte des europäischen Indienbilds ist die Rezeption der Upanischaden im 19. Jahrhundert von kaum zu überschätzender Bedeutung. Bekannt ist ihre Bewunderung durch Arthur Schopenhauer (1788–1860), der sie in einer vielzitierten Stelle seines Werks *Parerga und Paralipomena* als «die belohnendste und erhebendste Lektüre» und als den Trost seines Lebens und Sterbens bezeichnete. 1879 eröffnete der Indologe und Religionswissenschaftler Friedrich Max Müller (1823–1900) mit einer Übersetzung von fünf Upanischaden den ersten Band seiner fünfzigbändigen Quellensammlung *The Sacred Books of the East*, und 1897 veröffentlichte Paul Deussen (1845–1919), Jugendfreund Friedrich Nietzsches und später Gründer der Schopenhauer-Gesellschaft, nach mehreren Studien zur Vedanta-Philosophie seine klassische Übersetzung *Sechzig Upanishad's des Veda*. Ein Freund Paul Deussens war der indische Religionsphilosoph Vivekananda (eigentlich Narendranath Datta, 1863–1902), der wie kein anderer Autor an der Wende vom 19. zum 20. Jahrhundert dazu beitrug, die Philosophie des *Vedanta* außerhalb Indiens bekannt zu machen. Von ihm wird im Schlusskapitel des vorliegenden Buches noch einmal die Rede sein, doch sei der Blick im folgenden zunächst noch einmal auf die indische Kultur zur Zeit der frühen Upanischaden gerichtet.

10.

«Zerstört ist die Wiedergeburt»

Siddhartha Gautama wird zum Buddha

«Während ich nun dies erkannte und einsah, wurde mein Geist befreit von dem Übel der Lust, befreit von dem Übel des Daseins, befreit von dem Übel der Unwissenheit. Und als er befreit war, kam mir die Erkenntnis: ‹Er ist befreit›, und ich erkannte: ‹Zerstört ist die Wiedergeburt, ich führe den Wandel der Heiligkeit, getan ist, was zu tun war; nicht gibt es etwas anderes nach dieser Existenz.›»

Mit diesen Worten schildert einer der ältesten uns erhaltenen buddhistischen Texte den Augenblick, der mit einiger Berechtigung als die Geburtsstunde des Buddhismus gelten kann. Der Sprecher der oben zitierten Worte ist der als Gründer verehrte Siddhartha Gautama, der aufgrund des darin geschilderten «Erwachens» aus dem Schlaf der Unwissenheit den Ehrentitel Buddha («der Erwachte») erhielt. Um zu verstehen, welcher Stellenwert diesem Augenblick in der Religionsgeschichte Indiens und weit darüber hinaus zukommt, gilt es zunächst die religiösen Verhältnisse in Indien um die Mitte des ersten Jahrtausends v. Chr. ins Auge zu fassen.

Die unmittelbare Grundlage und Voraussetzung für die Entstehung des Buddhismus sind die frühen Upanischaden mit ihrer Anerkennung der Autorität des Veda, ihrer Lehre eines leidvollen, durch die Taten eines Menschen bedingten Kreislaufs der Wiedergeburten, und ihrer Hoffnung auf eine Erlösung aus diesem Kreislauf mit Hilfe der durch meditative Versenkung gewonnenen rechten Erkenntnis. Von den beiden Fragen, wann und wo auf dieser Grundlage der Buddhismus entstand, lässt sich nur die zweite mit einiger Sicherheit beantworten: Hier gehen die unterschiedlichen Traditionen der Buddhisten wie auch die Historiker im Allgemeinen davon aus, dass der Ursprung der neuen Lehre in der weiten Ebene zwischen den Himalaya-Vorbergen und dem Fluss Ganges, unweit der heutigen Grenze zwischen Indien und Nepal, zu suchen ist. Über die Frage nach der Lebenszeit ihres Stifters gehen die Meinungen jedoch auseinander: Datierten europäische Religionswissenschaftler und Indologen den Buddha nach Abwägung der divergierenden Angaben in den Quellen früher gerne in die Zeit von 560–480 v. Chr., so neigt man heute vielfach zu einem deutlich späteren Ansatz, nämlich um 450–370 v. Chr. Ebenso unsicher wie seine Lebenszeit ist die Biographie des Buddha, da die späteren buddhistischen Texte, die uns darüber Auskunft geben, einer eher erbaulichen als historischen Zielsetzung folgten.

Der Überlieferung zufolge war Siddhartha Gautama ein Sohn des Fürsten Shuddhodana und seiner Gattin Maya aus dem Stamm der Shakyas, der als eine Art Kriegeradel im Gebiet um seine Hauptstadt Kapilavastu, nordöstlich des Königreichs Kosala mit seiner wichtigen Pilgerstadt Benares, ansässig war. Als junger Erwachsener heiratete er eine gleichaltrige Cousine namens Yasodhara und hatte mit ihr zusammen einen Sohn namens Rahula. Mit 29 Jahren, so die Überlieferung, verließ Siddhartha unter dem Eindruck der Fragwürdigkeit des Lebens angesichts Alter, Krankheit und Tod seine Familie und seine vertraute Umgebung. Sieben Jahre lang suchte er als Asket vergeblich nach der Möglichkeit einer Erlösung von allem Leiden, bis ihm schließlich nach langem Ringen in innerer Versenkung unter einem Feigenbaum in Uruvela, dem heutigen Bodh-Gaya, jenes Erwachen *(bodhi)* zuteil wurde, von dem am Anfang dieses Kapitels die Rede war. Worin aber bestand die Erleuchtung des Buddha?

Die älteste und nach allgemeiner Einschätzung zuverlässigste Quelle für unsere Kenntnis der Lehre des Buddha bilden die Texte des *Tripitaka* («Dreikorb»), die der Überlieferung zufolge im 1. Jahrhundert v. Chr. schriftlich fixiert wurden. Dass die darin enthaltenen Lehrreden *(Sutras)* alle Aussagen des Buddha wortgetreu wiedergeben, ist zwar im Hinblick auf das vergleichsweise geringe Alter der uns vorliegenden Texte und die lange Dauer der vorausgehenden mündlichen Überlieferung zu bezweifeln, doch dürften die *Sutras* des *Tripitaka* dennoch unter den zahllosen noch erhaltenen Texten der höchst unterschiedlichen Schulen und Richtungen des Buddhismus der Weltsicht des historischen Siddhartha Gautama am nächsten kommen.

Den Ausgangspunkt der Lehre des Buddha bildete augenscheinlich ein fundamentaler Gegensatz zur Weltsicht der Upanischaden, welche die uns umgebende empirische Wirklichkeit auf eine einzige oder mehrere ewige Substanzen zurückführen. Im Unterschied dazu leugnet der Buddhismus nämlich jegliches eigenständige Sein und setzt an dessen Stelle eine Vielzahl von als *dharmas* bezeichneten Daseinsfaktoren, die jedoch keine festen oder bleibenden Einheiten bilden, sondern beständig in Abhängigkeit voneinander entstehen und vergehen und dadurch die Welt der sinnlichen Wahrnehmung und menschlichen Erfahrung hervorrufen. In Übereinstimmung mit seiner Ablehnung der Annahme eines letzten Daseinsgrundes und seiner Überzeugung von der einzigen Realität eines beständigen Wandels leugnete der Buddha auch die Existenz einer unveränderlichen, ewigen Seele des Menschen. An ihre Stelle setzt er die Annahme, dass sich die empirische Persönlichkeit eines Menschen aus fünf Gruppen *(skandhas)* von Daseinsfaktoren zusammensetzt, die unter anderem das Bewusstsein, die Triebkräfte und die sinnliche Wahrnehmung bilden, jedoch weder für sich genommen noch als Ganzes beständig sind, so dass die gesamte Persönlichkeit keine eigenständige Realität besitzt. Lediglich die Schnelligkeit, Komplexität und Kontinuität des dauernden Wechsels der Daseinsfaktoren erzeugt im Menschen die Illusion, sein Ich sei von der Geburt bis zum Tod dasselbe oder habe gar eine Existenz, die über dieses Leben hinausreiche.

Was der Buddhismus lehrt, ist also keine «Seelenwanderung», sondern die zwangsläufige Entstehung immer neuer Lebewesen aufgrund der Kausalität des *karman*, dem alles Lebendige unterliegt. Ausführlich dargestellt wird dies im zwölfgliedrigen Lehrsatz vom «abhängigen Entstehen» *(Pratityasamutpada)*, den man wegen seiner allgemeinen Hochschätzung in allen kanonischen

Texten zu den ältesten Bestandteilen der buddhistischen Lehre zählt. Als erste Ursache des Leidens erscheint hier das Nichtwissen *(avidya)*, nämlich der Wahrheit. Dieses Nichtwissen ist aber natürlich nicht ursprünglich und unableitbar, sondern stellt lediglich die Folge des Karmas einer früheren Existenz dar. Aus dem Nichtwissen entstehen die Triebkräfte *(sanskaras)*, und aus diesen das Bewusstsein *(vijnana)*, das wiederum «Name und Gestalt» *(nama-rupa)*, also die Individualität des geistig-leiblichen Wesens hervorbringt. Aus der Individualität entsteht die Sechsheit der Sinne *(shadayatana)* – Sehen, Hören, Riechen, Schmecken, Fühlen und Denken –, die wiederum die «Berührung» *(sparsha)*, also den Kontakt mit der Außenwelt nach sich zieht. Aus diesem Kontakt entsteht die Empfindung *(vedana)*, daraus der «Durst» *(trishna)*, daraus das Anklammern ans Leben *(upadana)*, das schließlich das karmische Werden *(bhava)* als Voraussetzung für die Entstehung einer neuen Existenz hervorbringt. Als vorletztes Glied der Zwölferkette erscheint somit folgerichtig die Geburt *(jati)*, die zwangsläufig Altern und Sterben *(jaramarana)* nach sich zieht.

Um den Kreislauf der Entstehung immer neuer Existenzen zu durchbrechen, muss also durch die erlösende Erkenntnis dieser Zusammenhänge das Nichtwissen beseitigt und dadurch die Kette der Abhängigkeiten gesprengt werden. Eine Grundvoraussetzung dafür ist die Einsicht in die «vier edlen Wahrheiten *(arya-satya)*, nämlich die vom Leiden *(duhkha)*, die von der Entstehung des Leidens aus der Leidenschaft *(samudaya)*, die von der Vernichtung des Leidens durch die Leidenschaftslosigkeit *(nirodha)* und schließlich die vom praktischen Weg zur Vernichtung des Leidens *(duhkhanirodhagamini pratipad)*. Letzteren erläutert die Lehre vom «edlen achtfachen Pfad» *(arya-astanga-marga)*, der aus der rechten Ansicht *(samyagdrishti)*, dem rechten Entschluss *(samyaksamkalpa)*, der rechten Rede *(samyagvac)*, dem rechten Verhalten *(samyakkarmanta)*, dem rechten Lebensunterhalt *(samyagajiva)*, der rechten Anstrengung *(samyagvyayama)*, der rechten Bewusstheit *(samyaksmriti)* und schließlich der rechten Sammlung *(samyaksamadhi)* besteht. Letztes Ziel bleibt die Erlösung vom Kreislauf der Existenzen *(nirvana)*, die mit dem Verlöschen einer Flamme verglichen wird.

Wie bereits erwähnt, beruht diese knappe Zusammenfassung der Lehre des Buddha auf Texten, die in der uns vorliegenden Form erst mehrere Jahrhunderte nach seinem Tod entstanden sind. Dies wirft die Frage nach der frühen Geschichte des Buddhismus auf, die sich aus den uns erhaltenen Quellen jedoch nur unvollkommen rekonstruieren lässt. Der Überlieferung zufolge trat der Buddha nach seiner Erleuchtung als Prediger auf und gründete einen Orden *(sangha)* von Bettelmönchen, dem später noch ein Nonnenorden folgen sollte. Unterstützt wurden Mönche und Nonnen von Laienanhängern, denen der Buddha, der Orden und die buddhistische Lehre *(dharma)* als «die drei Juwelen» *(triratna)* galten. Nach dem Tod des Buddha wurde seine Lehre durch mehrere Konzile weiter entwickelt, von denen das nach traditioneller Zählung dritte um die Mitte des 3. Jahrhunderts v. Chr. unter der Regierung des Königs Ashoka in Pataliputra, dem heutigen Patna, abgehalten wurde.

Von der zweifellos reichen buddhistischen Literatur, die seit jener Zeit in den verschiedenen Regionen Indiens entstand, ist infolge der späteren Verdrängung des Buddhismus aus Indien nur ein kleiner Teil auf uns gekommen. Am besten erhalten hat sich hier der heute so genannte Pali-Kanon. Dabei handelt es sich um Texte in einer mittelindischen Sprache, die auf ältere indische Sprachformen zurückgeht, jedoch in ihrer Lautgestalt und Grammatik vom Sanskrit als der klassischen Literatursprache stark abweicht. (In der unten folgenden Übersicht über den Pali-Kanon wird grundsätzlich die mittelindische Form verwendet, also *dhamma* statt *dharma*, *sutta* statt *sutra* usw.) Ursprünglich bedeutete *Pali* wohl «Reihe», dann «Ordnung» oder «Kanon», so dass die heutige Verwendung des Wortes zur Bezeichnung der mittelindischen Kunst- oder Literatursprache des Buddhismus nicht etwa die geographische oder ethnische Zugehörigkeit der Sprecher dieser Sprache widerspiegelt, sondern umgekehrt von den Texten, durch die allein man diese Sprache kennt, abgeleitet ist.

Nach der allgemein üblichen Einteilung besteht der auch als «Dreikorb» *(Tripitaka)* bezeichnete Pali-Kanon aus drei Gruppen von Schriften, die man als den «Korb der Ordensdisziplin» *(Vinaya-Pitaka)*, «Korb der Lehrreden» *(Sutta-Pitaka)* und «Korb der Lehrbegriffe» *(Abhidhmma-Pitaka)* bezeichnet. Dabei besteht das *Vinaya-Pitaka* zum einen aus dem *Suttavibhanga*, in dem die Vergehen gegen die Ordensregel dargestellt und nach ihrer jeweiligen Schwere in Gruppen eingeteilt werden, zum anderen aus den *Khandhakas*, die das tägliche Leben der Mönche und Nonnen regeln. Eine Ergänzung dazu bildet der *Parivara*, der die Angaben der beiden anderen Schriften durch Inhaltsangaben und Auflistungen für den praktischen Gebrauch zusammenfasst. Das Kernstück des Pali-Kanons bildet das *Sutta-Pitaka*, in dem die Lehrreden des Buddha in fünf Sammlungen *(nikayas)* zusammengefasst sind. Dabei enthalten die beiden ersten Sammlungen Texte von großer und mittlerer Länge, während die sehr viel umfangreichere dritte und vierte Sammlung eine Vielzahl in Gruppen zusammengefasster kurzer Stücke enthält. Die fünfte Sammlung besteht aus Texten unterschiedlichen Charakters, darunter Mönchs- und Nonnenlieder, die in Versen abgefassten Merksprüche des *Dhammapada* und über 500 Geschichten des *Jataka*, die von den früheren Existenzen des Buddha erzählen und dank ihrer Verarbeitung älterer Erzählstoffe ein Kompendium der indischen Märchenliteratur darstellen. Den Abschluss des Pali-Kanons bildet das *Abhidhamma-Pitaka*, das verschiedene systematisch-scholastische Lehrtexte und eine Widerlegung abweichender Lehrmeinungen enthält.

In den Jahrhunderten um Christi Geburt erfolgte die bis heute fortwirkende Spaltung des Buddhismus in die beiden Schulen des *Hinayana* («Kleines Fahrzeug») und *Mahayana* («Großes Fahrzeug»). Das religiöse Ideal des *Hinayana* ist der nach seiner eigenen Erlösung strebende Heilige *(Arhat)*, wobei man nur Mönchen, nicht aber Nonnen oder Laien die Möglichkeit zubilligt, schon in diesem Leben das Nirvana zu erlangen. Einst von Afghanistan über ganz Indien bis Sri Lanka verbreitet, ist der Hinayana-Buddhismus heute vor allem in Sri Lanka und Südostasien anzutreffen. Das religiöse Ideal des *Mahayana* ist demgegenüber der religiöse Lehrer, der die vollkommene Erkenntnis und Freiheit von allen Begierden anstrebt, um vor seiner eigenen Erlösung seinen Mitmenschen als «Erleuchtungswesen» *(Bodhisattva)* auf ihrem Erkenntnisweg zu helfen. Von seiner nordindischen Heimat aus gelangte der Mahayana-Buddhismus im ersten Jahrtausend n. Chr. nach Tibet, Zentralasien und China, von dort dann weiter nach Korea und Japan. Von den Veränderungen, die er auf diesem Weg erfuhr, soll in einem späteren Kapitel die Rede sein.

II.

«Ein unerschöpfliches Gefäß ist das Dao»

Laozi lehrt das Weltgesetz und sein Wirken

Sucht man für die Religionen Chinas eine «Sternstunde» zu bestimmen, gerät man rasch in einige Verlegenheit. Nicht nur haben Konfuzianismus, Daoismus und Buddhismus die Kultur des Landes in gleicher Weise geprägt und sich außerdem in vielfältiger Weise gegenseitig beeinflusst, sie haben auch eine lange Vorgeschichte, die durch die uns erhaltenen Quellen nur unzureichend erhellt wird. Den Beginn des Daoismus verbindet die chinesische Überlieferung mit dem Wirken des Laozi (auch Lao-Tse oder Lao-Tzu), des «Alten Meisters», der als ein älterer Zeitgenosse des Konfuzius im 6. Jahrhundert v. Chr. gelebt haben soll. Die ältesten historischen Angaben über sein Leben bietet jedoch erst das als *Shiji* bekannte Werk des Historikers Sima Qian aus dem 2.–1. Jahrhundert v. Chr., das die Geschichte Chinas von den mythischen Anfängen bis auf die Zeit des Verfassers, also das China der frühen Han-Dynastie, schildert. Bereits zu dieser Zeit lagen jedoch nur mehr spärliche Nachrichten über Laozi vor, wie überhaupt Sima Qian die Geschichte und die Einrichtungen der Han-Dynastie sehr viel besser kennt und genauer beschreibt als die der vorausgegangenen Jahrhunderte.

Der Überlieferung zufolge wurde Laozi in einem Dorf in der Provinz Henan im Königreich Chu geboren und diente eine Zeit lang als Reichsarchivar in der Bibliothek der Zhou-Dynastie. Gegen Ende seines Lebens verließ er unter dem Eindruck des drohenden politischen Niedergangs auf einem schwarzen Ochsen reitend China in Richtung Westen, schrieb zuvor jedoch auf die

Aufforderung eines Grenzwächters hin sein Wissen in einem Buch, dem *Daodejing (Tao-Te-King/Ching)*, nieder. Ob Laozi tatsächlich eine historische Gestalt war, ist jedoch umstritten. Denkbar erscheint auch, dass der Name und die daran geknüpften Erzählungen lediglich dazu dienten, dem ursprünglich anonym überlieferten *Daodejing* einen Verfasser zu geben. Das *Daodejing* wiederum wird heute ganz allgemein nicht ins 6., sondern ebenso wie das ihm in mancher Hinsicht verwandte *Wahre Buch vom Südlichen Blütenland (Nan Hua Zhen Jing)* des Philosophen Zhuangzi ins 4. Jahrhundert v. Chr. datiert. In der uns vorliegenden Gestalt besteht das *Daodejing* aus einer Sammlung von oftmals dunklen und schwer übersetzbaren gereimten Sinnsprüchen und philosophischen Aphorismen, die – vielleicht aufgrund von zahlensymbolischen Vorstellungen der Han-Zeit – in (9 x 9 =) 81 Kapitel gegliedert wurden. Dabei behandeln die Kapitel 1–37 die philosophischen Grundprinzipien, die Kapitel 38–81 dagegen deren praktische Anwendung. Das *Daodejing* ist das am weitaus häufigsten übersetzte Werk der chinesischen Literatur und gleichzeitig eines der meistübersetzten Werke der Weltliteratur. Gleichwohl gehen die Deutungen der Übersetzer und Kommentatoren in vieler Hinsicht weit auseinander.

Im Mittelpunkt des Werks und des gesamten Daoismus steht der Begriff des *Dao (Tao)*, der zwar schon lange vor dem *Daodejing* eine wichtige Rolle spielte, im Daoismus jedoch zum Dreh- und Angelpunkt einer ganzen Weltanschauung und einer Heilslehre werden sollte. Ursprünglich bedeutete *Dao* soviel wie «Weg» oder «Bahn» und konnte daher im übertragenen Sinn auch den «Ablauf» oder das «Gesetz» (etwa im jahreszeitlichen Lauf der Natur) oder aber den «rechten Weg» oder die «Methode» (etwa bei handwerklichen Arbeitsabläufen) bezeichnen. Schon im Konfuzianismus zur Bezeichnung moralischer Normen verwendet, dient *Dao* im Daoismus als eine Art Chiffre für das Absolute, die höchste Wirklichkeit oder das Weltgesetz, das hinter allen Erscheinungen steht. Als Ursprung und Vereinigung der Gegensätze und Urgrund des Seins entzieht es sich der begrifflichen Erfassung und kann letztlich nicht definiert, sondern nur umschrieben werden. «Sagbar das Dao, doch nicht das ewige Dao; nennbar der

Name, doch nicht der ewige Name», lauten die ersten Zeilen des *Daodejing*.

Ein weiterer zentraler Begriff des Daoismus ist *Qi (Ch'i)*, das eine Art Fluidum oder vitaler Energie bezeichnet, je nach dem Zusammenhang aber auch so etwas wie Hauch, Äther, Kraft oder Atmosphäre bedeuten kann. Weder physischer noch geistiger Natur, bildet *Qi* die unveränderliche Grundlage der sich ständig verändernden Wirklichkeit. In einem engen Zusammenhang damit steht das Begriffspaar *Yin* und *Yang*, das bereits vor dem *Daodejing*, etwa im *Buch der Wandlungen (I Ging, Yi Jing)* eine wichtige Rolle spielte. Dabei handelt es sich um die Bezeichnungen zweier Prinzipien, die sich nicht feindlich gegenüberstehen, sondern einander bedingen, sich gegenseitig ergänzen und einander in rhythmischem Wechsel ablösen. Ursprünglich im *Qi* vermischt, bilden *Yin* und *Yang* erst durch ihre Trennung die uns bekannte Welt, was durch das Prinzp des *Taiji (Tai Chi)* oder der Einheit der komplementären Polaritäten ausgedrückt wird. Von seiner Grundbedeutung her ist *Yin* zunächst auf den Schatten, dann auf das Dunkle, das Kühle, das Feuchte, das Weiche, die Nacht und den Winter bezogen, während *Yang* zunächst der Sonne oder dem Licht und sodann dem Hellen, Trockenen und Harten, dem Tag und dem Sommer zugeordnet wird. Aus dem Wechselspiel und dem Zusammenwirken der beiden Prinzipien ergibt sich die Weltordnung. Daneben kennt der Daoismus jedoch auch eine Fünf-Elemente-Lehre, welche die gesamte Natur durch das Wechselspiel von fünf als «Holz», «Feuer», «Erde», «Metall» und «Wasser» bezeichneten Grundelementen beschreibt. Diese «Elemente» bezeichnen jedoch keine Bestandteile eines unveränderlichen Ganzen, sondern Phasen der Wandlung oder Aspekte eines zyklischen Ablaufs, wie er auch in der Abfolge der Jahreszeiten zu beobachten ist.

Wie sich aus dem bisher Gesagten ergibt, ist die Welt also von Natur aus unbeständig und dem Wandel unterworfen. Die Ethik des *Daodejing* und mithin des gesamten Daoismus besteht nun darin, diese Gesetzmäßigkeit zu erkennen und sich ihr anzupassen. Ethisch richtig ist es, den Dingen und Lebewesen ihren «Lauf» zu lassen, die ihnen innewohnende Ordnung also nicht mit Gewalt verändern zu wollen. Eine wichtige Rolle spielt hier der Begriff des *Wu wei*, der als «Enthaltung von einem gegen die Natur (das *Dao*) gerichteten Handeln» zu verstehen ist. Getadelt werden daher Impulsivität, Übereifer, sinnlose Kraftverschwendung und blinder Aktionismus, gelobt wird dagegen die mühelos aus innerer Stille erwachsene richtige Handlung, das «Handeln durch Nicht-Handeln».

Nachdem bisher mehrfach und ohne weitere Erläuterungen von «dem Daoismus» die Rede war, mag mancher Leser sich die Frage stellen, ob hier überhaupt von einer Religion und nicht vielmehr von einer Philosophie die Rede ist. Die Frage erscheint in der Tat berechtigt, zumal auch das Chinesische die beiden Begriffe *dao ji* und *dao jiao* im Sinne der Unterscheidung zwischen einem philosophischen und einem religiösen Daoismus verwendet. Eine nähere Betrachtung der Geschichte des Daoismus zeigt jedoch, dass eine rigorose Trennung dieser beiden Aspekte der Vielschichtigkeit des Daoismus nicht gerecht wird: Neben dem Ideal des Weisen, der das *Dao* durch eine bestimmte Geisteshaltung zu verwirklichen sucht, steht das Ideal des religiösen Daoisten, der durch die verschiedensten Techniken wie etwa Fasten, Meditation oder Atemübungen, aber auch durch Alchemie die ewige Glückseligkeit als *xian* («Unsterblicher») zu erlangen sucht.

Den eigentlichen Beginn des religiösen Daoismus bezeichnet die im 2. Jahrhundert n. Chr. von Zhang Daoling (Chang Tao-ling) in der heutigen Provinz Sichuan im damaligen Westchina begründete «Bewegung der Himmelsmeister» *(tianshi dao)*. Der Überlieferung zufolge wurde Zhang Daoling nach dem Studium des *Daodejing* von Laozi selbst aufgrund einer Erscheinung zum Himmelsmeister *(tianshi)* berufen, um auf Erden die Herrschaft der drei Himmel *(zhengyi)* zu errichten. Im Zuge seiner Missionstätigkeit reformierte Zhang Daoling die herrschende volkstümliche Religion, heilte Kranke und setzte sich an die Spitze der «Fünf-Scheffel-Reis-Bewegung» *(Wudoumi dao)*, die so genannt wurde, weil die Bekehrten als eine Art Steuer fünf Scheffel Reis entrichten mussten. Nach dem Tod Zhang Daolings wurde die Bewegung von seinem Sohn Zhang Heng und danach von seinem Enkel Zhang Lu weitergeführt. Er erreichte 215 n. Chr. im Gegenzug für die Anerkennung der Herrschaft des Generals Cao Cao von dessen Sohn Cao Pi, dem ersten Kaiser der Wei-Dynastie, die offizielle Anerkennung durch den Herrscher. Nunmehr entwickelte sich der Daoismus zu einer Religion mit Priestern *(dao-shi)*, Tempeln, Ritualen, Festen, der Ausbildung eines Kanons heiliger Schriften, einer Vielzahl von Gottheiten und einer ihnen gewidmeten Liturgie. An oberster Stelle des daoistischen Pantheons standen dabei die «Drei Reinen» *(san qing)*, die nach verschiedenen Deutungen die Struktur des Universums verkörperten. Als eine Verkörperung des *Dao* wurde nun auch Laozi vergöttlicht. Eine Blüte erlebte der religiöse Daoismus im 7.–10.Jahrhundert unter der Tang-Dynastie, deren Herrscher sich auf Laozi als ihren mythischen Ahnherrn beriefen und erstmals daoistische Priester nach Korea entsandten.

Als eine neue Richtung innerhalb des Daoismus entstand im 12.Jahrhundert die von Wang Zhe begründete Quanzhen-Schule. Sie ist geprägt durch den Abbau der Ritualistik, eine starke Verinnerlichung und die Aufnahme konfuzianistischer und buddhistischer Einflüsse. Nach buddhistischem Vorbild fanden nun auch erstmals eine zölibatäre Lebensweise und klösterliche Strukturen Eingang in den Daoismus. Buddhistischen Einflüssen verpflichtet erscheint auch die Entwicklung des daoistischen Kanons heiliger Schriften *(Daozang)*, dessen Entstehungsgeschichte sich bis zum 5.Jahrhundert zurückverfolgen lässt und unter der Ming-Dynastie im 15.Jahrhundert ihren Abschluss fand. Unter der 1644 gegründeten Mandschu-Dynastie der Qing wurde der Daoismus von staatlicher Seite nicht gefördert und um die Mitte des 19.Jahrhunderts durch die Bürgerkriegsunruhen im Gefolge des Taiping-Aufstands stark in Mitleidenschaft gezogen. Auch im 20.Jahrhundert vielfach unterdrückt und verfolgt, ist der Daoismus heute vor allem auf Taiwan, aber auch in der Volksrepublik China und weiteren Ländern Südostasiens lebendig.

In Europa wurde der Daoismus bereits im frühen 17.Jahrhundert infolge der Missionsarbeit des Jesuitenordens in China bekannt. Starkes Interesse an der chinesischen Philosophie zeigten etwa die Philosophen Gottfried Wilhelm Leibniz (1646–1716) und Christian Wolff (1679–1754). Die erste Übersetzung des *Dao-*

dejing (ins Lateinische) entstand jedoch erst 1788 und blieb zunächst ungedruckt. Ein Meilenstein der europäischen Laozi-Rezeption ist die erste vollständige und kommentierte Übersetzung des *Daodejing* durch Stanislas Aignan Julien (1797–1873), der seit 1832 die 1814 eingerichtete Professur für Sinologie am Collège de France innehatte. Mehrere weitere Übersetzungen entstanden in der zweiten Hälfte des 19. Jahrhunderts, so etwa die des schottischen China-Missionars James Legge (1815–1897), der seit 1876 in Oxford eine Professur für chinesische Sprache und Literatur innehatte und seine Übertragung des *Daodejing* zusammen mit weiteren daoistischen Schriften 1891 in zwei Bänden der Quellensammlung *The Sacred Books of the East* herausgab.

Die erste deutsche Übersetzung des *Daodejing* veröffentlichte 1870 Viktor von Strauß (1809–1899). Ihr folgte nach den beiden heute kaum mehr bekannten Übertragungen durch den Juristen Josef Kohler (1849–1919) und den Theologen Julius Grill (1840–1930) die wohl bekannteste und einflussreichste deutsche Übersetzung durch den China-Missionar Richard Wilhelm (1872–1930), die erstmals 1911 unter dem Titel *Das Buch des Alten vom Sinn und Leben* im Eugen Diederichs Verlag erschien. Zu den Schriftstellern, die sich in den Jahren nach dem Ersten Weltkrieg nicht zuletzt durch Willhelms Übersetzung zu einer Auseinandersetzung mit dem Daoismus anregen ließen, zählen insbesondere Klabund (eigentlich Alfred Henschke, 1890–1928), Hermann Hesse (1877–1962), Alfred Döblin (1878–1957) und Bertolt Brecht (1898–1956). Starken Einfluss übte dabei auch das erstmals 1919 veröffentlichte und in den zwanziger Jahren äußerst populäre *Reisetagebuch eines Philosophen* von Hermann Graf Keyserling (1880–1946) aus. Nicht zuletzt entdeckte in der Zwischenkriegszeit die von Carl Gustav Jung (1875–1961) begründete Tiefenpsychologie den Daoismus, wovon Jungs Zusammenarbeit mit Richard Wilhelm und seine Vorworte zu dessen Übersetzungen daoistischer Texte beredtes Zeugnis ablegen. In der deutschsprachigen Philosophie haben sich insbesondere Martin Heidegger (1889–1976), Karl Jaspers (1883–1969) und Ernst Bloch (1885–1977) mit daoistischem Gedankengut auseinandergesetzt. Nicht vergessen sei darüber die Lektüre Laozis durch die Geschwister

Hans und Sophie Scholl (1918–1943 und 1921–1943), die in ihren Flugblättern mit Zitaten aus dem Werk des chinesischen Weisen zum Widerstand gegen den Nationalsozialismus aufriefen.

Wie diese knappe Übersicht zeigt, konnte die Rezeption des Daoismus in Europa also auf eine über dreihundertjährige Geschichte zurückblicken, als daoistisches Gedankengut in den fünfziger und sechziger Jahren des 20. Jahrhunderts erneut, und zwar auf dem Umweg über Nordamerika, in Europa Eingang fand. Eine wichtige Rolle spielte dabei die traditionelle Verbindung des Daoismus mit dem Zen-Buddhismus, die unter anderem bei dem Schriftsteller der *beat generation* Jack Kerouac (1922–1969), aber auch bei dem Religionsphilosophen und anglikanischen Priester Alan Watts (1915–1973) im Mittelpunkt des Interesses stand. Als gängige Bestandteile der sogenannten Esoterik sind Elemente des Daoismus seitdem kaum mehr wegzudenken, wie das populäre Interesse an traditioneller chinesischer Medizin (Akupunktur), Bewegungs- und Meditationskunst (Qigong, Taijiquan) sowie Architektur und Gartenkunst (Feng Shui) zeigen.

Blickt man auf die europäische Rezeption des Daoismus zurück, erkennt man unschwer den Einfluss einer ganzen Reihe von spezifisch europäischen Denkmustern und Sichtweisen. Der Ruf nach Toleranz im Gefolge der europäischen Religionskriege, die Begeisterung der Aufklärer für eine vernunftgemäße Natürliche Theologie, aber auch verschiedene Wellen der Gegenwarts- und Zivilisationskritik haben darin ebenso ihre Spuren hinterlassen wie die traditionelle europäische Überzeugung von der Überlegenheit der christlichen Religion und mystische Vorstellungen von einer verborgenen, durch intensives Studium zu entschlüsselnden oder aber intuitiv zu erfahrenden Einheit der Religionen und Philosophien. Unübersehbar ist in jedem Fall die Faszination, die das daoistische Weltbild trotz – oder vielleicht: gerade wegen? – seiner fast ausschließlich literarischen Vermittlung auf all jene Europäer ausübte, die aus den verschiedensten Gründen nach einem Gegengewicht zu spezifisch abendländischen Entwicklungen suchten.

12.

«Voller Freude begingen sie eine achttägige Feier»

Judas Makkabäus feiert das erste Tempelweihfest

«Jetzt verkündeten Judas und seine Brüder: ‹Wohlan, unsere Feinde sind zu Boden geworfen. So lasst uns nun hinaufziehen, um das Heiligtum zu reinigen und neu zu weihen!› Da versammelte sich das ganze Heer, und sie zogen hinauf auf den Berg Zion.»

Mit diesen Worten beginnt das heute so genannte *Erste Buch der Makkabäer* (4,36–37) seine Schilderung der Wiedereinweihung des Zweiten Jüdischen Tempels. Für die Geschichte des Judentums und sein Selbstverständnis ist dieses Ereignis bis heute von wesentlicher Bedeutung. Was aber war geschehen, das diese Reinigung des Tempels nötig machte?

Ungefähr zur gleichen Zeit, als in China das *Daodejing* in der uns vorliegenden Gestalt entstand, hatten sich im östlichen Mittelmeerraum und dem Vorderen Orient tiefgreifende politische und kulturelle Veränderungen vollzogen. Durch die Eroberung des Perserreichs 333–330 v.Chr. schuf Alexander der Große ein gewaltiges Reich, das sich bei seinem Tod 323 v.Chr. von Makedonien und Griechenland über Kleinasien, Ägypten, Syrien, Mesopotamien und Ostiran bis zum Indus erstreckte. Aus langjährigen Machtkämpfen der Nachfolger (Diadochen) Alexanders gingen daraus um 280 v.Chr. drei große Monarchien hervor, die bis zum Aufstieg Roms im östlichen Mittelmeerraum Bestand haben sollten. In Makedonien begründete Antigonos II. Gonatas, Enkel eines der wichtigsten Generäle Alexanders, die Herrschaft der Antigoniden, die auch weite Teile Griechenlands umfasste. In

Vorderasien entstand unter Führung der Nachkommen eines weiteren Feldherrn Alexanders, Seleukos I. Nikator, auf dem Boden des untergegangenen Perserreichs das Reich der Seleukiden, das sich zur Zeit seiner größten Ausdehnung von Thrakien über Kleinasien, Syrien und Mesopotamien bis nach Iran erstreckte. Nicht einbegriffen war allerdings die besonders reiche ehemalige persische Provinz Ägypten, wo Alexanders General Ptolemaios I. das Reich der Ptolemäer mit der Hafenstadt Alexandria als wirtschaftlichem und kulturellem Mittelpunkt begründete. Wurde das Reich der Antigoniden von den Römern bereits 168 v. Chr. beseitigt, so endete die Herrschaft der Seleukiden und Ptolemäer erst 63 bzw. 30 v. Chr. mit der Einrichtung der römischen Provinzen Syrien und Ägypten.

In religions- und kulturgeschichtlicher Hinsicht ist diese Epoche, die seit dem 19. Jahrhundert Hellenismus genannt wird, durch die wechselseitige Beeinflussung griechischer und orientalischer Kultur gekennzeichnet. Eine wichtige Folge war die Ausbildung einer überregionalen griechischen Verkehrs- und Literatursprache, der *Koiné* («Gemeinsprache»), die im gesamten östlichen Mittelmeerraum Verbreitung fand und in Ägypten, Syrien und Kleinasien noch während der römischen Kaiserzeit und darüber hinaus bis zur Eroberung durch die Araber im Gebrauch war. In religiöser Hinsicht bestanden die traditionellen polytheistischen Kulte fort, doch wurden griechische und orientalische Götter nun oft nach dem Grundsatz der heute so genannten *interpretatio Graeca* miteinander gleichgesetzt. Dieser Synkretismus, also die Vermischung ursprünglich verschiedener religiöser Vorstellungen, führte zur Ausbildung neuer Gottheiten und Kulte wie etwa dem des Gottes Serapis, der Züge des ägyptischen Unterweltsgottes Osiris und der griechischen Götter Zeus und Dionysos miteinander vereinigte. Eine wichtige Rolle spielten nunmehr Erlösungsreligionen, die den Menschen die Bewältigung oder Überwindung einer als unheilvoll empfundenen Existenz versprachen. Vielfach handelte es sich dabei um Mysterienkulte, deren Riten und Mythen eingeweihten Mitgliedern vorbehalten blieben und uns daher ebenso wie ihre Organisation, die gesellschaftliche Zusammensetzung ihrer Mitglieder und ihre Geschichte nur unzureichend bekannt sind. Von zentraler Bedeutung war auch der Kult des Herrschers, der ein charakteristisches Merkmal der hellenistischen Reiche darstellt.

Für Palästina brach mit der Eroberung des Perserreichs durch Alexander eine neue Epoche an. 538 v.Chr. hatte der persische Reichsgründer Kyros nach der Eroberung Babylons den dorthin deportierten Israeliten die Rückkehr in ihre Heimat und den Wiederaufbau des fünfzig Jahre zuvor durch Nebukadnezar zerstörten Jerusalemer Tempels gestattet. Ursprünglich der persischen Provinz Samaria zugeordnet, erlangte Judäa mit seiner Hauptstadt Jerusalem um die Mitte des 5.Jahrhunderts v.Chr. unter dem Statthalter Nehemia eine weitgehende Autonomie. Unter der Führung Nehemias und des Priesters Esra wurde der Kult durchgreifend reformiert. Sabbatheiligung, Beschneidung und eine Vielzahl ritueller Speise- und Reinheitsvorschriften wurden nun zum Kennzeichen jüdischer Identität. Unter Berufung auf die Tora wurde Judäa zu einer Theokratie mit einem Hohepriester an der Spitze eines Hohen Rates (Synedrion), was eine rigorose Abgrenzung von der polytheistischen Umwelt nach sich zog.

Nach dem Untergang des Perserreichs und dem Tod Alexanders fiel Palästina zunächst an das Reich der Ptolemäer, unter deren Herrschaft die zahlreichen in der Zerstreuung (Diaspora) lebenden Juden vor allem in Alexandria eine wichtige Rolle spielten. Eine unmittelbare Folge davon war die erste Übersetzung der Hebräischen Bibel ins Griechische, die einer um 100 v.Chr. entstandenen Legende zufolge auf Befehl des Königs Ptolemaios II. Philadelphos (285–247 v.Chr.) von je sechs Gelehrten aus allen zwölf Stämmen Israels angefertigt worden sein soll. Für das hellenistische Judentum erlangte diese «Übersetzung der Siebzig» oder einfach Septuaginta genannte Übertragung eine zentrale Bedeutung, zumal spätere jüdische Gelehrte wie etwa Philo von Alexandria (um 20 v.Chr. bis 45 n.Chr.) in ihren Schriften anhand der Septuaginta die fundamentale Übereinstimmung der jüdischen Religion mit der griechischen Philosophie zu erweisen suchten. Ebenfalls im Ägypten des 3.Jahrhunderts v.Chr. entstanden die ersten Synagogen, die als Versammlungshäuser einem opferlosen

Kult mit Hymnengesang und Gebeten dienten. Die Verbindung zum Tempel in Jerusalem wurde durch eine von allen Diaspora-Juden erhobene Tempelsteuer, aber auch durch regelmäßige Wallfahrten anlässlich der großen Feste aufrechterhalten.

Zu einem Wendepunkt in der Geschichte des hellenistischen Judentums wurde 202–195 v. Chr. der Fünfte Syrische Krieg zwischen Ptolemäern und Seleukiden, an dessen Ende alle asiatischen Besitzungen der Ptolemäer und damit auch Palästina mit seiner Hauptstadt Jerusalem in den Besitz des Seleukidenherrschers Antiochos III. übergingen. Ihm folgte 187 v. Chr. sein Sohn Seleukos IV. und 175 v. Chr. dessen Bruder Antiochos IV. Epiphanes, der eine Politik der rücksichtslosen Hellenisierung verfolgte. Er plünderte 169 v. Chr. den Jerusalemer Tempelschatz und verbot schließlich sogar die Opfer im Tempel, die Beschneidung sowie die Einhaltung des Sabbats und anderer Festtage. Als der König 167 v. Chr. im Tempel selbst einen Altar für Zeus Olympios aufstellte und die Bevölkerung zur Teilnahme am polytheistischen Kult aufforderte, kam es zum Aufstand. An seine Spitze setzte sich der Priester Matthathias, der zusammen mit seinen fünf Söhnen von der Wüste Juda aus den Widerstand gegen die Seleukiden organisierte. Nach seinem Tod 166 v. Chr. fiel die Führung an seinen Sohn Judas mit dem Beinamen Makkabi (griechisch *Makkabaios*), «der Hammer», weshalb die Erhebung schließlich ganz allgemein als «Makkabäeraufstand» bekannt wurde. Erste militärische Erfolge der Makkabäer in offener Feldschlacht veranlassten den seleukidischen Statthalter zu Verhandlungen und zur Vereinbarung eines Waffenstillstands. Schließlich bot Antiochos IV. den Aufständischen sogar Straffreiheit und die Rücknahme seiner Religionsgesetze an. Die Führer des Aufstands setzten ihren Kampf jedoch unbeirrt fort und erzielten drei Jahre nach der Entweihung des Jerusalemer Tempels den entscheidenden Erfolg: Nachdem man Jerusalem im Handstreich erobert und besetzt, das zentrale Heiligtum von allen hellenistischen Neuerungen gereinigt und die mit den Seleukiden sympathisierende Priesterschaft ausgewechselt hatte, wurde der Tempel am 25. Tag des Monats Kislew (nach christlicher Zeitrechnung am 14. Dezember) dem Gott Israels neu geweiht.

Eine wichtige Quelle für unsere Kenntnis dieser Ereignisse sind die beiden ersten der insgesamt vier Makkabäerbücher, die diesen Namen jedoch erst in christlicher Zeit erhielten. Das Erste Buch der Makkabäer wurde wohl um 110 v. Chr. in hebräischer Sprache von einem national gesinnten Juden in Palästina verfasst, ist uns aber nur in griechischer Übersetzung als Bestandteil der Septuaginta erhalten geblieben. Dagegen handelt es sich bei dem etwas später und ursprünglich auf Griechisch geschriebenen Zweiten Buch der Makkabäer um die Zusammenfassung eines heute verlorenen, sehr viel umfangreicheren Geschichtswerks, als dessen Verfasser ein ansonsten unbekannter Historiker namens Jason von Kyrene genannt wird. Da das Erste und das Zweite Makkabäerbuch in die Septuaginta aufgenommen wurden, fanden sie auch in das darauf fußende Alte Testament der frühen Christen Eingang. In der Römisch-Katholischen Kirche gelten sie daher als «deuterokanonische Schriften» (kanonische Schriften zweiten Ranges). Im Tanach, der heute gängigen Hebräischen Bibel der Juden, findet man die nur griechisch überlieferten Makkabäerbücher jedoch nicht, weshalb die Protestanten sie zu den Apokryphen zählen.

Den Makkabäerbüchern zufolge ordnete Judas Makkabäus zur Wiedereinweihung des Tempels eine achttägige Feier an, wozu der Talmud die folgende Begebenheit überliefert: Nachdem im Tempel Salomos zehn goldene Leuchter gestanden hatten, besaß der nachexilische Zweite Tempel nur noch einen solchen Leuchter (hebräisch *menora*), der vor dem Vorhang zum Allerheiligsten stand und das Heiligtum mit einem nie verlöschenden Licht erleuchten sollte. Bei der Reinigung des Tempels stellte man nun mit Bestürzung fest, dass nur noch ein einziger Krug mit geweihtem Öl für einen einzigen Tag vorhanden war, dass die Herstellung neuen geweihten Öls aber acht Tage in Anspruch nehmen würde. Da, so die Überlieferung, ließ Gott das Wunder geschehen, dass das Licht des Leuchters dennoch volle acht Tage brannte, bis wieder neues geweihtes Öl zur Verfügung stand. Beim achttägigen Chanukka-Fest, das zur Feier der Wiedereinweihung des Tempels alljährlich am 25. Tag des Monats Kislew beginnt, erinnert ein Leuchter mit neun Armen oder Lichterhaltern bis heute an dieses

Ereignis: Mit der neunten Kerze, die man den «Diener» *(schammasch)* nennt, werden der Reihe nach die anderen Kerzen angezündet, bis am achten Tag alle brennen.

Mit dem siegreichen Einzug des Judas Makkabäus in Jerusalem und der Wiedereinweihung des Tempels waren der Kampf zwischen Abgrenzung und Assimilation und damit die Auseinandersetzungen zwischen den rivalisierenden Parteien jedoch keineswegs beendet. Nach weiteren Kämpfen fiel Judas Makkabäus trotz einer römischen Zusage gegenseitiger Waffenhilfe im März 160 v. Chr. im Kampf gegen eine seleukidische Übermacht. Die Führung der Aufständischen übernahm daraufhin sein Bruder Jonathan, der dank innerer Zwistigkeiten im Seleukidenreich 153 v. Chr. das Amt des Hohepriesters für sich gewinnen konnte. Ihm folgte 143 v. Chr. sein Bruder Simon, der im Zuge des allmählichen Verfalls der seleukidischen und ptolemäischen Macht 142 v. Chr. für Judäa und Jerusalem die volle politische Unabhängigkeit errang. Mit seiner erfolgreichen Vereinigung des religiösen und politischen Führungsanspruchs begründete er die Dynastie der – nach ihrem Ahnherrn Hasmon so genannten – Hasmonäer. Durch territoriale Eroberungen konsolidierten die Hasmonäer ihre Macht, die sie trotz des wachsenden Einflusses der Römer noch bis 63 v. Chr. erhalten konnten. Dann jedoch nutzte der römische Feldherr Pompeius die Thronwirren nach dem Tod der hasmonäischen Königinwitwe Salome Alexandra dazu, Jerusalem zu erobern, den Tempel zu erstürmen und Judäa in die neugegründete römische Provinz Syrien einzugliedern. 37 v. Chr. ermordete Herodes der Ältere, den die Römer kurz zuvor als Vasallenkönig eingesetzt hatten, den letzten männlichen Nachkommen der Makkabäer.

In der Geschichte des Judentums kommt der Epoche der Hasmonäer oder Makkabäer große Bedeutung zu, denn in den Auseinandersetzungen der nachexilischen Religion Israels mit dem Hellenismus entstanden jene unterschiedlichen Parteien, die in der Römerzeit und weit darüber hinaus das Judentum prägen sollten. Als Pharisäer («Abgesonderte») bezeichnete man all jene, die im Alltag die strengen Reinheitsvorschriften der Tora zu befolgen suchten und von der Gruppe der Schriftgelehrten die Auslegung jener «mündlichen Tora» erwarteten, die man ebenfalls auf Mose zurückführte. In ihrer Auslegung der Tora waren die Pharisäer eher liberal und trotz allen Bemühens um die Wahrung der jüdischen religiösen Identität an ihre hellenistische Umwelt angepasst. Eine wichtige Rolle spielten dabei neben volkstümlichen Bräuchen, die man aus der mündlichen Tora ableitete, auch die Erwartung eines Gesalbten (Messias) aus dem Hause Davids als Befreier von der Fremdherrschaft, einer allgemeinen Auferstehung der Toten und eines endzeitlichen Gerichts Gottes. Im Gegensatz zur Laienbewegung der Pharisäer stand die Partei der Sadduzäer, die sich vor allem aus der Priesteraristokratie und dem grundbesitzenden Landadel Judäas zusammensetzte. Ihre Mitglieder waren zwar offen für hellenistische Kultureinflüsse, in religiöser Hinsicht jedoch streng konservativ, weshalb sie vor allem die zentrale Bedeutung der nachexilischen Kultordnung betonten und die mündliche Tora der Pharisäer ebenso wie die Vorstellung einer endzeitlichen Auferstehung der Toten oder die Annahme göttlicher Eingriffe in die Geschichte und das Leben einzelner leugneten. Abgelehnt wurden die Sadduzäer wie auch die Pharisäer von radikalen Gruppierungen, die teils auf die räumliche und kultische Absonderung von den herrschenden Parteien, teils auf den bewaffneten Widerstand gegen sie setzten. Zu ihnen gehörten etwa die Essener oder Essäer (wahrscheinlich «die Frommen»), die den Jerusalemer Tempel- und Opferkult ebenso wie alle hellenistischen Einflüsse strikt ablehnten, eigenen Reinheitsgesetzen folgten und zumindest teilweise ehelos in einer ordensähnlichen Gemeinschaft lebten. Seit 6 v. Chr., als Judäa in eine römische Provinz umgewandelt wurde, kennt man ferner die Widerstandsbewegung der Zeloten («Eiferer»), die zum Guerillakrieg gegen die Besatzungsmacht aufriefen und ihren politisch-militärischen Widerstand mit Vorstellungen von einem bevorstehenden Anbruch der endzeitlichen Gottesherrschaft verbanden.

Wie aus diesen Hinweisen deutlich geworden sein dürfte, war die Hasmonäerzeit auch eine Epoche neuer religiöser Vorstellungen, die man unter dem Oberbegriff der Apokalyptik zusammenfassen kann. Dabei handelt es sich um eine Geisteshaltung, die bei einer vollständig negativen Wertung der gegenwärtigen Welt deren Untergang und den schmerzlichen Anbruch einer idealen Endzeit mit einem Reich des Friedens und der Gerechtigkeit herbeisehnt. Schriftlich niedergelegt wurden diese Vorstellungen in der literarischen Gattung der Apokalypse, deren anonyme, durch Visionsschilderungen und eine ausgeklügelte Symbolsprache gekennzeichneten Werke gerne einem Weisen der Vorzeit zugeschrieben wurden. In der politischen Dynamik, die diese Vorstellungen entfalteten, spielen nicht zuletzt Vorstellungen von einer heilsnotwendigen Verfolgung der Gerechten in der gottlosen Gegenwart und einer dementsprechenden Hochschätzung des Martyriums eine wichtige Rolle.

Mit dem Scheitern der beiden großen jüdischen Aufstände gegen die Römer 70 n.Chr. und 132–135 n.Chr. und der damit verbundenen Zerstörung Jerusalems und des Tempels verloren sowohl die radikalen Splittergruppen innerhalb des Judentums als auch die konservative Partei der Sadduzäer ihre Existenzgrundlage und Legitimation. Träger der Erneuerung des Judentums wurden nunmehr die Pharisäer, die den Verlust des Jerusalemer Tempels durch den Ausbau des Gottesdienstes in den Synagogen und das Studium der Tora auszugleichen verstanden. Im Zuge dieser Entwicklung, die in der reichen theologischen Literatur des Talmud ihren Niederschlag fand, erhielt auch das Chanukka-Fest jenen ausgeprägt häuslichen Charakter, der es bis heute kennzeichnet. Zur Erinnerung an die Wiedereinweihung des Tempels durch Judas Makkabäus trifft man sich bis heute am Abend zu ausgelassenen Familien- und Gemeindefeiern, bei denen man traditionell besondere, in Öl gebackene Speisen isst, den Kindern Süßigkeiten schenkt und nach dem Anzünden der Lichter die Chanukka-Geschichte erzählt und Chanukka-Lieder singt. An diesen Tagen spielen die Kinder mit dem Dreidel, einem Kreisel, auf dessen vier Seiten die hebräischen Buchstaben n *(nun)*, g *(gimel)*, h *(he)* und sch *(schin)* zu sehen sind. Für die Spieler zeigt der jeweils oben liegende Buchstabe Gewinn oder Verlust bzw. den weiteren Spielverlauf an, doch für den Frommen bilden alle Buchstaben zusammen die Abkürzung eines hebräischen Satzes, den er auf diese Sternstunde der Religionen bezieht: *Nes gadol haja scham* («Ein großes Wunder ist dort geschehen»). Kennt man das Judentum zur Zeit der Makkabäerkriege, ist man auch dem Verständnis des frühen Christentums einen Schritt nähergekommen.

13.

«Gepriesen sei,
der da kommt im Namen des Herrn!»

Jesus zieht auf einem Eselsfüllen in Jerusalem ein

«Und als sie in die Nähe Jerusalems gegen Bethphage und Bethanien am Ölberg kamen, sandte er zwei seiner Jünger und sagte zu ihnen: Gehet in das Dorf, das vor euch liegt, und gleich, wenn ihr hineinkommt, werdet ihr ein Füllen angebunden finden, auf dem noch kein Mensch gesessen hat; bindet es los und bringt es her!... Und sie brachten das Füllen zu Jesus und legten ihre Kleider darauf, und er setzte sich auf dasselbe. Und viele breiteten ihre Kleider auf den Weg, andere aber grüne Zweige, die sie auf den Feldern abgeschnitten hatten. Und die vorangingen und die nachfolgten, riefen: Hosianna! Gepriesen sei, der da kommt im Namen des Herrn!»

Mit diesen Worten schildert das Evangelium nach Markus (11,1–9) den Einzug Jesu in Jerusalem, der die Erzählungen vom Wirken Jesu in Galiläa abschließt und als Auftakt zur Schilderung der Ereignisse in Jerusalem zur Kreuzigung und Auferstehung als dem Höhepunkt des Evangeliums hinführt. Weshalb Jesus auf einem Eselsfüllen ritt, wird hier nicht weiter erklärt, wohl aber im Evangelium nach Matthäus (21, 4–5): «Dies geschah aber, damit erfüllt würde, was durch den Propheten geredet worden ist, welcher spricht: ‹Saget der Tochter Zion: Siehe, dein König kommt zu dir sanftmütig und reitend auf einer Eselin und auf einem Füllen, dem Jungen des Lasttiers.›» Als zusätzliche Erläuterung findet man im Evangelium nach Johannes (12, 16) noch den Hinweis: «Dies verstanden seine Jünger zuerst nicht; aber als Jesus verherrlicht war, da erinnerten sie sich, dass dies über ihn geschrieben stand und dass man ihm dies getan hatte.»

Wie die Umgebung auf die Zurufe der Menge reagiert habe, sagt keine der bisher zitierten Quellen, wohl aber das Evangelium nach Lukas (19, 39–40): «Und aus dem Volk heraus sagten etliche der Pharisäer zu ihm: Meister, verweise es deinen Jüngern! Da antwortete er und sprach: Ich sage euch: Wenn diese schweigen, werden die Steine schreien.»

Für unser Verständnis von der Entstehung des Christentums sind die Ereignisse, die hier berichtet werden, in dreifacher Hinsicht von besonderem Interesse: Zum ersten durch die offensichtlich ähnliche, doch unübersehbar unterschiedliche Perspektive der vier Evangelisten, zum zweiten durch die darin enthaltenen Hinweise auf die mit Jesus verbundenen messianischen Hoffnungen, zum dritten schließlich wegen des – bei Johannes offen ausgesprochenen – fundamentalen Unterschieds zwischen der Wahrnehmung der Ereignisse durch die Zeitgenossen und ihrer Deutung durch die Anhänger Jesu nach den Berichten von dessen Auferstehung.

Im Hinblick auf die vier unterschiedlichen Darstellungen des Einzugs Jesu in Jerusalem sind die oben zitierten Texte einerseits durchaus typisch, andererseits aber höchst untypisch. Typisch insofern, als unsere Kenntnis der Ereignisse im Leben Jesu hier wie auch überall sonst vollständig von den Angaben der neutestamentlichen Schriften abhängt. Weder die spärlichen Angaben der antiken Historiker, darunter Flavius Josephus, Sueton und Tacitus, noch außerkanonische Texte wie etwa die sogenannten Kindheitsevangelien können das aus dem Neuen Testament gewonnene Bild um wesentliche Züge ergänzen oder korrigieren. Untypisch sind die oben angeführten Abschnitte jedoch deswegen, weil sie eine enge Übereinstimmung aller vier Evangelisten belegen, die sonst eher die Ausnahme als die Regel ist.

Wie ein Vergleich zeigt, weisen im Allgemeinen nur die drei ersten Evangelien (in der heute üblichen Anordnung Matthäus, Markus und Lukas) einen weitgehend ähnlichen Aufbau und zahlreiche bis in den Wortlaut reichende Übereinstimmungen auf. Da man sie deswegen in einer «Zusammenschau» (griechisch *syn-*

opsis) nebeneinander drucken oder betrachten kann, werden sie in der neutestamentlichen Forschung gerne als «synoptisch» bezeichnet. Dabei geht man im Allgemeinen davon aus, dass von den drei zunächst das Evangelium nach Markus entstand, das vermutlich um 70 n. Chr. von einem unbekannten Verfasser an einem unbekannten Ort außerhalb Palästinas mit Rückgriff auf schriftliche und mündliche Quellen zusammengestellt wurde. Ihm folgte wohl um 80 n. Chr. das Evangelium nach Matthäus, das als das umfangreichste der synoptischen Evangelien vermutlich in Palästina oder Syrien entstand und zum einen das Evangelium nach Markus, zum anderen eine heute als Q (für «Quelle») bezeichnete Sammlung von Sprüchen und Reden Jesu, die sogenannte Logienquelle, verarbeitet. Als mutmaßlich letztes der synoptischen Evangelien entstand wohl um 90 n. Chr. vermutlich in Kleinasien oder Griechenland das Evangelium nach Lukas, dessen unbekannter Verfasser ebenfalls das Evangelium nach Markus und die Logienquelle, darüber hinaus aber auch andere Quellen mündlicher oder schriftlicher Art benutzt hat. Im Unterschied dazu weicht das Evangelium nach Johannes in seinem Aufbau, seiner Begrifflichkeit und seinem Stil von den synoptischen Evangelien stark ab, wobei die Vermutungen über sein Alter, seine Datierung, seinen Entstehungsort und sein Verhältnis zu den Synoptikern weit auseinandergehen. Wenn die Schilderung des Einzugs Jesu in Jerusalem bei allen kanonischen Evangelien in den wesentlichen Punkten übereinstimmt, so braucht dies nicht unbedingt auf der Verwendung einer gemeinsamen schriftlichen Quelle durch die Evangelisten zu beruhen. Zumindest aber wird man daraus auf die zentrale Bedeutung dieses Ereignisses für ihre Deutung der Gestalt Jesu schließen dürfen. Dies führt zu der Frage nach den mit Jesus verbundenen messianischen Vorstellungen.

Wie man bei der Lektüre des Neuen Testaments rasch feststellt, bieten schon die Paulusbriefe als die ältesten uns erhaltenen Quellen über das Leben Jesu nur wenige biographische Fakten, deren Auswahl überdies keinem allgemeinen Interesse folgt, sondern rein theologisch motiviert ist. Erwähnt werden in erster Linie Jesu gewaltsamer Tod am Kreuz als stellvertretendes Sterben für die Menschen (Galater 3,13, 1 Korinther 15,3), seine Einsetzung des letzten Mahles als Vorbild für den Gottesdienst (1 Korinther 11,23ff.), seine Abstammung aus dem Hause Davids als Beleg für den messianischen Charakter seiner Sendung (Römer 1,3) und seine ethischen Weisungen (1 Korinther 7,10, 9,14). Im Unterschied dazu bieten die Evangelien zwar eine zusammenhängende Darstellung des Lebens und Wirkens Jesu, doch kommt auch hier nur das zur Sprache, was für die Glaubenserfahrung seiner Gemeinde von Interesse ist. Dies gilt in erster Linie für sein öffentliches Wirken durch Lehre und Krankenheilungen, des weiteren für sein Leiden und Sterben, nicht aber für sämtliche Einzelheiten seiner individuellen Biographie. Bemühungen, aus diesen Texten so etwas wie ein Psychogramm oder gar eine psychologische Entwicklung zu erheben, sind daher ebenso zum Scheitern verurteilt wie der Versuch, aus ihnen die äußere Erscheinung Jesu zu rekonstruieren. Den Ausgangspunkt der neutestamentlichen Darstellungen bildet in jedem Fall die Gleichsetzung Jesu mit dem von Gott gesandten Gesalbten (hebräisch *maschiah*, griechisch *christós*), wie sie in der schon bei Paulus bezeugten Doppelbezeichnung «Jesus Christus» zum Ausdruck kommt.

Was lässt sich unter diesen Umständen aus religionshistorischer Perspektive über Jesus sagen? Vermutlich wurde er um 4 v. Chr., also noch unter der Regierung des Königs Herodes des Großen, als Sohn eines Bauhandwerkers in dem Dorf Nazareth in Galiläa geboren. Dabei ist zu berücksichtigen, dass die Region Galiläa zwischen dem See Genezareth und der Küstenebene erst 104 v. Chr. unter den Hasmonäern wieder jüdisch geworden war. Zur Zeit Herodes' des Großen war die Bevölkerung Galiläas teils jüdisch, teils heidnisch, was zu erheblichen Spannungen führte. Jesu Muttersprache war zweifellos Aramäisch, doch könnte er auch das Griechische als die gängige überregionale Verkehrssprache verstanden und vielleicht sogar selbst gesprochen haben. Nach Kontakten zum Kreis um Johannes den Täufer begann Jesus wohl im Frühjahr 28 oder 29 zunächst in den jüdisch besiedelten Gebieten nördlich und östlich des Sees Genezareth als prophetischer Wanderprediger aufzutreten und einen Kreis von Jüngern um sich zu sammeln. In religiöser Hinsicht standen Jesus und seine Jünger vermutlich den Pharisäern nahe. So teilten sie nicht nur deren

Auferstehungshoffnung und Erwartung eines messianischen Heilbringers, sondern auch das religiöse Ziel einer Erneuerung des ganzen Volkes Israel im Geist der Thora. Dagegen ist eine geistige Nähe Jesu und seiner Jünger zu den Essenern ebenso unwahrscheinlich wie eine engere Verbindung zu den gewaltbereiten Zeloten, obschon Jesus deren Vorstellungen von einer besonderen Nähe der Rechtlosen und gesellschaftlich Deklassierten zu Gott sowie ihre Hochschätzung des Martyriums geteilt zu haben scheint.

Im Mittelpunkt des Wirkens Jesu stand die Botschaft vom Anbruch der Herrschaft Gottes. Während jedoch andere, zeitgenössische Prediger wie etwa Johannes der Täufer den Anbruch der Gottesherrschaft für die nahe Zukunft voraussagten, legte Jesus allem Anschein nach die Betonung darauf, dass das Gottesreich durch sein Wirken bereits in der Gegenwart angebrochen sei und demnächst vollendet werde. Eine wichtige Rolle spielte dabei die in der Apokalyptik seiner Zeit gängige Vorstellung von einem endzeitlichen «Sohn des Menschen», die Jesus vermutlich auf sich bezog. In Gleichnissen suchte er den Zeitgenossen seine Sicht der Gottesherrschaft nahezubringen, wobei er augenscheinlich in erster Linie die Sammlung und Vollendung Israels im Auge hatte. Dies zeigt nicht zuletzt die Zwölferzahl des engsten Jüngerkreises, in der man ein Symbol der endzeitlichen Wiederherstellung des Gottesvolkes sehen kann. Wie die Schilderungen des Einzugs in Jerusalem und der darauffolgenden Ereignisse nahe legen, versuchte Jesus im Anschluss an sein Wirken in Galiläa, auch im religiösen Mittelpunkt des Judentums für seine Botschaft zu werben. Dies führte schließlich zu seiner Verhaftung und Überstellung an die römischen Behörden, die ihn wegen Anstiftung zum Aufruhr und schwerer Landesfeindschaft nach der üblichen Praxis zum Tod durch Kreuzigung verurteilten. Als wahrscheinlichstes Datum seiner Hinrichtung gilt der 14. Tag des Monats Nisan im Jahre 30.

Warum und unter welchen Umständen die Gemeinde der Anhänger Jesu dessen Tod überdauert und dadurch zu einer neuen Deutung seiner Person veranlasst wurde, ist angesichts des schmalen Quellenbestandes kaum zu klären. Eine wichtige Rolle spielen zweifellos die mehrfach erwähnten Erscheinungen Jesu, wohingegen die Erzählungen vom leeren Grab spätere literarische Gestaltungen des in diesem Kreis verbreiteten Auferstehungsglaubens darstellen. Im Mittelpunkt stand jedenfalls stets die Deutung Jesu als Gesalbter / Messias / Christus, so dass «Christianer» oder «Christen» schließlich zur konkurrenzlosen Eigenbezeichnung der Anhänger Jesu wurde. Bezeichnenderweise wandelte man dabei jedoch die traditionellen messianischen Vorstellungen in vielfältiger Weise ab und verband sie mit verwandten Anschauungen. Eine wichtige Rolle spielten dabei die bereits erwähnte Vorstellung vom «Sohn des Menschen» und das Motiv vom stellvertretend leidenden «Knecht Gottes», die eine neue Sinngebung des Leidens und der Kreuzigung Jesu ermöglichten. Zum bleibenden Symbol der Demut und Bescheidenheit des Friedenskönigs wurde das Bild seines Einzugs in Jerusalem, den die Evangelisten als Erfüllung einer messianischen Weissagung des Propheten Sacharja (9,9) deuteten. In der bildenden Kunst schon in frühchristlicher Zeit bezeugt, findet Jesu Ritt auf dem Esel im Brauchtum des Palmsonntags vielerorts bis heute seinen Niederschlag.

14.

«Heil über die Hörer,
die deine Botschaft vernehmen»

Mani ruft zur Entscheidung zwischen Licht und Finsternis

Zu Beginn des 3. Jahrhunderts hatte sich das Christenum über weite Teile des Römischen Reichs verbreitet und damit begonnen, mit den zeitgenössischen religiösen Strömungen und Philosophien der Alten Welt zu konkurrieren. Dabei wandte man sich gegen eine Vielzahl miteinander rivalisierender Welt- und Glaubensanschauungen: gegen das Judentum, gegen die polytheistischen Götterkulte, gegen die stoische und neuplatonische Philosophie, gegen die orientalischen Mysterienkulte und nicht zuletzt gegen gnostische Strömungen innerhalb des Christentums.

Als *Gnosis*, *Gnostik* oder *Gnostizismus* bezeichnet man eine weitverbreitete religiöse Strömung der römischen Kaiserzeit, in deren Mittelpunkt das Streben nach Erlösung durch «Erkenntnis» (griechisch *gnosis*) stand. Charakteristisch für sämtliche Spielarten dieser Bewegung ist eine radikal dualistische Weltsicht, in der von Gott als dem Inbegriff des Guten nur in negativen Wendungen wie «unbekannt», «unnennbar» und «unsagbar» oder in Metaphern wie «Licht», «Geist» und «Fülle» die Rede ist. In einem schroffen Gegensatz zu diesem rein transzendenten und letztlich unfassbaren Gott steht die materielle Schöpfung, die gnostischer Auffassung zufolge von einem dem guten Gott untergeordneten bösen Geist, dem Demiurg, gestaltet wurde und gänzlich unter der Herrschaft des Bösen steht. Sinnbilder dieser Herrschaft waren für viele Gnostiker die sieben in der Antike so bezeichneten Planeten (Sonne, Mond, Merkur, Venus, Mars, Jupiter und Saturn) sowie die zwölf Tierkreiszeichen. Dabei erklären die einzelnen gnostischen Systeme die Entstehung der materiellen Welt entweder aus dem Gegensatz zweier von jeher vorhandener Prinzipien oder aber durch einen «Fall», der durch die widergöttliche Handlung eines von Gott geschaffenen Wesens verursacht wurde. Steht der menschliche Körper als Bestandteil der materiellen Schöpfung unter der Herrschaft des Bösen, so ist doch das «Selbst» des Menschen göttlicher Herkunft und Natur. Erlösung kann der Mensch daher nur dann erlangen, wenn er den als «Schlaf», «Vergessen», «Trunkenheit», «Betäubung» oder «Gefangenschaft» umschriebenen gegenwärtigen Zustand des Selbst überwindet und zu seinem göttlichen Ursprung zurückfindet. Dies geschieht durch die «Erkenntnis», die sich als blitzartige religiöse Erweckung sowohl von dem als reine Schau verstandenen Erlebnis der Mystiker als auch von der durch intellektuelle Anstrengungen erworbenen Einsicht der Philosophen unterscheidet. Bewirkt wird die Erkenntnis durch den «Ruf», mit dem die Stifter der unterschiedlichen gnostischen Systeme die ihnen zuteil gewordene Offenbarung an ihre gemeinschaftlich organisierten Anhänger weitergeben. Vollendet wird die Erlösung jedoch erst am Ende der Zeiten, wenn die Materie vernichtet wird und das göttliche Selbst der Gnostiker ins Lichtreich zurückkehrt.

Glaubt man dem Zeugnis der frühen christlichen Schriftsteller, so mussten sich die ältesten Gemeinden bereits im ausgehenden 1. und frühen 2. Jahrhundert mit gnostischen Lehren auseinandersetzen. Um die Mitte des 2. Jahrhunderts wirkte der aus Ägypten stammende christliche Gnostiker Valentin, dessen Anhänger uns nicht nur aus zahlreichen Berichten ihrer theologischen Gegner, sondern auch durch eigene, in koptischer Sprache überlieferte Schriften bekannt sind. Rund hundert Jahre später entstand dann die langfristig erfolgreichste, am weitesten verbreitete und darum von der Kirche am schärfsten bekämpfte gnostische Religion: der Manichäismus.

Über das Leben des Religionsstifters Mani unterrichten uns christliche Schriftsteller und spätere muslimische Historiker sowie vergleichsweise wenige Dokumente seiner Anhänger, der Manichäer. Zu den bedeutendsten dieser Zeugnisse zählt der erst

Ende der sechziger Jahre des 20. Jahrhunderts entzifferte Kölner Mani-Kodex, der Mani in griechischer Sprache von seinem Leben und Wirken erzählen lässt. Den genannten Quellen zufolge wurde Mani am 14. April 216 in einem Dorf in der Nähe der Stadt Ktesiphon unweit des heutigen Bagdad geboren. Seine Kindheit und Jugend verbrachte er gemeinsam mit seinem Vater bei einer asketisch ausgerichteten judenchristlichen Täufersekte, den nach ihrem Stifter Elkasai so genannten Elkasaiten. Diese hatten sich im Sumpfland zwischen Euphrat und Tigris niedergelassen, wo sie sich von der Landwirtschaft ernährten. Mit 24 Jahren schied Mani aus ihrer Gemeinschaft aus, um eine eigene Religion zu verkünden. Dabei wandte er sich zunächst nach Indien, wo er Bekanntschaft mit dem Buddhismus machte. Vertraut auch mit christlichen und zoroastrischen Lehren, betrachtete Mani von da an sowohl Buddha als auch Zarathustra, Jesus Christus und den Apostel Paulus als seine Vorgänger, wobei er sich selbst als den im Evangelium nach Johannes verheißenen Parakleten («Fürsprecher») bezeichnete. Sein Weltbild entfaltete Mani in einem umfangreichen Mythos, in dem der «Vater der Größe» als Herr des Lichtreichs und der König der Finsternis einander in einem unversöhnlichen Gegensatz gegenüberstehen.

In Manis Heimat war bereits 224 mit König Ardaschir der erste Herrscher aus der Dynastie der Sassaniden auf den Thron gelangt. Als dessen Mitregent Schapur I. nach dem Tod Ardaschirs 242 die Nachfolge antrat, kehrte Mani aus Indien zurück, gewann das Vertrauen des neuen Königs und durfte als Mitglied des königlichen Gefolges im Reich der Sassaniden missionieren. Dabei spielte neben der persönlichen Überzeugungskraft Manis vielleicht auch der Umstand eine Rolle, dass der ausgesprochen synkretistische Manichäismus mit seinen vielfältigen Beziehungen zu ganz verschiedenen Religionen dem König für die Konsolidierung des Vielvölkerstaates der Sassaniden besonders gut geeignet erscheinen mochte. Nach drei Jahrzehnten erfolgreichen Wirkens wendete sich jedoch das Blatt. Nach Schapurs Tod 273 folgte ihm zunächst Hormizd I. und bereits ein Jahr später dessen Bruder Bahram I. auf den Thron. Er förderte im Unterschied zu seinen Vorgängern den Zoroastrismus als herrschende Religion des Sassanidenreichs, und Mani wurde nach einem Verhör durch den König ins Gefängnis geworfen, wo er nach kurzer Haft 276 oder 277 verstarb.

Für die manichäische Religion bedeutete der Tod ihres Stifters einen Einschnitt, aber keineswegs das Ende. Vielmehr breitete sie sich unter der Leitung des Archegos oder Kirchenführers und der ihm unterstellten Würdenträger (12 Lehrer, 72 Bischöfe und 360 Presbyter) sowohl im Reich der Sassaniden als auch im Römischen Reich immer weiter aus. Charakteristisch für die manichäischen Religionsgemeinschaften war dabei eine strikte Zweiteilung, bei der man unter Rückgriff auf die Lehre von der Seelenwanderung die ethisch fortgeschrittenen «Auserwählten» *(electi)* oder «Heiligen» von der großen Menge der «Hörer» *(auditores)* oder «Katechumenen» unterschied. Sollten die «Erwählten» ein vorbildliches asketisches Leben führen, so billigte man den «Hörern» eine weniger strenge Lebensführung zu, sofern sie sich durch Beten, Fasten und ein periodisches Sündenbekenntnis ihres Glaubens bewusst blieben und die Lebensweise der berufslosen «Erwählten» auch materiell durch ihrer Hände Arbeit unterstützten. Eine wichtige Rolle für den inneren Zusammenhalt der manichäischen Gemeinden spielten wöchentliche Kultfeiern, die – wohl in Abgrenzung vom jüdischen Sabbat und christlichen Sonntag – am Montag abgehalten wurden und sich durch eine hochentwickelte musikalische Gestaltung auszeichneten. Einmal im Jahr feierten die Manichäer das Bema-Fest, in dessen Verlauf sie die Vergebung ihrer Sünden erlangten, in einem kultischen Mahl die Befreiung des göttlichen Lichts aus der Materie feierten und gleichzeitig des Todes ihres Religionsstifters gedachten.

Nachdem die Manichäer im Römischen Reich bereits wenige Jahre nach Manis Tod durch Kaiser Diokletian und später durch die christlichen Kaiser verfolgt worden waren, bekämpften sie in Iran die Sassaniden und später der Islam. Ein neues Verbreitungsgebiet öffnete sich der manichäischen Lehre jedoch in Zentralasien, wo sie Kaufleute aus dem ostiranischen Volk der Sogdier heimisch machten. Über die Seidenstraße gelangte der Manichäismus um 700 nach China und in das Reich des Turkvolks der Uiguren, dessen Herrscher ihn 762 zur Staatsreligion erhoben. Waren die Gemeinden der Manichäer im Westen spätestens seit den Verfolgungen des oströmischen Kaisers Justinian im 6. Jahrhundert verschwunden, so hielten sie sich in China und an der Seidenstraße auch nach der Vernichtung des Reichs der Uiguren durch die Kirgisen bis zum Mongolensturm im 13. Jahrhundert. Die letzten Zeugnisse des chinesischen Manichäismus stammen aus dem 16. Jahrhundert. Danach verlieren sich die Spuren dieser einstigen Weltreligion auch in ihrem östlichsten Verbreitungsgebiet endgültig.

Was macht Manis Verkündigung zu einer Sternstunde der Religionen? An erster Stelle zweifellos die bemerkenswerte Tatsache, dass hier eine radikal weltverneinende Religion über mehr als ein Jahrtausend hinweg Menschen mit einem ganz unterschiedlichen ethnischen, sprachlichen, gesellschaftlichen und weltanschaulichen Hintergrund die Möglichkeit einer sinnerfüllten Lebensführung eröffnete. Im 4. Jahrhundert einer der schärfsten und erfolgreichsten Rivalen des Christentums, ist der Manichäismus im Römischen Reich wohl nur infolge seiner Unterdrückung durch den christlichen Staat in relativ kurzer Zeit wieder verschwunden.

Dem Manichäismus kommt im Rahmen der allgemeinen Religionsgeschichte in zweierlei Hinsicht eine Sonderstellung zu: An erster Stelle steht der Umstand, dass Mani als erster Stifter einer Weltreligion die zentrale Bedeutung religiöser Schriften für die Verbreitung seiner Lehre erkannte und mit allen Konsequenzen in seine Verkündigung einbezog. Vollzog sich die Sammlung und Ordnung der angesehensten buddhistischen, christlichen und muslimischen Texte erst nach dem Tod des Stifters und nicht zuletzt unter dem Eindruck dogmatischer Auseinandersetzungen, so bemühte sich Mani augenscheinlich darum, noch zu seinen Lebzeiten einen Kernbestand von sieben Schriften zur Sicherung und Verbreitung seiner Lehre zu etablieren. Bei diesen ursprünglich in Manis aramäischer Muttersprache verfassten Werken handelt es sich um «Das lebendige Evangelium», den «Schatz des Lebens», die nur dem Titel nach bekannten «Pragmateia», das «Buch der Mysterien», das «Buch der Giganten», eine Sammlung von Briefen sowie schließlich eine Zusammenstellung von Psalmen und Gebeten. Um diese kanonischen Werke herum gruppierten sich weitere Schriften, darunter Beschreibungen des Lebens Manis, Abhandlungen über das Ende der Welt, Bearbeitungen christlicher apokrypher Literatur, Parabeln und Hymnen.

Das führt zur zweiten Besonderheit des Manichäismus: Erstmals in der Religionsgeschichte ist hier zu beobachten, wie eine schon im Kern aus unterschiedlichen Elementen geschaffene Religion sich bei ihrer Ausbreitung auch in der Begrifflichkeit dem jeweiligen sprachlichen und kulturellen Umfeld so weitgehend anpasst, dass ihre Identität erst aus dem Vergleich der vielfältigen regionalen Spielarten erkennbar wird. Zur Förderung der Mission erstellten die Manichäer Übersetzungen ins Griechische, Lateinische und Koptische, in verschiedene iranische Sprachen wie das Parthische, Mittelpersische und Sogdische sowie ins Uigurische und Chinesische. Dabei bemühten sie sich durch die Übernahme und Neuprägung entsprechender Namen und Begriffe nicht nur um größtmögliche Verständlichkeit, sondern auch um den Eindruck, an die bereits vorhandenen religiösen Schriften der Christen, Buddhisten und Zoroastrier anzuknüpfen.

Blickt man auf die Geschichte des Manichäismus zurück, so lag in seiner Anpassungs- und Wandlungsfähigkeit zweifellos ein wesentlicher Grund für seine Missionserfolge. Vielleicht bestand darin aber auch ein Grund für den Untergang dieser frühen Weltreligion, die sich mit ihrer schillernden Begrifflichkeit und ihren vielfältigen Anleihen bei konkurrierenden Traditionen letztlich doch nicht behaupten konnte.

15.

«Nimm es, lies es!»

Augustinus bekehrt sich zum Christentum

«Groß bist du, Herr, und hoch zu preisen» – mit diesem biblischen Zitat aus Psalm 144,3 beginnt Aurelius Augustinus um 400, rund fünf Jahre nach seiner Weihung zum Bischof von Hippo Regius (dem heutigen Annaba in Algerien) die Niederschrift seiner autobiographischen Schrift *Confessiones*. Dem Doppelsinn des lateinischen Titels «Bekenntnisse» entsprechend, will Augustinus damit zugleich seinen Glauben und seine Schuld bekennen, vor allem aber Gott preisen. Wie er in der gebetsähnlichen Anrede Gottes in seiner Einleitung schreibt: «Du selbst regst dazu an, dass dich zu preisen Freude macht, denn du hast uns zu dir hin geschaffen, und unruhig ist unser Herz, bis es Ruhe findet in dir.»

354 wurde Augustinus als Sohn des Heiden Patricius und seiner Frau Monica, einer Christin, in der numidischen Kleinstadt Thagaste geboren. Nach dem Besuch der Schule in seiner Heimatstadt und im benachbarten Madaurus begab er sich 371 auf den Wunsch seines Vaters hin zum Studium der Rhetorik nach Karthago. Eine wichtige Rolle für seine Entwicklung spielte eigenen Angaben zufolge die Lektüre des *Hortensius*, einer heute fast vollständig verlorenen philosophischen Schrift Ciceros, die 373 sein Interesse an religiösen und weltanschaulichen Fragen weckte. Noch im gleichen Jahr schloss er sich der Religion der Manichäer an und wirkte nach dem Abschluss seines Studiums als Lehrer der Grammatik in Thagaste und seit 375 in Karthago. 384 nahm er eine Stelle als Lehrer der Rhetorik in Mailand an, wo er sich unter dem Einfluss der neuplatonischen Philosophie und der Predigten des Bischofs

Ambrosius dem Manichäismus immer mehr entfremdete. Im August 386 fand Augustinus im Alter von 32 Jahren nach langjähriger weltanschaulicher Suche schließlich den Weg zum Christentum.

In den *Confessiones* (8, 12, 29) schildert er sein Bekehrungserlebnis: Von einer Lebenskrise zutiefst beunruhigt, habe er im Garten eines Freundes in Mailand den Singsang «Nimm es, lies es!» *(tolle, lege)* spielender Kinder aus einem benachbarten Garten als einen göttlichen Wink aufgefasst. Daraufhin habe er auf gut Glück den Text der Paulusbriefe aufgeschlagen, wobei sein Blick auf der Stelle Römer 13,13–14 haften blieb: «Nicht in Schmausereien und Trinkgelagen, nicht in Schlafkammern und Unzucht, nicht in Zank und Neid, vielmehr ziehet an den Herrn Jesus Christus und pfleget nicht des Fleisches in seinen Lüsten.» Diese Mahnung des Apostels habe er sogleich auf sich bezogen und sein Leben daraufhin radikal geändert. Im September 386 bekehrte sich Augustinus endgültig zum Christentum und kehrte nach seiner Taufe in der Osternacht 387 nach Nordafrika zurück. 391 wurde er in Hippo Regius vom dortigen Bischof zum Priester geweiht und 396 zu dessen Nachfolger berufen. Von da an widmete er sich ganz der Seelsorge und Kirchenpolitik und stellte seine reiche schriftstellerische Tätigkeit in den Dienst inner- und außerkirchlicher Streitfragen. 430 starb Augustinus in Hippo Regius, während ein Heer des germanischen Volks der Vandalen die Stadt belagerte.

Augustinus hat die *Confessiones* in 13 Bücher oder Kapitel eingeteilt. Dabei sind die Bücher 10–13 philosophischen Betrachtungen vorbehalten, die außerhalb des biographischen Zusammenhangs stehen: Neben Gedanken über das Gedächtnis (Buch 10) und über Zeit und Ewigkeit (Buch 11) findet man in den Büchern 12–13 eine ausführliche Auslegung des ersten Buchs der Bibel, das die Erörterung allgemeiner Fragen der Schrifterklärung mit einer Stellungnahme des Autors zum christlichen Welt- und Menschenbild verbindet. Die Bücher 1–9 enthalten demgegenüber das, was man nach heutigem Verständnis von einer Autobiographie erwartet. Hier schildert Augustinus seinen Lebensweg und sein philosophisches Suchen, von der Kindheit im numidischen Landstädtchen Thagaste über seine Jugend in Madaura und Karthago, seine Hinwendung zum Manichäismus und schließlich seine Bekehrung und Taufe.

Ganz auf sich selbst und sein transzendentes Gegenüber bezogen, erzählt uns der Verfasser der *Confessiones* zwar viel über den Menschen Augustinus und die besondere Art und Weise, wie er allgemeine und überzeitliche existentielle Probleme erfahren und bewältigt hat, doch wenig über den politischen, kulturellen und religiösen Hintergrund seiner Zeit. Um zu verstehen, welche überragende Bedeutung Augustinus und sein Werk für die europäische Kultur gewinnen sollten, muss man sich diesen geschichtlichen Hintergrund jedoch vergegenwärtigen – von der frühen Ausbreitung des Christentums im 1. Jahrhundert über die ersten systematischen Christenverfolgungen im 2./3. Jahrhundert, die öffentliche Anerkennung des Christentums im sogenannten Toleranzedikt von Mailand 313 und schließlich seine Erhebung zur Staatsreligion unter Kaiser Theodosius I. (379–394).

Wann und auf welchen Wegen das Christentum nach Nordwestafrika gelangte, lässt sich nicht mit letzter Sicherheit beantworten. Denkbar ist eine Ausbreitung auf dem Landweg von Ägypten über den griechischsprachigen Osten Nordafrikas, doch könnte die neue Religion mit ihren Anhängern auch auf dem Seeweg von der Levante oder von Rom aus in große Hafenstädte wie etwa Karthago gelangt sein. Für die zuletzt genannte Möglichkeit spricht vielleicht die spätere enge Verbindung zwischen den christlichen Gemeinden von Rom und Karthago. Den eigentlichen Anfang der nordafrikanischen Kirchengeschichte bezeichnet jedenfalls das Martyrium von sechs Christen – drei Männern und drei Frauen – aus dem kleinen Ort Scili in Numidien, die am 1. August 180 in Karthago wegen ihrer Verweigerung des Opfers für den Kaiser vom römischen Prokonsul zum Tode verurteilt und mit dem Schwert hingerichtet wurden. Bekannt ist uns dieses Datum durch die – auch in griechischer Übersetzung erhaltenen – Märtyrerakten, welche die ältesten datierten christlichen Dokumente in lateinischer Sprache darstellen.

Wertvollen Aufschluss über die christlichen Gemeinden Nordafrikas gewinnen wir für die folgenden Jahrzehnte aus den Werken des Kirchenschriftstellers Tertullian, der von Christen in verschiedenen Städten Nordafrikas zu berichten weiß. Ein drängendes Problem dieser Christen des 2. und 3. Jahrhunderts bestand darin, wie mit abweichenden Glaubensaussagen, unterschiedlichen Ansichten über den Umfang der Bibel, konkurrierenden Bibelauslegungen, regionalen Unterschieden in der Liturgie und rivalisierenden Autoritätsansprüchen umzugehen sei. Hier legte die überschaubare Zahl der christlichen Gemeinden und ihre zeitliche Nähe zum Ursprung der neuen Religion eine pragmatische Lösung nahe: Legitimiert war eine Gemeinde, wenn sie auf eine apostolische Tradition verweisen konnte, weshalb etwa Karthago sich auf die Abhängigkeit von Rom als dem Ort des Martyriums von Petrus und Paulus berief. Umstritten war indessen auch die Frage, wie eng der Kreis der Kirche im Hinblick auf ihren ethischen Anspruch und ihr Verhältnis zu den Nichtchristen zu ziehen sei.

Glaubt man Tertullian, so standen die Christen dem römischen Staat trotz ihres Widerstands gegen den Kaiserkult durchaus positiv gegenüber, da sie seine Notwendigkeit im göttlichen Heilsplan anerkannten. Auch sonderten sich die Christen Tertullian zufolge von den Nichtchristen keineswegs ab und hielten nur dort Distanz, wo es ihnen – wie etwa bei der Teilnahme an Zirkusdarbietungen, Gladiatorenkämpfen und Theaterschauspielen – aus ethischen Gründen geboten erschien. Die Meinungen darüber, was bei einer christlichen Lebensführung zu tolerieren sei, gingen jedoch insbesondere mit dem Anwachsen der Gemeinden weit auseinander. Ihren Höhepunkt erreichte diese Diskussion um den Grad des ethischen Anspruchs und seine praktische Umsetzung im Jahr 250, als Kaiser Decius zur Stärkung des polytheistischen Götterkults die erste allgemeine Christenverfolgung durchführen ließ. Bis dahin war die Kirche vielfach in der Lage gewesen, dem Druck der regional begrenzten und mit unterschiedlicher Härte durchgeführten Verfolgungen auszuweichen. Nun aber beugten sich Christen in großer Zahl dem staatlichen Zwang, durch Gebet und Weihrauchopfer am Kult der Staatsgötter teilzunehmen. Andere wiederum verschafften sich auf unlauterem Wege die erforderlichen Opferbescheinigungen.

Für die Kirche stellte sich damit nach dem Ende der Verfolgung in einem bis dahin unbekannten Umfang die Frage, wie mit diesen »Abgefallenen« *(lapsi)* zu verfahren sei. Bestritten einige Christen jede Möglichkeit, nach einer solchen Verfehlung in die Kirche zurückzukehren, so beharrten andere auf dem Recht einer neuerlichen Bewährung nach entsprechender Buße. Im Kern ging es dabei um die Frage, ob man unter der Kirche eine kleine Gemeinschaft von Auserwählten mit hohen ethischen Anforderungen oder aber eine breite Volkskirche mit weniger strengen Maßstäben zu verstehen habe. Zur Debatte standen jedoch auch Fragen der kirchlichen Autorität, denn das Recht auf Vergebung nahmen nunmehr nicht nur die Bischöfe in Anspruch, sondern auch einige der standhaft gebliebenen Bekenner *(confessores)*, die bei vielen Gläubigen in höchstem Ansehen standen. Auch hier ging es im Kern um ein für den Fortbestand der Kirche zentrales Problem: War das Recht auf Sündenvergebung an ein kirchliches Amt gebunden, und wenn ja, bestand es dann unabhängig von der moralischen Qualifikation des Amtsinhabers? Ähnlich gelagert war das Problem, das wenige Jahre später im sogenannten Ketzertaufstreit erörtert wurde: War die Taufe, die ein Häretiker gespendet hatte, innerhalb der Kirche gültig oder musste man sie wiederholen? Lehnte Bischof Cyprian von Karthago wie zuvor schon Tertullian die Anerkennung einer Taufe durch Ketzer rundweg ab, so nahm der römische Bischof Stephan I. in dieser Frage einen gegenteiligen Standpunkt ein.

Bemerkenswert ist, in welchem Umfang gerade die nordafrikanischen Provinzen und die dort beheimateten Kirchenschriftsteller lateinischer Sprache an der Gestaltung jenes Christentums mitwirkten, das nach dem Untergang des Weströmischen Reiches das europäische Mittelalter bis in die Neuzeit prägen sollte. Chronologisch an erster Stelle steht hier der bereits erwähnte Tertullian, der um 160 als Sohn eines römischen Offiziers in Karthago geboren wurde. Nach einer juristischen Ausbildung und Tätigkeit in Rom kehrte er um 195 als Christ in seine Heimatstadt zurück und wirkte dort als Kirchenschriftsteller. Mit 31 erhaltenen Werken ist Tertullian der fruchtbarste christlich-lateinische Autor vor der Konstantinischen Wende, und seine sprachlich geschliffenen apologetischen und dogmatischen Schriften vermitteln einen guten Eindruck von den theologischen und weltanschaulichen Kontroversen innerhalb und außerhalb der Kirche. In seiner *Verteidigung des Christentums (Apologeticum)* bezieht Tertullian in der Form eines Appells an die Provinzstatthalter gegen das römische Heidentum Stellung. Dagegen ist sein mit Abstand umfangreichstes Werk *Gegen Marcion (Adversus Marcionem)* eine Abrechnung mit dem als Ketzer exkommunizierten Theologen Marcion, der das gesamte Alte Testament verwarf und auch vom Neuen Testament nur das Evangelium nach Lukas und zehn Paulusbriefe gelten lassen wollte. In zahlreichen polemischen Schriften verteidigt Tertullian kirchliche Lehren gegenüber abweichenden Auffassungen. Stärker noch als Tertullians Denken wirkte dabei seine Sprache, die in einem bis dahin unbekannten Umfang das Bedeutungsspektrum lateinischer Wörter erweiterte und Schlüsselbegriffe der griechischen Theologie in lateinischen Lehnübersetzungen nachprägte.

Aus der Generation nach Tertullian stammt als einer der meistgelesenen lateinischen Kirchenschriftsteller Cyprian von Karthago. Zwischen 200 und 210 als Sohn wohlhabender heidnischer Eltern wahrscheinlich in Karthago geboren, erhielt Thascius Caecilius Cyprianus eine Ausbildung als Redner, bevor er sich 246 zum Christentum bekehrte. Seit 248/249 Bischof von Karthago, überstand er ein Jahr später unter Kaiser Decius die erste allgemeine Christenverfolgung und erlitt 258 während der zweiten großen Verfolgung unter Kaiser Valerian in der Nähe seiner Heimatstadt den Märtyrertod. Im Mittelpunkt seines Wirkens und seiner schriftstellerischen Tätigkeit steht die Einheit der Kirche und ihre überragende Bedeutung für den einzelnen Gläubigen. »Niemand kann Gott zum Vater haben, der nicht die Kirche zur Mutter hat«, heißt es dementsprechend in seiner Schrift *Von der Einheit der Kirche (De ecclesiae unitate* 6). Maßgeblich für die Zugehörigkeit zur Kirche galt ihm die Taufe durch einen bevollmächtigten Vertreter, wobei er die Gültigkeit der Häretikertaufe strikt ablehnte. »Außerhalb der Kirche ist kein Heil«, schreibt er in diesem Zusammenhang in einem seiner Briefe (*Epistulae* 73,21). In der innerkirchlichen Kontroverse um den Umgang mit jenen Christen, die unter Androhung von Folter und Tod dem Kaiserbild geopfert, Weihrauch gestreut oder eine schriftliche Loyalitätserklärung abgeliefert hatten, vertrat Cyprian eine mittlere Linie, indem er diesen «Abgefallenen» zwar eine strenge Buße auferlegte, jedoch anders als noch Tertullian ihre Wiederaufnahme in die Kirche nicht kategorisch ausschloss. Im Streit um den Primat oder Erstlingsrang des Bischofs von Rom beharrte er im Gegensatz zum Anspruch Papst Stephans I. auf der Gleichberechtigung aller Bischöfe.

In seiner Heimatstadt Sicca Veneria an der Straße von Karthago nach Cirta wirkte in den Jahren um 300 als Redner und Lehrer der Beredsamkeit Arnobius, der entweder während der Christenverfolgung unter Diokletian oder kurz danach eine Streitschrift *Gegen die Heiden (Adversus gentes oder Adversus nationes)* verfasste. Kaum überraschend erscheinen darin die üblichen Hinweise auf die Unsinnigkeit der heidnischen Mythologie, die Überlegenheit der christlichen Ethik und die Übereinstimmung des Christentums mit den Lehren der großen Philosophen. Verblüfft ist man jedoch angesichts der oberflächlichen Darstellung zentraler christlicher Lehren, etwa wenn die Existenz der Heidengötter nicht ausgeschlossen wird und Christus gleichsam als Gott zweiten Ranges gilt. Vergleichbare theologische Schwächen zeigt Arnobius' Schüler und Landsmann Laktanz, der kurz vor 300 von Kaiser Diokletian als Lehrer der Beredsamkeit in dessen neue Residenz Nikomedien berufen wurde. Nach seiner Bekehrung zum Christentum verlor Laktanz im Zuge der diokletianischen Verfolgung seine geachtete Stellung, wurde jedoch nach der Konstantinischen Wende um 317 von Kaiser Konstantin als Erzieher seines ältesten Sohnes Crispus nach Gallien geholt. Besondere Beachtung verdient sein Hauptwerk *Göttliche Unterweisungen (Divinae Institutiones)*, da es den ersten Versuch einer Gesamtdarstellung des christlichen Glaubens in lateinischer Sprache darstellt. Dank seiner an Cicero geschulten Sprache und der ausgiebigen Benutzung der klassischen lateinischen Literatur fand es gerade im Zeitalter des Humanismus weithin Bewunderung und war daher nicht von ungefähr das erste Buch, das 1465 in Italien im Druck erschien.

Doch kehren wir zurück zu Augustinus, der mit seinem Leben und Wirken nicht nur am Ende einer gut zweihundertjährigen Tradition christlich-lateinischer Theologie, sondern zugleich am

Anfang des abendländisch-christlichen Denkens steht. Mit seinem literarischen Schaffen beeinflusste er fast alle Bereiche der mittelalterlichen Kultur, deren bedeutendste Träger seine Gedanken aufgriffen, abwandelten und weiterentwickelten. In der Theologie wirkte Augustinus vor allem durch seine Gnadenlehre, in der er auf der Grundlage paulinischer Vorstellungen von der Erbsünde die Unfähigkeit des natürlichen Menschen zum Guten hervorhebt und – in Abgrenzung von seinem theologischen Gegner Pelagius – die zentrale Bedeutung der Gnade als freies Geschenk göttlicher Hilfe betont. Eng verbunden mit dieser Auffassung ist eine besonders strenge Prädestinationslehre, wie sie im Sinne einer göttlichen Vorausbestimmung des Menschen zur Seligkeit oder zum Verderben sehr viel später bei Johann Calvin, aber auch bei dem ehemaligen Augustinermönch Martin Luther eine wichtige Rolle spielen sollte. Begründet hat Augustinus seine Gnaden- und Prädestinationslehre in einer umfassenden Geschichtstheologie, die man in seinem Werk *Vom Gottesstaat (De civitate dei)* finden kann. In den ersten zehn der insgesamt 22 Bücher bemüht Augustinus sich zunächst um den Nachweis, dass der Untergang Roms nichts mit der Vernachlässigung des Götterkults zu tun habe, wie man denn auch die frühere Größe Roms nicht den heidnischen Göttern zuschreiben dürfe. Die letzten zwölf Bücher beschäftigen sich mit dem Gegensatz zwischen dem Gottesstaat *(civitas dei)* und dem Welt- oder Teufelsreich *(civitas terrena* oder *diaboli)*, der Augustinus zufolge die gesamte Weltgeschichte von der Schöpfung bis zum Jüngsten Gericht bestimmt. Philosophisch steht Augustinus in der Tradition des Neuplatonismus, der dank seiner Schriften bis zur Entwicklung eines christlichen Aristotelismus durch Albertus Magnus (1193–1280) und Thomas von Aquin (1225–1274) die Grundlage der christlichen Philosophie des Mittelalters bildete. Anerkennung verschaffte Augustinus aber auch vielen Klassikern der lateinischen Literatur, die dank seiner Würdigung ihrer Schriften Eingang in das christliche Bildungswesen fanden. Nicht zu unterschätzen ist schließlich auch der Einfluss seiner *Confessiones*, die mit ihrer konsequenten Darstellung eines individuellen Lebenslaufs die erste literarische Autobiographie der europäischen Literaturgeschichte bilden.

16.

«Gott machte seinem
Gesandten das Traumgesicht wahr»

Muhammad erneuert den Kult der Kaaba

Im März des Jahres 628 lagerte bei der kleinen Ortschaft Hudaibiya rund zwölf Kilometer nördlich der arabischen Stadt Mekka
eine Gruppe von etlichen hundert Personen. Sie waren mit ihren
Opfertieren von der 350 Kilometer weiter nördlich gelegenen Stadt
Yathrib zu einer Pilgerfahrt zum mekkanischen Heiligtum der
Kaaba aufgebrochen. Da ihr Anführer Muhammad jedoch seit
Jahren wegen seiner Kritik an den sozialen Verhältnissen in Mekka,
seines kompromisslosen Monotheismus und seines religiös-poli-
tischen Führungsanspruchs mit den einflussreichsten Familien der
Stadt verfeindet war, hatten die Mekkaner den Pilgern das Betre-
ten der Stadt und des heiligen Bezirks mit Waffengewalt verwehrt.
Mehrere Tage lang verhandelten beide Parteien ergebnislos über
eine gütliche Einigung. Als Muhammads Abgesandter Uthman
nicht mehr aus der Stadt zurückkehrte und sich das Gerücht seiner
Ermordung verbreitete, versammelte Muhammad unter einem
grünen Baum seine Anhänger um sich und verpflichtete sie feierlich auf ihren Beistand im bevorstehenden Entscheidungskampf.
Begeisterung erfasste die Pilger, denn vor dem Aufbruch hatte
Muhammad ihnen durch die Mitteilung eines Traums und die Verkündigung jener göttlichen Offenbarung, die nun im 27. Vers der
48. Sure des Korans zu finden ist, den Erfolg des Unternehmens
verheißen: «Gott hat doch seinem Gesandten das Traumgesicht
wirklich wahr gemacht: Bestimmt werdet ihr – so Gott will – die
heilige Kultstätte in Sicherheit betreten.» Kurz darauf erwies sich

jedoch das Gerücht von Uthmans Ermordung und einem bevorstehenden Angriff der überlegenen mekkanischen Streitmacht als falsch. Vielmehr machten die Mekkaner, deren Haltung in dieser Frage keineswegs einheitlich war, Muhammad und seinen Anhängern den Kompromissvorschlag, ihnen im Falle ihres sofortigen Rückzugs im kommenden Jahr die Pilgerfahrt zu erlauben. Zur grenzenlosen Enttäuschung vieler Anhänger ging Muhammad auf diese Bedingungen ein und kehrte unverrichteter Dinge nach Medina zurück. Um zu verstehen, warum dieses unspektakuläre und vordergründig für Muhammad eher enttäuschende Ereignis eine Sternstunde der Religionen darstellt, muss man seine Vorgeschichte und seine Auswirkungen ins Auge fassen.

Wohl um 570 wurde Muhammad als Angehöriger eines weniger bedeutenden Zweiges des Stammes der Quraisch in Mekka geboren. Angelegt in einer Talsohle zwischen steil abfallenden Hügeln rund 70 Kilometer östlich der Küste des Roten Meeres, verdankte die Heimatstadt des Propheten ihren Wohlstand in erster Linie der Funktion als Handels- und Verkehrsknotenpunkt: Von ihr aus führten Fernhandelsrouten südwärts in den Jemen (und weiter über das Meer nach Indien), westwärts zur Küste (und weiter nach Äthiopien), nordostwärts nach Mesopotamien und nordwärts nach Gaza und Damaskus. In einem engen Zusammenhang mit diesen Handelsaktivitäten stand das Heiligtum der Kaaba von Mekka, dessen Verehrung die Anerkennung heiliger Monate mit einem Verbot gewalttätiger Auseinandersetzungen nach sich zog und so den friedlichen Warenaustausch begünstigte. Seit der ersten Hälfte des 6. Jahrhunderts wurden die Geschicke des Ortes vom Stamm der Quraisch gelenkt, der durch die Finanzierung und Ausrüstung von Handelskarawanen zu großem Wohlstand gelangt war.

Muhammad selbst war nach dem frühen Tod seiner Eltern zunächst bei seinem Großvater und nach dessen Tod bei einem Onkel aufgewachsen. Von Beruf Kaufmann, hatte er mit 25 Jahren seine Arbeitgeberin, die um 15 Jahre ältere und vermögende Witwe Chadidscha, geheiratet. Mit ihr zusammen hatte er eine Tochter namens Fatima. Nach religiösen Andachtsübungen auf dem Berg Hira erfuhr Muhammad wohl um 610 seine Berufung zum Gesandten Gottes *(rasul Allah)* und Siegel der Propheten *(chatam an-nabiyin)*. Seinen göttlichen Auftrag sah er darin, in Mekka den ursprünglichen Monotheismus Abrahams wiederherzustellen und seine Landsleute mit dem Hinweis auf das drohende Gericht Gottes und die Auferstehung der Toten zu einem sozial verantwortlichen Handeln zu ermahnen. Als die polytheistischen Mekkaner die neue Lehre zu unterdrücken versuchten, folgte Muhammad 622 einem Angebot der rund 350 Kilometer nördlich von Mekka gelegenen Oasenstadt Medina, im Rahmen eines Schutzbündnisses mit seinen Anhängern dorthin überzusiedeln, um zwischen verfeindeten Parteien die Funktion eines Schlichters wahrzunehmen. Im Gefolge dieser Auswanderung *(hidschra)* entstand so aus der Vereinigung mekkanischer Auswanderer *(muhadschirun)* und medinensischer Helfer *(ansar)* die Gemeinde *(umma)* der Muslime mit Muhammad als religiösem und politischem Führer.

Da Muhammad nach wie vor das Heiligtum der Kaaba für die Verehrung des einen Gottes und damit Mekka für die Muslime reklamierte, kam es schon bald zu kriegerischen Auseinandersetzungen mit den Mekkanern. Seinen ersten bedeutenden Erfolg erzielte Muhammad im März 624, als er bei der kleinen Marktstadt Badr, die südwestlich von Medina an der Karawanenstraße von Mekka nach Syrien lag, gegen eine zahlenmäßig überlegene mekkanische Streitmacht einen glänzenden Sieg davontrug. In seiner religiösen Sendung bestätigt und in seinem politischen Ansehen gestärkt, schloss Muhammad nun erstmals auch Bündnisse mit den Beduinen der Umgebung. Wenige Monate später jedoch erlitten die Muslime am Berg Uhud fünf Kilometer nördlich von Medina bei einem neuerlichen Gefecht mit den Mekkanern eine empfindliche Niederlage, bei der sogar der Prophet selbst verwundet wurde. Nun verbündeten sich die Mekkaner ihrerseits mit verschiedenen Beduinenstämmen und erschienen – vermutlich zu Beginn des Jahres 627 – mit einem großen Heeresaufgebot vor Medina, das die Muslime mit einem breiten Graben zusätzlich befestigt hatten. Die militärische Unerfahrenheit der Mekkaner, ihre Unentschlossenheit und Muhammads diplomatisches Geschick führten letzten Endes jedoch dazu, dass die Einnahme Medinas scheiterte und die Belagerung schließlich abgebrochen werden musste. Da dies Muhammads Ansehen in Medina erneut festigte und umgekehrt das Prestige seiner Gegner in Mekka erheblich minderte, entschloss sich Muhammad im darauffolgenden Jahr dazu, mit seinen Anhängern eine Pilgerfahrt nach Mekka durchzuführen und so eine Entscheidung des Konflikts herbeizuführen.

Nachdem der Ausgang des Unternehmens bereits zu Beginn dieses Kapitels geschildert wurde, gilt es nunmehr seine unmittelbaren Folgen zu betrachten. Waren Freunde wie Feinde zunächst der Meinung, Muhammad sei durch seine Annahme des Vertrags von Hudaibiya in seinem eigentlichen Anliegen gescheitert und von seinen Gegnern beschämt worden, so mussten sie alsbald erkennen, dass das Gegenteil der Fall war: Muhammad war dadurch erstmals als gleichberechtigter Vertragspartner der Mekkaner anerkannt worden und hatte in einer äußerst schwierigen Lage durch den geordneten Rückzug der Muslime die Voraussetzungen für eine weitere Konsolidierung des muslimischen Gemeinwesens geschaffen. Als Muhammad im März 629 vertragsgemäß als Pilger in Mekka eintraf, erwies sich Hudaibiya im Rückblick als Anfang vom Ende des Widerstands gegen ihn. Nun bekannten sich mehrere führende Mekkaner offen zum Islam, und als es ein Jahr später erneut zum Konflikt kam, öffnete Muhammads Heimatstadt ohne nennenswerten Widerstand seine Tore für den Propheten, der nun die Kaaba von sämtlichen Spuren des alten polytheistischen Kults reinigte.

Nach dem militärischen Sieg über seine letzten noch verbliebenen Gegner war Muhammad zum unbestrittenen Herrscher Zentral- und Südarabiens aufgestiegen, als er unerwartet an einem Fieber erkrankte und am 8. Juni 632 starb. Um den Fortbestand des muslimischen Gemeinwesens zu sichern, sammelten die Anhänger des Propheten daraufhin sämtliche Offenbarungen, die bis dahin über die Glaubenslehren, die Kultvorschriften, die Regeln des Zusammenlebens der Muslime untereinander und den Umgang mit Andersgläubigen verbindliche Auskunft gegeben hatten. Das Ergebnis dieser Sammeltätigkeit war der Koran (Quran) mit seinen 114 in sich geschlossenen, im wesentlichen nach absteigender Länge angeordneten Suren oder Kapiteln. Hier fanden die

Gläubigen die oberste Richtschnur ihres Handelns, die im Laufe der Zeit durch die außerkoranische Überlieferung *(hadith)* von der Lebensweise *(sunna)* des Propheten und seiner Gefährten ergänzt wurde. Bis heute kennzeichnend für die Mehrzahl der Muslime wurden so die «fünf Pfeiler des Islams»: das öffentliche Bekenntnis zum Monotheismus und zu Muhammad als dem Gesandten Gottes *(taschahhud)*, das fünfmal täglich zu verrichtende rituelle Gebet *(salat)*, die Entrichtung einer Armensteuer *(zakat)*, die Einhaltung eines von morgens bis abends währenden Fastens im Monat Ramadan *(siyam oder saum)* und die nach Möglichkeit einmal im Leben zu vollziehende Wallfahrt *(hadsch)* nach Mekka. Eine wichtige Rolle spielte ferner der bewaffnete Kampf zur Ausbreitung des islamischen Reiches *(dschihad)*, den man als gesellschaftliche Verpflichtung und Mittel zum Erwerb religiöser Verdienste ansah.

Als eine weitere Maßnahme zur Sicherung des Fortbestands der muslimischen *umma* einigte man sich darauf, dass Abu Bakr als einer der ältesten Gefährten des Propheten sein Stellvertreter oder Nachfolger *(chalifa*/Kalif) werden solle. Unter seiner Führung (632–634) wurden schwankend gewordene arabische Stämme erneut auf die Lehre des Propheten eingeschworen, neue Verbündete gewonnen und die ersten erfolgreichen Kämpfe gegen das Byzantinische Reich und das Perserreich bestanden. Unter seinem Nachfolger Umar ibn al-Chattab, der 634–644 als Kalif an der Spitze des muslimischen Gemeinwesens stand, eroberten die muslimischen Heere nicht nur weite Teile des Perserreichs, sondern auch die zum Byzantinischen Reich gehörenden Länder Syrien, Palästina, Ägypten und Tripolitanien. 711 setzten Araber und nordafrikanische Berber auf die Iberische Halbinsel über und vernichteten das Westgotenreich, während gleichzeitig muslimische Heere über das heutige Afghanistan und Pakistan hinaus ins Indus-Tal vorstießen.

Worauf beruhte die erstaunliche Schnelligkeit und Stetigkeit der muslimischen Eroberungen? Üblicherweise verweist man dabei auf die taktische Beweglichkeit der arabischen Heere und das weitgehende Fehlen geographischer Barrieren, die Unzufriedenheit weiter Bevölkerungsteile in den benachbarten Vielvölkerstaaten, die politische und militärische Schwäche der Perser und Byzantiner nach langjährigen Kriegen, vor allem aber auf die bis dahin unbekannte Dynamik der vereinigten arabischen Stämme infolge einer religiösen Legitimation ihres Kampfes. Ob die neue Religion gleichsam der Motor oder lediglich eine Begleiterscheinung der arabischen Einigung war, wird heute jedoch unterschiedlich beurteilt und nach wie vor kontrovers diskutiert. Von entscheidender Bedeutung war jedenfalls der Umstand, dass die Muslime von ihren Gegnern lediglich die Unterwerfung unter ihre Herrschaft, aber keine Bekehrung zum Islam verlangten. Gerade den Juden und Christen gewährten sie unter Berufung auf den Koran (Sure 9,29) nach Zahlung einer vertraglich vereinbarten Abgabe *(dschizya)* nicht nur militärischen Schutz vor äußeren Feinden, sondern auch eine begrenzte Kultfreiheit. Vielfach übernahmen die Muslime in den ersten Jahrzehnten ihrer Eroberungen die Verwaltungsstrukturen des Byzantinischen und des Persischen Reiches, wobei sie auch die Verwaltungssprachen Griechisch und Mittelpersisch zunächst beibehielten und erst sehr viel später durch das Arabische ersetzten. Weniger als zweihundert Jahre nach dem Tod Muhammads hatte die von ihm propagierte Religion auf diese Weise den gesamten Vorderen Orient und weite Regionen darüber hinaus geprägt und durchgreifend verändert.

In historischen Atlanten kommt die unaufhaltsame Expansion des frühen Islam am sinnfälligsten durch die einheitliche Färbung des gesamten Vorderen Orients sowie weiter Gebiete Zentralasiens, Nordafrikas und der Iberischen Halbinsel zum Ausdruck. Dies sollte jedoch keinesfalls darüber hinwegtäuschen, dass dieser gesamte Raum stets nur in bestimmter Hinsicht eine Einheit bildete: Neben gewichtigen Übereinstimmungen im Welt- und Menschenbild, der gemeinsamen Wertschätzung des Korans und der arabischen Sprache sowie tiefgreifenden Auswirkungen einer gemeinsamen Geschichte stehen erhebliche Unterschiede in der Beurteilung dieser Geschichte, eine ausgeprägte sprachliche, kulturelle und wirtschaftliche Vielfalt sowie eine Vielzahl miteinander konkurrierender politischer und gesellschaftlicher Systeme. So gängig und unumstritten die Rede von *dem* Islam (im Singular) ist, so verwirrend ist die Vielfalt, die man bis heute darunter begreift. Von der wohl bekanntesten Spaltung in Schiiten und Sunniten wird im folgenden noch die Rede sein.

Kehren wir nach diesem Überblick über die weitere Geschichte des Islams noch einmal zurück zu der oben gestellten Frage, was die Einigung Muhammads mit den Mekkanern bei Hudaibiya im Jahr 628 zu einer Sternstunde der Religionen macht. Fraglos gibt es in der frühislamischen Geschichte andere und offensichtlichere Kandidaten für diese Bezeichnung, so etwa die als *Hidschra* bekannte Übersiedlung Muhammads von Mekka nach Medina, die seit der Herrschaft des zweiten Kalifen Umar den Anfang der muslimischen Zeitrechnung bildet. Dass Muhammad und seine Anhänger mit diesem Schritt alle verwandtschaftlichen Bindungen aufkündigten, um sich zu einer primär religiös bestimmten Wahlgemeinschaft, eben der muslimischen *Umma*, zusammenzuschließen, bezeichnet in der Tat einen Wendepunkt in der Geschichte Arabiens, dessen Bedeutung man nicht hoch genug veranschlagen kann. Ein anderer Kandidat wäre zweifellos jene «Nacht der Bestimmung» *(laila al-qadr)* gewesen, die muslimischer Überlieferung zufolge den Beginn der Offenbarungen Gottes an Muhammad bezeichnet. Auch Muhammads triumphale Rückkehr nach Mekka 630 hätte man als eine Sternstunde schildern können. Wenn hier gleichwohl eine andere Wahl getroffen wurde, so hat dies einen zweifachen Grund. «Wenige Begebenheiten in Muhammads Leben», schrieb einer der angesehensten europäischen Biographen des Propheten, «geben ein so schlagendes Bild von seiner enormen Macht über seine Anhänger wie das Ereignis von Hudaibiya.» In diesem Zauber der Persönlichkeit Muhammads, der in den oftmals spröden und dem europäischen Leser ohnehin nur schwer zugänglichen Quellen nur unvollkommen zum Ausdruck kommt, liegt zweifellos eines der Geheimnisse seines Erfolgs. So erschien es durchaus passend, den Leser durch die Wahl einer entsprechenden Sternstunde auf diesen Umstand hinzuweisen. Darüber hinaus mag diese Wahl daran erinnern, wie nahe Scheitern und Erfolg auch in der Religionsgeschichte beieinander liegen – und wie oftmals erst die weitere geschichtliche Entwicklung und der Blick zurück die Deutung in dem einen oder anderen Sinne nahelegen.

17.

«Du gründetest die Lehre des Erwachten»

Padmasambhava bringt den Buddhismus nach Tibet

«Sobald du deinen Fuß auf Tibet setztest, gründetest du die Lehre des Buddha, die von allen Sünden reinwäscht. Möge der große Meister aus Uddiyana, der Bezwinger der Dämonenhorden, den unveränderlichen Buddha-Körper erlangen! Möge er mit den Waffen der Tugend alle Illusionen, wie die Stärke Shivas und Indras, den Schatz des Ozeans und die Leben der *kalpas*, die Schar der Lebewesen in Samsara und Nirvana überwinden!»

So steht es auf der Rückseite des Sockels einer vergoldeten Plastik, die wohl im späten 16. oder frühen 17. Jahrhundert in Zentral- oder Osttibet entstand und nun in einem europäischen Museum zu sehen ist. Sie zeigt einen reich gewandeten, bartlosen jungen Mann mit untergeschlagenen Beinen, der in der Rechten den Donnerkeil *(vajra)* als Symbol für die Kraft des Mitgefühls und in der Linken eine Schädelschale als Sinnbild der Reinigung von aller Ich-Bezogenheit hält. In seiner linken Armbeuge lehnt der Stab des Meisters *(khatvanga)*, an dessen Spitze drei Köpfe in unterschiedlichen Stadien des Verfalls die Überwindung von Begierde, Hass und Unwissenheit symbolisieren. Alle diese Attribute sowie die charakteristische Kopfbedeckung mit hochgeschlagener Krempe kennzeichnen den Dargestellten als den in der Inschrift Angeredeten: Padmasambhava, den Stifter des tibetischen Buddhismus.

Gegen Ende des 10. Kapitels wurde erwähnt, wie in den Jahrhunderten um Christi Geburt Nordindien die buddhistische

Schule des «Großen Fahrzeugs» *(Mahayana)* hervorbrachte, in der die Verehrung von «Erleuchtungswesen» *(Bodhisattvas)* eine zentrale Rolle spielt. Was den Bodhisattva – im Unterschied zum Buddha – auszeichnet, ist nicht die Erlösung selbst, sondern die «Erweckung des Erleuchtungsgedankens» *(bodhicittopada)*, infolge derer er sich zum Erringen der eigentlichen Erlösung verpflichtet, diesen Zeitpunkt aber so lange wie möglich aufschiebt, um bis dahin möglichst vielen Menschen auf ihrem Erlösungsweg zu helfen. Neben dem einen historischen Buddha *Shakyamuni* kennt der Mahayana-Buddhismus daher eine Vielzahl von Buddhas und Bodhisattvas, wie etwa den Buddha *Amitabha* als Herrscher des im fernen Westen gelegenen paradiesischen Landes *Sukhavati*, den als kommenden Weltlehrer erwarteten zukünftigen Buddha *Maitreya* sowie den als Verkörperung des Mitgefühls verehrten Bodhisattva *Avalokiteshvara*. Der Buddhismus Tibets, dessen Anfänge in Nordindien um die Mitte des ersten Jahrtausends liegen, ist im Hinblick auf seine historischen Wurzeln dem Mahayana-Buddhismus zuzuordnen. Weithin üblich sind für ihn aber auch die Bezeichnungen *Vajrayana* («Donnerkeil-» oder «Diamantfahrzeug»), *Tantrayana* («Fahrzeug der Tantra-Texte»), *Mantrayana* (zu *mantra*, «Spruch» oder «Formel») und *Lamaismus* (zu tibetisch *bla-ma*, «Lehrer»), die jeweils unterschiedliche Aspekte seiner Eigenart zum Ausdruck bringen.

Die Bezeichnung *Vajrayana* ist abgeleitet vom Donnerkeil *(vajra)*, der als charakteristisches Attribut des Bodhisattva Vajrapani bereits auf einem nordwestindischen Relief aus dem späten 1. Jahrhundert bezeugt ist. Der Begriff und die Sache selbst sind jedoch sehr viel älter und begegnen bereits in den Götterhymnen der vedischen Zeit, vor allem als Waffe des Gottes Indra. Im Buddhismus symbolisiert der Vajra die Unteilbarkeit und Unzerstörbarkeit der Erleuchtung und erscheint in bildlichen Darstellungen von Gottheiten teils als Zepter, teils als Waffe. Als Symbol des männlichen Prinzips wird es dann zumeist in der rechten Hand getragen, während die Linke mitunter eine Glocke als Symbol des weiblichen Prinzips hält.

Ebenfalls aus dem Indischen stammt die Bezeichnung *Tantrayana*, die von der Sanskrit-Wurzel *tan*, «(sich) ausdehnen» herzuleiten ist. *Tantras* («Gewebe» im Sinne von «Texte») oder *Agamas* nannte man dabei eine bestimmte Literaturgattung, die um die Mitte des ersten Jahrtausends im Anschluss an die Puranas entstand und auf der Grundlage einer mystischen Alleinheitslehre Anweisungen für den Götterkult erteilte. Eine wichtige Rolle spielen darin Vorstellungen von einer Entsprechung oder Wechselbeziehung von Welt (Makrokosmos) und Mensch (Mikrokosmos), die Verehrung von Göttinnen als Energie oder Kraft *(shakti)* eines Gottes, die Verwendung von geometrischen Symbolen wie etwa dem Kreis *(mandala)* sowie die rituelle Rezitation kurzer, formelhafter Wortfolgen *(mantras)*. Eine charakteristische Eigenheit der buddhistischen Mantras ist ihre Übertragung vom Lehrer auf den Schüler im Rahmen einer Einweihung und mithin die zentrale Bedeutung des Lehrers. Sie spiegelt sich nicht zuletzt in der Bezeichnung des tibetischen Buddhismus als *Lamaismus* oder «Esoterischer Buddhismus», wobei die in Tibet gebräuchlichen Mantras nicht selten durch die Verwendung des Sanskrit ihre indische Herkunft verraten. Das wohl bekannteste Beispiel dafür ist *Om mani padme hum* («O du Edelsteinlotos»), das dem Bodhisattva Avalokiteshvara als dem Schirmherrn des tibetischen Buddhismus zugeordnet wird.

Wenn Padmasambhava («der aus dem Lotos Geborene») heute als eigentlicher Begründer des tibetischen Buddhismus gilt, so spiegelt sich darin zweifellos die verkürzende Perspektive einer späteren, durch legendarische Überlieferungen gekennzeichneten Epoche. Wie es heißt, hatte der Buddhismus erstmals unter dem König Srong-btsan-sgam-po kurz vor der Mitte des 7. Jahrhunderts in Tibet Eingang gefunden. Dieser habe neben anderen Frauen auch eine chinesische und eine nepalesische Prinzessin geheiratet, die sich zur Lehre des Buddha bekannten und sie in Tibet heimisch machten. In späterer Zeit galt Srong-btsan daher als eine Verkörperung des Bodhisattva Avalokiteshvara, seine beiden Gattinnen aber als Verkörperungen von dessen weiblicher Entsprechung, der Göttin Tara. Tatsächlich ist es angesichts der Spärlichkeit zeitgenössischer Quellen aber keineswegs sicher, ob der Buddhismus wirklich um diese Zeit in Tibet eingeführt wurde und ob der König selbst sich zu ihm bekannte. Manches spricht dafür, dass er vielmehr der traditionellen vorbuddhistischen Religion des Landes anhing, die durch einen weitverzweigten Opferkult und die Vorstellung von der Göttlichkeit des Herrschers gekennzeichnet war. In der Überlieferung von der nepalesischen und der chinesischen Gattin des Königs spiegelt sich gleichwohl die geographisch bedingte Sonderstellung Tibets, das sich in den verschiedenen Phasen seiner Geschichte teils zum indischen, teils zum chinesischen Kulturraum hin orientierte. Dabei steht die Öffnung des Landes für den nordindischen Buddhismus – ähnlich wie die ungefähr gleichzeitige Übernahme des Christentums in Mittel- und Nordeuropa – im Zusammenhang mit der Einführung weiterer kultureller Errungenschaften, insbesondere der Schrift. Wie die germanischen Völker Mittel- und Nordeuropas durch das Lateinische und die Kultur der Klassischen Antike geprägt wurden, so bestimmte die Übernahme sprachlicher und literarischer Muster und Vorbilder aus dem Sanskrit auf lange Zeit die Entwicklung der tibetischen Kultur.

In der zweiten Hälfte des 8. Jahrhunderts, unter der Herrschaft des Königs Khri-srong-lde-btsan, erscheint der Buddhismus erstmals in offiziellen Dokumenten. Einer vergleichsweise jungen Überlieferung zufolge lud der König, der später als Verkörperung des Bodhisattva Manjushri galt, zunächst den bengalischen Gelehrten Shantarakshita nach Tibet ein. Er propagierte die Gründung des ersten buddhistischen Klosters in dem südöstlich von Lhasa am Nordufer des Brahmaputra gelegenen Ort Samye, musste jedoch noch vor der Gründung des Klosters wieder nach Indien zurückkehren. Als eigentlicher Gründer gilt daher sein Nachfolger Padmasambhava, den der König aus dessen nordwestindischer Heimat Uddiyana (im heutigen Pakistan) nach Tibet berief, um den Buddhismus gegen die vorbuddhistischen Kulte Tibets durchzusetzen. Im Unterschied zu Shantarakshita, für den die traditionelle buddhistische Ordensdisziplin und die Philosophie des Mahayana im Mittelpunkt gestanden hatten, vertrat Padmasambhava den Tantrismus, der infolge seines Wirkens den tibetischen Buddhismus nachhaltig beeinflussen sollte. Dies gilt insbesondere für die Tradition der *Nyingmapa* («Schule der Alten»), die unmittelbar auf Padmasambhava zurückgeht und in den ersten Jahrhunderten des Buddhismus in Tibet dessen vorherrschende Ausrichtung darstellte. Ihre Grundlage bildeten die Texte, die auf Veranlassung Padmasambhavas aus dem Sanskrit ins Tibetische übersetzt wurden. Einer späteren Überlieferung zufolge suchten feindliche Dämonen das Wirken Padmasambhavas in Tibet nach Kräften zu verhindern, doch mussten sie sich bei allen Konfrontationen geschlagen geben und zum Schutz der neuen Lehre eidlich verpflichten. Die historische Grundlage dieser Legende bildet vermutlich eine weitreichende Assimilation der zuvor verehrten örtlichen Gottheiten, die nach der Abschaffung des überkommenen Opferkults in die neue Religion integriert wurden.

Die erste Phase der Ausbreitung des Buddhismus in Tibet dauerte bis kurz vor der Mitte des 9. Jahrhunderts und war bereits gekennzeichnet durch die auch später charakteristische enge Verzahnung von geistlicher und weltlicher Macht und die herausragende Rolle des Klosterwesens. In den darauffolgenden 150 Jahren zog der Niedergang der königlichen Zentralgewalt auch den tibetischen Buddhismus in Mitleidenschaft, doch folgte im 11. Jahrhundert eine Phase der Erneuerung und Konsolidierung. Maßgeblich daran beteiligt war der aus Bengalen stammende indische Gelehrte Atisha, der sich für eine enge Verbindung mönchischer und tantrischer Traditionen einsetzte. Eine wichtige Rolle spielte ferner der aus Tibet stammende Laie Marpa, der nach seiner Rückkehr von ausgedehnten Reisen nach Indien, unter anderem zu dem Tantra-Meister Naropa, neue tantrische Texte in seiner Heimat bekannt machte. Zu seinem bedeutendsten Schüler wurde der aus Westtibet stammende Tantriker Milarepa.

Unter dem Einfluss dieser Anregungen und Neuentwicklungen entstanden im tibetischen Buddhismus des 11. und 12. Jahrhunderts neben der ursprünglichen «Schule der Alten» weitere Schulen, die jeweils unterschiedliche Züge der buddhistischen Lehre hervorhoben, ihre jeweils eigene Hierarchie und Organisation ausbildeten und in ganz Tibet Klöster gründeten. Dazu gehörte etwa die Schule der *Kadampa* («Die an das Wort Gebundenen»), deren Vertreter sich auf einen Schüler Atishas beriefen und sich für eine strenge Mönchsdisziplin einsetzten. Eine zunehmend wichtige politische Rolle spielten seit jener Zeit die Mongolen, die um die Mitte des 13. Jahrhunderts das Oberhaupt der von ihnen favorisierten Sakyapa-Schule zum Regenten in Tibet einsetzten. Gleichzeitig verringerte sich mit dem Vordringen des Islams in Nordindien die Bedeutung dieser Regionen für den tibetischen Buddhismus. Zum wichtigsten mongolischen Förderer der buddhistischen Lehre wurde in der zweiten Hälfte des 13. Jahrhunderts Kublai Chan, der sich nach der Eroberung Chinas gegen den Konfuzianismus und Daoismus wandte, den Buddhismus aber begünstigte. Ebenfalls im 12./13. Jahrhundert entstand unter den Anhängern der Nyingmapa-Schule die Lehre von den «verborgenen Schätzen» *(gter-ma)*. Dabei handelt es sich um Ritualgegenstände, Reliquien und Texte, von denen man annahm, dass sie im 9. Jahrhundert an geheimen Orten verborgen worden seien, damit sie in späterer Zeit – nämlich während der Mongolenherrschaft – von Meistern mit besonderen Fähigkeiten, den sogenannten «Schatzfindern» *(gter-ston)*, gefunden werden konnten.

Im 14./15. Jahrhundert vollzogen sich im tibetischen Buddhismus Entwicklungen, die sein Gesicht bis heute maßgeblich geprägt haben. An erster Stelle ist hier die Ordnung und Festlegung eines Kanons der heiligen Schriften zu nennen, der unter der Bezeichnung Kandschur und Tandschur *(bka'-'gyur* und *bstan-'gyur)* insgesamt mehr als 300 Bände mit über 4000 einzelnen Werken umfasst. Enthält der Kandschur sämtliche dem Buddha selbst zugesprochenen Lehren, so findet man im Tandschur die Kommentare der großen Gelehrten des Mahayana sowie zahlreiche weitere Texte zur Medizin, Astronomie, Astrologie, Philologie, Grammatik und Dichtkunst. Vom 15. bis zum 18. Jahrhundert wurden beide Gruppen von Texten mehrfach gedruckt und auch ins Mongolische, Chinesische und Mandschurische übersetzt.

Nur wenige Jahrzehnte nach der Ausbildung des Kanons von Kandschur und Tandschur unter dem Gelehrten Bu-ston (1290–1364) begründete der aus Nordosttibet stammende Mönch Tsong-kha-pa (1357–1419) als Fortsetzung der Kadampa-Schule die letzte und zugleich einflussreichste Schule der «Anhänger des Weges der Tugend» *(dGe-lugs-pa,* auch *Gelukpa).* Sie propagierte im Kampf gegen die Verweltlichung der Klöster eine erneute Stärkung der Hierarchie und eine Betonung der mönchischen Disziplin mit Zölibat, strengen Verhaltensregeln und Verzicht auf berauschende Getränke. Dabei war man der Auffassung, dass das jeweilige Oberhaupt der Schule eine Wiederverkörperung seines Vorgängers sei. Zu einer Hochburg der Reformbewegung wurde Lhasa, in dessen Umgebung Tsong-kha-pa und seine Schüler in den beiden ersten Jahrzehnten des 15. Jahrhunderts drei neue Klöster gründeten. Von den Chinesen und später auch den Europäern wurden die Mönche dieser Schule nach der gelben Farbe ihrer Kopfbedeckung mitunter als «Gelbmützen» bezeichnet, um sie von den als «Rotmützen» bekannten Angehörigen der älteren Schulen zu unterscheiden.

Eine wesentliche Förderung verdankten die «Anhänger des Weges der Tugend» den Mongolen, deren Fürst Altan Chan ihrem Oberhaupt im 16. Jahrhundert den halb mongolischen, halb tibetischen Titel eines *Dalai Lama* («Ozean der Weisheit») verlieh. In der Folgezeit verfestigte sich die Vorstellung einer Doppelhierarchie, derzufolge der Dalai Lama mit Residenz im Kloster Potala in Lhasa die eher weltliche Seite der Herrschaft, der Pantschen Lama mit Sitz im Kloster Tashilumpo dagegen ihre rein geistliche Entsprechung vertreten sollte. Aus der engen Verbindung der mongolischen Herrscher mit Tibet resultierte nicht zuletzt eine umfangreiche Missionstätigkeit, infolge derer weite Teile der Mongolen und später auch der Burjaten, Tuwinen und Kalmücken zum tibetischen Buddhismus bekehrt wurden. Ebenfalls seit dem 17. Jahrhundert nahm aber auch die politische Einflussnahme Chinas, Russlands und Englands auf Tibet beständig zu, was bereits 1775 zur Bestellung eines britischen Gesandten, 1904 zur Entsendung einer britischen Militärexpedition, 1923 zur Flucht des neunten Pantschen Lama nach China und schließlich 1951 zur Besetzung und Annexion Tibets durch die Chinesen führte. 1959 floh der vierzehnte Dalai Lama nach mehreren Aufständen der Tibeter nach Indien. 1989 mit dem Friedensnobelpreis ausgezeichnet, wurde er durch sein Eintreten für die Menschenrechte und seine Aufrufe zu religiöser Toleranz zum wohl prominentesten Vertreter des Buddhismus weltweit.

18.

«Allein die Nächstenliebe und der Nutzen der Seelen»

Robert von Molesme gründet das Kloster Cîteaux

Ungefähr zur gleichen Zeit, als die Anhänger der Kadampa-Schule in Tibet eine Erneuerung der monastischen Tradition des Buddhismus anstrebten, sind auch im abendländischen Mönchtum Bemühungen um eine Reform der altkirchlichen mönchischen Ideale zu verzeichnen. Den wohl erfolg- und folgenreichsten Schritt in dieser Richtung unternahm im Frühjahr 1098 Robert, Abt des 1075 von ihm gegründeten Benediktinerklosters Molesme in der Diözese Langres. Er gründete am 21. März – dem Gedenktag des heiligen Benedikt, der in jenem Jahr zugleich auf den Palmsonntag fiel – mit 20 gleichgesinnten Mönchen seiner Abtei im Wald von Cîteaux bei Dijon das «Neue Kloster» (Novum Monasterium), um dort gemäß den Idealen Benedikts nach dessen streng ausgelegter Regel zu leben. Als Robert ein Jahr später gezwungenermaßen nach Molesme zurückkehrte, um dort erneut die Leitung zu übernehmen, wurde sein Mitarbeiter Alberich der zweite Abt des Reformklosters. Er erreichte, dass Papst Paschalis II. die Unabhängigkeit des Klosters von Molesme anerkannte und es unter päpstlichen Schutz stellte. Außerdem erließ er die ersten Vorschriften zu Kleidung, Nahrung und klösterlichen Gewohnheiten der Mönche und veranlasste 1106 die Verlegung der Abtei an ihren heutigen Sitz. Nach seinem Tod wurde der Engländer Stephan Harding sein Nachfolger. Er war ebenfalls bereits 1098 mit Robert und Alberich von Molesme nach Cîteaux übergesiedelt. Als hervorragender Organisator forderte er von den Mönchen

Arbeitsamkeit und äußerste Einfachheit der Lebensführung, förderte aber auch eine Reform der Liturgie, indem er Mönche mit dem Sammeln und der Abschrift liturgischer Texte beauftragte. Einen ersten großen Aufschwung nahm Cîteaux, als 1112 Bernhard von Clairvaux mit ungefähr 30 Verwandten und Freunden, Klerikern und Laien, in das Reformkloster eintrat. Nach der Gründung der vier Tochterklöster La Ferté, Pontigny, Clairvaux und Morimond erhielt das Novum Monasterium 1119 offiziell den lateinischen Namen Cistercium (Cîteaux). Gleichzeitig schuf die Anerkennung der von Stephan Harding ausgearbeiteten Charta caritatis durch Papst Calixt II. eine einheitliche Rechtsgrundlage für den nach Cistercium / Cîteaux benannten aufstrebenden Orden der Zisterzienser. Um seine Entstehung als eine Sternstunde der Religionen zu würdigen, lohnt es sich, die Ereignisse im Burgund des frühen 12. Jahrhunderts in größeren Zusammenhängen zu betrachten.

Wenn im Vorangehenden und im vorigen Kapitel mit Bezug auf das Christentum wie auch auf den Buddhismus von «Mönchen» und «Mönchtum» die Rede war, so beruht dies natürlich auf einer Übertragung des ursprünglich christlichen Sprachgebrauchs auf den Buddhismus, wo man den Mönch *bhikshu* (Pali *bhikkhu*) und die Mönchsgemeinschaft *sangha* nennt. Ihre Berechtigung erhält diese weithin übliche, wenn auch nicht unumstrittene Ausweitung des ursprünglichen Sprachgebrauchs durch die engen Übereinstimmungen, die der christliche Mönch und der buddhistische bhikshu im Hinblick auf ihre Stellung innerhalb der jeweiligen Religionsgemeinschaft, ihre gemeinschaftliche Organisation, ihre Lebensweise und deren Zielsetzung miteinander teilen. In beiden Fällen erscheint das Mönchtum als eine alternative Lebensform zum Zweck der eigenen religiösen Vervollkommnung, die durch Verzicht, Entsagung, Gehorsam, bestimmte Formen der Meditation und eine mehr oder weniger radikale Absonderung von der «Welt» gekennzeichnet ist. Weitere Gemeinsamkeiten bestehen ferner im hierarchischen Aufbau der jeweiligen mönchischen Gemeinschaften und ihrer Wechselwirkung bzw. Verflechtung mit weiteren, sei es religiösen, sei es nichtreligiösen Gesellschaftsgruppen. Die begrenzte Zahl der Möglichkeiten von Verzicht und

Entsagung (wie etwa Fasten, Schlafentzug, geschlechtliche Enthaltsamkeit, Armut und harte körperliche Arbeit) bringt es mit sich, dass die asketischen Praktiken buddhistischer und christlicher Mönche miteinander übereinstimmen, ohne dass man einen gemeinsamen Ursprung oder eine Beeinflussung von der einen oder der anderen Seite annehmen müsste. In ähnlicher Weise führte eine grundsätzlich ähnliche Kluft zwischen den mönchischen Idealen einerseits und den äußeren, gesellschaftlich-politischen Zwängen andererseits im Christentum wie auch im Buddhismus immer wieder zu Bemühungen, diese mönchischen Ideale in einem tatsächlich oder auch nur vermeintlich ursprünglichen Geist zu erneuern. Um zu verstehen, welche Rolle der Reformgedanke bei der Entstehung des Zisterzienserordens spielte und welche Dynamik er im folgenden entwickelte, muss man daher zunächst einen Blick auf die Geschichte des abendländischen Mönchtums werfen.

Wie schon die sprachliche Bezeichnung (deutsch *Mönch* über lateinisch *monachus* aus griechisch *monachós,* «einzeln, einzig») vermuten lässt, liegen die Anfänge des abendländischen Mönchtums zumindest teilweise im griechischsprachigen Mittelmeerraum in der Spätantike. Dort findet man seit der zweiten Hälfte des 3. Jahrhunderts in Ägypten, aber auch in Kleinasien, Syrien-Mesopotamien, Palästina und der Sinai-Halbinsel zurückgezogen lebende christliche Asketen. Sie treten teils allein als Eremiten oder Anachoreten, teils als Koinobiten in einer arbeitsteiligen und bestimmten Regeln folgenden Gemeinschaft in Erscheinung. Als Urbild des Anachoreten erscheint im frühchristlichen Schrifttum der von Athanasios von Alexandria verherrlichte heilige Antonius der Große, während die koinobitische Lebensweise mit dem heiligen Pachomios als dem Begründer der ersten Mönchsregel verbunden wird. Begünstigt wurde der Aufschwung des Mönchtums durch das Ende der Christenverfolgungen zu Beginn des 4. Jahrhunderts, da viele Christen die mönchische Lebensweise als unblutiges Martyrium auffassten und von den christlichen Asketen all jene besonderen Fähigkeiten erwarteten, die man zuvor den Märtyrern zugeschrieben hatte. Ihren Niederschlag fand die weit verbreitete Hochschätzung der mönchischen Lebensweise nicht zuletzt in einer ausgedehnten Literatur, so etwa in den zu erbaulichen Zwecken gesammelten und immer weiter bearbeiteten «Aussprüchen der (Wüsten-)Väter» *(Apophthegmata patrum)*, der bereits erwähnten Biographie des Antonius *(Vita Antonii)*, den mystischen und asketischen Schriften des Evagrius Ponticus sowie verschiedenen von der spätantiken Romanliteratur beeinflussten Mönchsbiographien wie etwa der *Historia Lausiaca* des Palladius von Helenopolis oder der anonym überlieferten *Historia monachorum*.

Im lateinischsprachigen Westen des Römischen Reichs sind christliche Asketen vereinzelt bereits für das späte 2. und frühe 3. Jahrhundert bezeugt. Stärker als ihr Vorbild wirkte aber wohl das der östlichen Mönche und Mönchsgemeinschaften, das man durch Augenzeugenberichte (etwa des nach Trier und Rom verbannten Antonius-Biographen Athanasios), durch eigene Anschauung (etwa im Fall des Johannes Cassianus durch Reisen nach Ägypten, Palästina und Kappadokien) sowie natürlich durch literarische Vermittlung anhand des oben erwähnten Schrifttums kennenlernen konnte. Seit der zweiten Hälfte des 4. Jahrhunderts häufen sich daher auch im Westen die Nachrichten über Gemeinschaften von Asketen und Asketinnen, die sich vorzugsweise auf die kleineren Inseln der Adria und des Mittelmeers zurückzogen. Gleichzeitig entstanden aber auch städtische Männer- und Frauenklöster, die sich im Zuge der kirchlichen Förderung des Märtyrerkults die Pflege der Märtyrergräber, den Unterhalt der Gedächtniskirchen und die Betreuung der Pilger zur Aufgabe machten. Darüber hinaus hören wir immer wieder von mönchisch organisierten Klerikergruppen (etwa um die Bischöfe Eusebius von Vercelli und Augustinus von Hippo) und charismatischen Einsiedlern (wie etwa Martin von Tours). Dabei folgte jede Gemeinschaft ihren eigenen Regeln, die nur in relativ wenigen Fällen schriftlich überliefert wurden.

Eine wichtige Rolle spielte seit dem 6. Jahrhundert das irische Mönchtum, das mit zahlreichen wohlhabenden und politisch einflussreichen Klöstern die kirchlichen Strukturen des Landes prägte und sich sowohl durch ein intensives Bildungsstreben als auch durch eine besonders strenge Askese auszeichnete. Dabei führte das Ideal der religiös motivierten Heimatlosigkeit und Wanderschaft *(peregrinatio)* zu einer intensiven Missionstätigkeit irischer Mönche in Schottland, England und im Frankenreich. Den langfristig größten Erfolg erzielten jedoch nicht irische Klostergründer wie etwa Columba und Columbanus, sondern die Nachfolger Benedikts von Nursia, der um 530 die dem heiligen Martin geweihte Abtei Monte Cassino gegründet und dort unter Verwendung einer älteren anonymen Quelle, der sogenannten *Regula Magistri*, die nach ihm benannte Benediktsregel *(Regula Benedicti)* verfasst hatte. Sie wurde nicht zuletzt von Papst Gregor I. als dem Verfasser der viel gelesenen Biographie Benedikts favorisiert und setzte sich im 7./8. Jahrhundert zunächst in England und danach auch im Frankenreich allgemein durch. Auf Veranlassung des heiligen Bonifatius wurden neue Klöster wie etwa Fulda und Gorze sogleich der Benediktsregel unterstellt, während ältere wie etwa Sankt Gallen sie nachträglich annahmen. Zu Beginn des 9. Jahrhunderts machte Benedikt von Aniane die *Regula Benedicti* mit der Unterstützung Ludwigs des Frommen zur vorherrschenden und nahezu alleingültigen Mönchsregel im lateinischsprachigen Abendland.

Auf den Aufschwung des benediktinischen Mönchtums unter Karl dem Großen und Ludwig dem Frommen folgte in der zweiten Hälfte des 9. Jahrhunderts ein gewisser Niedergang, der zu verschiedenen Reformbemühungen Anlass gab. Ein Ausgangspunkt dafür war das 910 gestiftete Kloster Cluny in Burgund, das sich nach der Gewährung rechtlicher Privilegien durch mehrere Päpste vor allem im 11. Jahrhundert zum Zentrum eines eigenen Klosterverbands entwickelte. Eine wichtige Rolle spielte ferner das um die Mitte des 8. Jahrhunderts gegründete Kloster Gorze südwestlich von Metz, dessen Reformaktivitäten eng mit dem König und den jeweiligen Bischöfen abgestimmt waren und – im Unterschied zu Cluny – keine rechtliche Abhängigkeit der von Gorze aus reformierten Klöster, sondern lediglich eine rein geistige Bindung mit einer vertraglich festgelegten «Gebetsverbrüderung» anstrebten.

Die Zisterzienser unterschieden sich von Cluny vor allem durch ihr Bemühen, zu den Ursprüngen des benediktinischen Mönchtums zurückzukehren: Eremitische Abgeschiedenheit, asketische Strenge und eine genaue Einhaltung der Benediktsregel sollten das Leben der Mönche bestimmen. Die Liturgie war gegenüber der von Cluny stark reduziert und orientierte sich ebenfalls an frühmittelalterlichen Vorbildern. Einfachheit bestimmte auch die Baukunst der Zisterzienser, die Türme, farbige Glasfenster, Skulpturen und überhaupt alle «überflüssigen» Bauglieder zu vermeiden suchte. Dabei führte die Forderung nach «Einmütigkeit» (*unanimitas*) zu augenfälligen Übereinstimmungen im Grundriss der Neugründungen, von denen das bis ins 17. Jahrhundert erhaltene Kloster von Clairvaux als die älteste gilt. Schlichtheit (*simplicitas*) und Geradlinigkeit (*rectitudo*) prägten auch die Ausstattung der Klöster, die nicht durch äußere Pracht von der angestrebten Verinnerlichung ablenken sollte und die Verwendung von kostbaren Materialien wie etwa Edelmetallen oder Seide ausschloss. Da figürliche Darstellungen (abgesehen vom Bild des Gekreuzigten) zunächst verboten waren, entwickelte sich eine reiche geometrische Flechtwerk- und Blatt-Ornamentik. Sie kennzeichnete sowohl die farbig glasierten oder aus verschiedenfarbigem Ton gebrannten Fliesen der Fußböden als auch auch die Glasfenster der Zisterzienserkirchen, die üblicherweise mit ungefärbtem Hüttenglas in Grisailletechnik, also «grau in grau», ausgeführt wurden. Ein weitgehend einfarbiger, zeichnerisch wirkender Stil mit sparsam verzierten farbigen Initialen bildete das Ideal der klösterlichen Skriptorien, in denen die Handschriften zur geistlichen Lesung der Mönche entstanden. Das immer wieder beschworene Bemühen um Einmütigkeit kennzeichnete im übrigen auch die vor allem durch Bernhard von Clairvaux, Wilhelm von St. Thierry und Aelred von Rievaulx geprägte Spiritualität der Zisterzienser, die eine reich entwickelte Passionsfrömmigkeit und Marienverehrung erkennen lässt.

Stand Cluny mit seiner aufwendigen Liturgie, seinem beträchtlichen Wohlstand und seinen vielfältigen Verflechtungen mit der Politik in einem offenkundigen Gegensatz zu Cîteaux, so bildete es in organisatorischer Hinsicht doch gleichzeitig das Vorbild für die zisterziensische Reformbewegung. Wie in Cluny organisierten sich die Zisterzienser nämlich in einem straff organisierten

Klosterverband mit Cîteaux und den von dort aus gegründeten, später so genannten «Primarabteien» La Ferté, Pontigny, Clairvaux und Morimond an der Spitze. 1153, im Todesjahr Bernhards von Clairvaux, zählte dieser Verband bereits 343 Klöster, sogenannte Zisterzen, deren Zahl bis zum 17. Jahrhundert auf über 700 anwuchs. Eine Neuerung im abendländischen Mönchtum bildete dabei die klar formulierte Rechtsgrundlage ihrer Organisation, die zwar von der grundsätzlichen Autonomie der einzelnen Abteien ausging, diese aber nach dem Prinzip der sogenannten Filiation in ein System von Mutter- und Tochter-Klöstern einband. Alljährlich wurden die Tochter-Klöster durch den Abt des Mutter-Klosters visitiert, um Probleme zu lösen und Mängel zu beheben, während Cîteaux selbst seit 1163 durch die Äbte der vier Primarabteien visitiert wurde. Darüber hinaus berief der Abt von Cîteaux alljährlich eine als Generalkapitel bezeichnete Versammlung aller Äbte ein, deren Beschlüsse bindend waren und seit 1134 in verschiedenen Sammlungen überliefert wurden. Ihre Vorbereitung lag seit dem späten 12. Jahrhundert in den Händen einer eigens dafür eingesetzten Kommission von Äbten, dem sogenannten Definitorium. Durch die erfolgreiche Umsetzung ihrer organisatorischen Grundsätze entwickelten sich die Zisterzienser zum ersten «Orden» im heutigen Sinn dieses Wortes, der zahlreiche spätere Gründungen beeinflusste.

19.

«Dass wir das bloße lautere Gotteswort selbst fassen»

Martin Luther übersetzt die Bibel ins Deutsche

«Ich werde inzwischen die Bibel übersetzen», schrieb Martin Luther am 13. Januar 1522 von der Wartburg aus an seinen Mitstreiter Nikolaus von Amsdorf, «obwohl ich mir damit eine Last über meine Kräfte aufgeladen habe. Ich sehe nun, was Dolmetschen heißt und warum es bisher von keinem versucht worden ist, der seinen Namen öffentlich bekannt hätte.»

Wie aus einem früheren Brief Luthers an seinen alten Feund Wenzeslaus Linck hervorgeht, hatte Luther bereits im Dezember 1521 mit der Übersetzung des Neuen Testaments begonnen. Als Grundlage diente ihm dabei die zweite Ausgabe des griechischen Neuen Testaments, die Erasmus von Rotterdam 1519 zusammen mit seinen Anmerkungen und einer lateinischen Übertragung herausgegeben hatte. Schon im November 1521 hatte Luther am Ende seiner Weihnachtspostille (einer Predigtsammlung) seine Vorbehalte gegen alle Auslegungen zum Ausdruck gebracht und den Wunsch geäußert, «dass wir das bloße lautere Gotteswort selbst fassen, schmecken und da bleiben; denn da wohnt Gott allein in Zion.» Als er Anfang März seinen Aufenthalt auf der Wartburg abbrach und nach Wittenberg zurückkehrte, hatte er eine fertige Übersetzung des gesamten Neuen Testaments im Gepäck, die er nun zusammen mit seinen Mitarbeitern Melanchthon und Spalatin durchsah, verbesserte, mit Randbemerkungen und einer Vorrede versah und schließlich Anfang Juli in Druck gab. Im September 1522 erschien die erste Ausgabe unter dem Titel *Das Neue Testament Deutsch*, bebildert mit 21 Holzschnitten zur Johannesoffenbarung von Lucas Cranach. Das Titelblatt nannte den Erscheinungsort Wittenberg, doch weder eine Jahreszahl noch die Namen des Übersetzers und Druckers. Eine zweite Ausgabe folgte im Dezember desselben Jahres.

Schon Mitte Januar 1522 hatte Luther den Plan zu einer Übersetzung auch des Alten Testaments gefasst, die er im Sommer desselben Jahres in Zusammenarbeit mit Melanchthon, Spalatin und dem Wittenberger Hebraisten Matthäus Aurogallus in Angriff nahm. Um sie zu einem erschwinglichen Preis drucken zu können, plante Luther eine Veröffentlichung in drei Teilen, von denen zunächst Mitte 1523 die ersten fünf Bücher des Alten Testaments, Anfang 1524 die Bücher Josua bis Esther und im Herbst 1524 die poetischen Bücher (Hiob bis Hohelied) herauskamen. Um diese Zeit geriet die Übersetzungsarbeit wegen der sprachlichen Schwierigkeit vieler poetischer und prophetischer Bücher oftmals ins Stocken. «Es ist uns oft genug begegnet», bekannte Luther in seinem 1530 veröffentlichten *Sendbrief vom Dolmetschen*, «dass wir vierzehn Tage, drei, ja vier Wochen lang ein einziges Wort gesucht und erfragt haben, und haben's doch bisweilen nicht gefunden.» Erst 1532 erschien die vollständige Übertragung aller Propheten, zwei Jahre später gefolgt von einer Übersetzung der deuterokanonischen oder apokryphen Schriften, «so nicht der Heiligen Schrift gleichgehalten und doch nützlich und gut zu lesen sind». Im September 1534 erschien erstmals die vollständige Bibel, illustriert mit 117 Holzschnitten. Bis zu Luthers Tod 1546 erschienen in Wittenberg insgesamt 91 vollständige Drucke und Teildrucke von Bibeln. Hinzu kamen noch 253 Teil- oder Gesamtausgaben, die an anderen Orten gedruckt wurden und Luthers Übersetzung mit ihren Vorreden und erläuternden Anmerkungen zum meistgelesenen seiner Werke machten.

Wie ein Blick auf die Geschichte der Bibelübersetzungen zeigt, waren Luthers Übertragung und sein Ringen um das richtige Verständnis des Textes natürlich keineswegs ohne Vorläufer oder Vorbilder. Die frühen Christen hatten bei ihrer Aneignung der Hebräischen Bibel zunächst auf jene als Septuaginta bekannte griechische Übersetzung zurückgegriffen, die im Judentum ihrer

Zeit allgemein anerkannt war. Bereits in der ersten Hälfte des 3. Jahrhunderts veröffentlichte der Kirchenschriftsteller Origenes die erste kritische Ausgabe des Alten Testaments, die als «Sechsfache» (griechisch *Hexapla*) den hebräischen Text im Original und in Umschrift neben vier verschiedenen griechischen Versionen wiedergab. Für den lateinischsprachigen Westen des Römischen Reichs entstanden mit der Ausbreitung des Christentums seit dem 2. Jahrhundert im Rahmen der gottesdienstlichen Verwendung biblischer Texte zahlreiche verschiedene lateinische Übertragungen, die man heute unter dem Oberbegriff der *Vetus Latina*, der «alten lateinischen (Übertragung)» zusammenfasst. Sie alle verdrängte seit dem 5. Jahrhundert die Bibelübersetzung des Hieronymus, die beim Neuen Testament auf bereits vorhandene Übersetzungen zurückgriff, beim Alten Testament jedoch um eine Neuübersetzung aus dem hebräischen Original bemüht war. In der Ausgabe des karolingischen Gelehrten Alkuin wurde diese sogenannte «volkstümliche (Ausgabe)» oder *Vulgata* zur beherrschenden Bibel des lateinischen Mittelalters, deren zentrale Bedeutung für die Römisch-Katholische Kirche 1546 auf dem Konzil von Trient noch einmal bestätigt wurde.

Schon im 4. Jahrhundert wurde die Bibel oder zumindest Teile daraus aus dem Griechischen ins Gotische übertragen. Wie aus den Lesezeichen in der handschriftlichen Überlieferung und einigen Hinweisen bei zeitgenössischen Autoren hervorgeht, war sie in erster Linie für den öffentlichen Gebrauch beim Gottesdienst bestimmt. Auf diese erste Bibelübersetzung in eine germanische Sprache folgten ab dem 8./9. Jahrhundert weitere Teilübersetzungen ins Altenglische, Altsächsische und Althochdeutsche. Als älteste deutsche Bibelübersetzung gelten dabei die Bruchstücke einer Übertragung des Evangeliums nach Matthäus in einer Handschrift des Klosters Monsee aus dem späten 8. Jahrhundert. Schon lange vor Luther gab es auch eine gedruckte deutsche Bibel, die der Straßburger Drucker Johannes Mentelin nach einer anonymen, im bayerischen Raum entstandenen Übersetzung 1466 veröffentlicht hatte. Bis 1518 waren vierzehn hochdeutsche und vier niederdeutsche Bibeln erschienen, doch Luthers Übersetzung stellte sie alle in den Schatten. Woran lag das?

An erster Stelle ist hier die Allgemeinverständlichkeit der Bibelübersetzung Luthers zu nennen. Sie ergab sich aus seiner Orientierung an der sächsischen Kanzleisprache, die sich durch einen gewissen Ausgleich von Dialekten auszeichnete und daher sowohl in Ober- als auch in Niederdeutschland verstanden werden konnte. «Ich habe keine bestimmte deutsche Mundart», heißt es in Luthers Tischreden, «sondern die allgemeine, so dass mich Oberdeutsche wie Niederdeutsche verstehen können. Ich rede nach der sächsischen Kanzlei, welcher es alle Herzöge und Könige Deutschlands nachtun; alle Reichsstädte, Fürsten, Höfe schreiben nach der sächsischen Kanzlei unsrer Kurfürsten. Darum ist das die allgemeinste Sprache Deutschlands.» Einige Wörter wie etwa Krippe oder Hügel waren ursprünglich nur in Sachsen verbreitet, wurden durch Luthers Übersetzung aber überall im deutschen Sprachraum heimisch. Entscheidend für Luthers Übersetzung war ferner, dass er das Neue Testament nicht als eine Gruppe antiker literarischer Texte, sondern als eine unmittelbar auf jeden Christen bezogene mündliche Botschaft betrachtete. Trotz des Gebrauchs einer Kanzleisprache vermied Luther daher Fremdwörter und rein schriftsprachliche oder geschraubte Begriffe und griff nach Möglichkeit auf Wendungen aus der gesprochenen Sprache zurück. Wie Luther selbst in seinem *Sendbrief vom Dolmetschen* erklärte: «Man muss die Mutter im Hause, die Kinder auf der Gassen, den gemeinen Mann auf dem Markt drum fragen und denselbigen auf das Maul sehen, wie sie reden, und danach dolmetschen, so verstehen sie es denn und merken, dass man deutsch mit ihnen redet.» Dabei kam Luthers enge Anlehnung an die gesprochene Sprache nicht zuletzt dem Satzrhythmus und der leichten Sprechbarkeit seiner Übersetzung zugute, die das Auswendiglernen ebenso wie die zahlreichen Vertonungen einzelner Texte begünstigte.

Grundsätzlich hielt sich Luther an die Regel, dass im Zweifelsfall eher sinngemäß als wörtlich zu übersetzen sei. «Denn die Sprachen für sich allein», so lesen wir wiederum in den Tischreden, «machen noch nicht zum Theologen, wohl aber sind sie eine Hilfe; man muss nämlich zuerst die Sache kennen, ehe sie in den Sprachen ausgedrückt wird.» Dies führte bei einzelnen Formulierungen zu beträchtlichen Freiheiten, verlieh Luthers Übersetzung aber zugleich eine bis dahin unerreichte Prägnanz. Bis heute gängige Ausdrücke wie Sündenbock, Lockvogel und Lückenbüßer sind sprachliche Neuschöpfungen Luthers, und einzelne Wendungen wie etwa «Perlen vor die Säue werfen» (Matthäus 7,6) wurden erst durch ihn zu Sprichwörtern. Selbstbewusst stellte sich der Übersetzer den Kritikern seiner Übertragung, an denen es innerhalb und vor allem außerhalb des protestantischen Lagers nicht fehlte. «Wenn mir einer den 72. und 73. Psalm auch nur einigermaßen genau übersetzen kann», spricht Luther in den Tischreden, «dem will ich 50 Gulden geben. Er darf aber unsere Übersetzung nicht dazu nehmen.» Dennoch wäre es verfehlt, den enormen sprach-, literatur- und kulturgeschichtlichen Einfluss der deutschen Bibel Luthers allein auf ihren hohen Rang als Sprachkunstwerk zurückzuführen. Vielmehr spiegelt sich darin die Bedeutung des volkssprachlichen Bibelgebrauchs für die Reformatoren, der im Zusammenhang mit ihrem Christentums- und Theologieverständnis zu sehen ist.

Obwohl «Reformation» heute ganz allgemein als Bezeichnung jener Vorgänge dient, die zwischen 1517 und 1555 zu einer bis heute fortdauernden Spaltung des abendländischen Christentums führten, erinnert der ursprüngliche Wortsinn (Reformation aus lateinisch *reformatio*, «Erneuerung», «Umgestaltung») noch immer daran, dass die Initiatoren dieser Vorgänge ursprünglich etwas anderes, nämlich die innerkirchliche, auf Bewahrung der Einheit zielende Wiederherstellung einer dem Evangelium gemäßen Kirche im Auge hatten. Was dem entgegenstand und durch eine Rückkehr zur urkirchlichen Praxis beseitigt werden sollte, wurde von den Beteiligten auf beiden Seiten – und innerhalb der beiden Seiten des Katholizismus und Protestantismus – unterschiedlich wahrgenommen und akzentuiert. Auf den Prüfstand kamen finanzielle Praktiken wie etwa der planmäßige Ablasshandel, die Vernachlässigung des geistlichen Amtes durch die Renaissance-Päpste und die unzulängliche theologische Bildung vieler Priester, aber auch das Verhältnis von Staat und Kirche, das Problem der Vorherbestimmung (Prädestination) des Menschen zum ewigen Leben oder zur Verdammnis, die Anzahl und das herkömmliche Verständnis der Sakramente, die Ehelosigkeit der Priester, die historisch gewachsene Form der Messe, die traditionelle Deutung des Abendmahls und die Frage nach dem Verhältnis zwischen der – letztlich unverdienbaren – Gnade Gottes und den guten Werken des Menschen.

Entscheidend für den protestantischen Umgang mit der Bibel wurden die Auffassung der Heiligen Schrift als einziger Offenbarungsquelle und der Grundsatz des allgemeinen Priestertums der Gläubigen, der einen Verkündigungs- und Seelsorgeauftrag aller Christen nach sich zog. Beides zusammen verlieh der selbstständigen Lektüre und dem Studium der Bibel eine bis dahin unbekannte zentrale Bedeutung im Leben des einzelnen Christen. Gleichzeitig verabschiedeten sich die Reformatoren mit ihrer Betonung des unbedingten Vorrangs der Bibel vor der kirchlichen Überlieferung von der überkommenen kirchlichen Lehre vom vierfachen Schriftsinn, die den historischen Sinn der Schrift von einem allegorischen (auf Christus und die Kirche bezogenen), tropologischen (die christliche Ethik betreffenden) und anagogischen (auf die letzten Dinge verweisenden) Sinn unterschied. Nur den ersten, auch als *sensus litteralis* bezeichneten Wortsinn wollte Luther fortan gelten lassen, während er den *sensus spiritualis* genannten «geistigen Sinn» des Wortes verwarf. «Denn der Wortsinn, der tut's», lesen wir in den Tischreden, «da ist Leben, Trost, Kraft, Lehre und Kunst drinnen. Das andere ist Narrenwerk, obwohl es hoch gleißt.»

Für die weitere Geschichte des abendländischen Christentums ist diese neue Rolle der Bibel, wie sie die Übersetzung Luthers zum Ausdruck brachte, von kaum zu überschätzender Bedeutung. Erst dadurch versteht man die Entwicklung einer Lehre von der Unfehlbarkeit und der Verbalinspiration, also der wörtlichen Eingebung des gesamten Bibeltextes, wie sie in der lutherischen Orthodoxie des 17. Jahrhunderts aufkam und in den Pfingstbewegungen der Gegenwart bis heute fortwirkt. Erst dadurch versteht man auch den Biblizismus, der ausgehend vom Pietismus des 17. und 18. Jahrhunderts die zahlreichen evangelikalen und freikirchlichen Bewegungen im angelsächsischen Sprachraum des 19. Jahrhunderts prägte, wenig später aber auch im Gegenzug die historisch-kritische Methode und die religionsgeschichtliche Erforschung der biblischen Umwelt hervorrief.

20.

«Unter dem Banner des Kreuzes
für Gott streiten»

Ignatius von Loyola gründet die Gesellschaft Jesu

Zur gleichen Zeit, als man in der kursächsischen Residenz- und Universitätsstadt Wittenberg die Vorbereitungen zur Auslieferung der ersten deutschen Gesamtbibel traf, fassten in der französischen Hauptstadt Paris sieben junge Männer einen bemerkenswerten Entschluss. Am Fest Mariä Himmelfahrt, dem 15. August 1534, gelobten sie in der Kapelle St. Denis am Montmartre, ein Leben in Armut, in Ehelosigkeit und im Dienste der Mission in Palästina zu führen. Alle sieben hatten sich während ihres Studiums an der Pariser Sorbonne kennen gelernt: der Portugiese Simon Rodrigues de Azevedo, der Savoyarde Pierre Favre (Petrus Faber) und die fünf Spanier Nicolás Bobadilla, Diego (Jakob) Laínez, Alfonso Salmerón, Francisco de Xavier und Íñigo López de Loyola. Der zuletzt Genannte war der älteste von ihnen und hatte zu diesem Zeitpunkt bereits ein bewegtes Leben hinter sich. 1491 als jüngster Sohn eines baskischen Adligen geboren, wurde er nach dem Tod seines Vaters zunächst Page am Hof des Juan Velázquez de Cuéllar. Nach dessen Tod 1517 diente er als Offizier in der Armee des Vizekönigs von Navarra, des Herzogs von Nájera. 1521 während der Verteidigung Pamplonas gegen französische Truppen schwer verwundet, entschloss sich der Genesende auf dem Krankenlager zu einer radikalen Änderung seiner bisherigen Lebensweise. Nach einem Aufenthalt im Benediktinerkloster Montserrat und zwei Pilgerfahrten nach Rom und Jerusalem begann er 1526 an der Universität von Alcalá das Studium der Philosophie und Theologie, das er unter den argwöhnischen Augen der Inquisition 1527 in Salamanca und 1528 in Paris fortsetzte. 1532–1534 erwarb Ignatius von Loyola, wie er sich nun nannte, die akademischen Grade des Bakkalaureus, Lizentiaten und Magisters und schloss Freundschaft mit den bereits erwähnten Kommilitonen, deren gemeinsames Gelübde binnen weniger Jahre zur Gründung des wohl bedeutendsten Ordens der Neuzeit, der *Societas Jesu* («Gesellschaft Jesu»), führen sollte.

Anfang 1537 scheiterte der drei Jahre zuvor gefasste Plan einer Pilgerfahrt nach Jerusalem infolge des Kriegs verschiedener europäischer Mächte gegen das Osmanische Reich. Wenig später jedoch, am 24. Juni 1537, wurden Ignatius von Loyola und Diego Laínez in Venedig zum Priester geweiht. Als Ersatzleistung für die Missionsarbeit in Palästina begaben sich die Freunde nunmehr nach Rom, um sich unmittelbar dem Papst zur Verfügung zu stellen und ihm ihre Pläne zur Gründung eines neuen Ordens zu unterbreiten. Drei Jahre später, am 27. September 1540, genehmigte Papst Paul III. die von Ignatius vorgelegte *Formula Instituti* und damit die Gründung der Gemeinschaft, die sich spanisch *Compañía de Jesús* oder lateinisch *Societas Jesu* nannte. Die Bezeichnung «Jesuiten» wurde den Mitgliedern des Ordens ursprünglich nur als Spottname beigelegt, ist heute aber auch als Selbstbezeichnung geläufig.

Im Unterschied zu fast allen früheren Ordensgemeinschaften handelt es sich bei den Jesuiten – wie auch bei dem 1524 gegründeten, nach der Bischofsstadt Theatinum (heute Chieti) benannten Theatinerorden – um einen Orden von Regularklerikern, dessen Mitglieder zwar einer Ordensregel folgen, aber nicht in mönchischer Zurückgezogenheit leben, sondern – zumindest in der Mehrzahl – seelsorgerlich wirkende Geistliche sind. Zur Schaffung bzw. Wahrung der dafür erforderlichen Mobilität lebten die Jesuiten von Anfang an nicht ortsfest in abgeschlossenen Klöstern, sondern in offenen «Häusern» oder «Kollegien». Auch verzichteten sie auf das bis dahin übliche gemeinsame Chorgebet und eine besondere gemeinsame Ordenstracht. Charakteristisch für den Orden ist die ausdrückliche Verpflichtung seiner Mitglieder zum unbedingten Gehorsam gegenüber dem Papst und ein streng hierarchischer und zentralistischer Aufbau. Aufgeteilt in einzelne, von den jeweiligen Bischöfen unabhängige «Ordensprovinzen», liegt die Leitung bis heute bei einem auf Lebenszeit gewählten «Generaloberen», der von einer «Generalkongregation», bestehend aus einem Generalvikar, den Assistenten des Generaloberen und Vertretern der einzelnen Provinzen, gewählt wird. Als Emblem der Gemeinschaft dient das Monogramm IHS, das für die beiden ersten und den letzten Buchstaben des Namens Jesus (im griechischen Alphabet) steht, mitunter aber auch als Abkürzung des lateinischen Satzes *Iesus habemus socium* («Wir haben Jesus als Gefährten») gedeutet wurde. Das lateinische Motto des Ordens ist *Omnia ad maiorem Dei gloriam,* «Alles zur größeren Ehre Gottes».

Als Ignatius von Loyola am 31. Juli 1556 nach kurzer Krankheit unerwartet starb, zählte der Jesuitenorden bereits 10000 Mitglieder. Ihr wichtigstes Betätigungsfeld bildeten die Bemühungen der Römisch-Katholischen Kirche, die weitere Ausbreitung der Reformation zu verhindern und protestantische Gebiete nach Möglichkeit zu rekatholisieren. In dieser Bewegung, die man seit dem 19. Jahrhundert als «Gegenreformation» bezeichnet, spielten die Jesuiten eine Vorreiterrolle, die sich vor allem in der Predigt, der Seelsorge, dem Bildungswesen und der kirchenpolitischen Einflussnahme niederschlug. Den Ausgangspunkt bildete dabei das Konzil von Trient (Tridentinum), das in drei Perioden von 1545 bis 1563 tagte und neben innerkirchlichen Reformen auch ein neues, 1564 durch Papst Pius IV. für kirchlich verbindlich erklärtes Glaubensbekenntnis beschloss.

Bereits 1543 war als erster Deutscher Petrus Canisius aus Nijmegen (das damals zum Heiligen Römischen Reich deutscher Nation gehörte) als Schüler des Ordensmitbegründers Pierre Favre in die Gesellschaft Jesu eingetreten. 1547 vom Bischof von Augsburg zum Konzil von Trient berufen, hatte er als Professor für Theologie und Rektor der 1472 gegründeten Universität Ingolstadt (des Vorläufers der heutigen Ludwig-Maximilians-Universität München) maßgeblichen Anteil am Erfolg der Gegenreformation in Süddeutschland, Österreich und der Schweiz. Ihre wohl größten Erfolge erzielte die Gegenreformation jedoch in Polen, wo König Stephan Báthory zur Verwirklichung seiner ehrgeizigen politischen Pläne seit 1564 die Errichtung mehrerer jesuitischer Ordenshäuser und 1578 die Gründung der einflussreichen, von Jesuiten geleiteten Universität Vilnius genehmigte. Obwohl die polnische Oberschicht und die Bürger der Städte um die Mitte des 16. Jahrhunderts mehrheitlich dem Protestantismus zuneigten, gelang es den Jesuiten bis zum Ende des 17. Jahrhunderts, den Katholizismus in Polen neu zu etablieren und dauerhaft zu verankern. Maßgeblichen Anteil am Erfolg der Jesuiten im süddeutschen Raum und in Polen hatten zweifellos die günstigen politischen Rahmenbedingungen in diesen Ländern, die etwa in England oder in Skandinavien fehlten und die Gegenreformation dort scheitern ließen. Eine wichtige Rolle spielte jedoch auch die an den geistlichen Übungen (Exerzitien) des Ignatius von Loyola orientierte Spiritualität der Jesuiten sowie ihre hohe Qualifikation als Seelsorger und Lehrer. Nicht zuletzt trugen auch die barocke Kirchenbaukunst, die prunkvolle Liturgie und das an dramatischen Effekten reiche Jesuitentheater zur Attraktivität des Ordens bei. Als bedeutendster und international berühmter Universalgelehrter des Jesuitenordens galt Athanasius Kircher (1602–1680), der am 1551 von den Jesuiten gegründeten Collegium Romanum (dem Vorläufer der heutigen Päpstlichen Universität Gregoriana) lehrte und forschte. Erwähnt sei in diesem Zusammenhang aber auch Friedrich Spee von Langenfeld (1591–1635), der 1631 in seiner Schrift *Cautio criminalis* als einer der ersten katholischen Theologen Kritik am Hexenglauben und an der Anwendung der Folter in den Hexenprozessen übte.

Parallel zu den Anstrengungen der Jesuiten im Rahmen der Gegenreformation engagierte sich der Orden auch in der überseeischen Mission, die im 17. Jahrhundert durch die Verfestigung der konfessionellen Grenzen in Europa zusätzliches Gewicht erhielt und seit 1622 von Rom aus durch die «Heilige Gesellschaft zur Verbreitung des Glaubens» *(Sancta congregatio de propaganda fide)* koordiniert wurde. Schon 1541 war der Mitbegründer des Jesuitenordens Francisco de Xavier nach seiner Ernennung zum päpstlichen Nuntius für ganz Asien von Lissabon nach Indien aufgebrochen und hatte in den darauffolgenden Jahren in Südindien, auf den Molukken und in Japan missioniert. Im ersten Drittel des 17. Jahrhunderts wirkte der portugiesische Jesuit Antonio de Andrade (1580–1634), der 1625 als erster Europäer den Himalaya überquerte und später in Tibet und Kaschmir tätig war. Ungefähr zur gleichen Zeit missionierte wiederum in Südindien der italienische Jesuit Roberto de Nobili, der für eine weitgehende Anpassung der Missionare an indische Lebensformen eintrat und seine Missionsarbeit deswegen auf Weisung des Papstes für mehrere Jahre unterbrechen musste.

Kontrovers beurteilt wurde die missionarische Anpassung der Jesuiten an die örtlichen Verhältnisse – früher zumeist als Akkommodation, heute gerne als Inkulturation bezeichnet – auch in China. Dort wirkte seit 1582 der Jesuit Matteo Ricci (1552–1610), der sich durch seine guten Beziehungen zu den konfuzianischen Gelehrten des Landes hohes Ansehen erwarb. Er übersetzte europäische mathematische und philosophische Werke aus dem Griechischen und Lateinischen ins Chinesische und übte gleichzeitig mit seinen italienisch und lateinisch veröffentlichten Berichten einen starken Einfluss auf das europäische Chinabild aus. Ein jüngerer Mitbruder Riccis war Johann Adam Schall von Bell (1592–1666), der 1644 zum Präsidenten des kaiserlichen astronomischen Instituts in Peking berufen wurde und zwischen 1651 und 1661 als einer der wichtigsten Berater des ersten Mandschu-Kaisers Shunzhi galt. Zu dieser Zeit war die weitgehende Anpassung der jesuitischen Missionare an ihre chinesische Umgebung durch die Opposition anderer Missionsorden wie etwa der Dominikaner und Franziskaner in die Kritik geraten. 1742 und 1744 entschied Papst Benedikt XIV. diesen sogenannten Riten- oder Akkommodationsstreit endgültig gegen die Missionsmethode der Jesuiten.

In der Neuen Welt waren die Jesuiten ebenfalls bereits im 16. Jahrhundert aktiv geworden. In Peru wirkte zwischen 1571 und 1588 José de Acosta (1539–1599), der nach seiner Rückkehr nach Spanien zum Rektor der Universität Salamanca berufen wurde. Er vertrat bereits die Auffassung, dass die amerikanischen Indianer über eine Landbrücke aus Asien eingewandert sein müssten, und lieferte wertvolle naturkundliche und ethnographische Schilderungen der von ihm betreuten Regionen. Als Forscher und Entdecker machte sich auch der französische Jesuit Jacques Marquette

(1636–1675) einen Namen, der seit 1666 unter den Huronen in Kanada missionierte und 1673 mit einigen Begleitern als erster Europäer den Mississippi befuhr. Zu einem Pionier der modernen Ethnologie wurde sein Landsmann Joseph François Lafitau (1681–1741), der nach fünfjähriger Missionsarbeit bei den Irokesen eine umfangreiche, um Objektivität bemühte Darstellung ihrer Gesellschaft verfasste und darin auch Parallelen zu den Kulturen des antiken Mittelmeerraums zog.

Zu den wohl eindrucksvollsten Schöpfungen des Jesuitenordens in der Neuen Welt gehören die sogenannten Jesuitenreduktionen. Dabei handelt es sich um planvoll angelegte Siedlungen, die der Orden seit 1610 in Paraguay, Brasilien und Argentinien errichtete, um die einheimischen Bewohner vor Übergriffen europäischer Kolonisten und Sklavenjäger zu schützen. Diese Siedlungen durften außer von den Indianern und den Jesuiten nur mit besonderer Genehmigung betreten werden und unterstanden nicht der Rechtsprechung der Kolonialregierung, sondern unmittelbar der spanischen Krone. Zunehmende Konflikte mit der Kolonialverwaltung und den Großgrundbesitzern sowie politische Widerstände gegen die Jesuiten führten jedoch 1767 zur Aufhebung der Jesuitenreduktionen, deren geistliche Leiter daraufhin aus den spanischen Gebieten Südamerikas vertrieben wurden. Die Überreste ihrer bedeutendsten Siedlungen wurden zwischen 1983 und 1993 als Teil des Weltkulturerbes unter den Schutz der UNESCO gestellt.

In den letzten Jahrzehnten des 18. Jahrhunderts ging der Einfluss des Jesuitenordens auch in Europa überall stark zurück. Auf regionale Verbote in Portugal (1759), Frankreich (1762) und Spanien (1767) folgte 1773 die formelle Aufhebung des Ordens, die – vor allem aus politischen Gründen – nur in Preußen und Russland unterlaufen wurde und erst 1814 wieder zurückgenommen wurde. Dies ermöglichte der Gesellschaft Jesu eine grundlegende Erneuerung, so dass sie heute mit knapp 19 000 Mitgliedern den größten Orden innerhalb der Römisch-Katholischen Kirche bildet. Zu den bedeutendsten Jesuiten des 20. Jahrhunderts zählen der Paläontologe und Philosoph Pierre Teilhard de Chardin (1881–1955), der Sozialethiker Oswald von Nell-Breuning (1890–1991) und der Konzilstheologe Karl Rahner (1904–1984).

21.

«Nach Wahrheit forschen, Schönheit lieben»

Moses Mendelssohn vertritt die Ideale der Aufklärung

Erntete der Jesuitenorden in der zweiten Hälfte des 18. Jahrhunderts vielerorts Anfeindungen und Kritik, so fanden die Ideale der Aufklärung und ihrer Vertreter um die gleiche Zeit in weiten Teilen der gebildeten Schichten Europas Zuspruch und Anerkennung. Dies äußerte sich teilweise in einer radikalen Kritik der Kirchen und religiösen Organisationen, führte andererseits aber auch zu neuen Entwicklungen innerhalb der Religionsgemeinschaften selbst. Im europäischen Judentum entwickelte sich daraus jene spezifisch jüdische Form der Aufklärung, die man mit einer Ableitung von der hebräischen Wurzel *skl* (wie in dem Wort *sekel*, «Verstand») als *Haskala* bezeichnet. Zu ihren ersten und bedeutendsten Vertretern, der sogenannten *Maskilim*, zählt der deutsch-jüdische Philosoph Moses Mendelssohn (1729–1786), Freund der Dichter Gotthold Ephraim Lessing (1729–1781) und Johann Wilhelm Ludwig Gleim (1719–1803), Kontrahent des Schweizer reformierten Pfarrers und Philosophen Johann Caspar Lavater (1741–1801) und Großvater der Komponistin Fanny Hensel (1805–1847) und ihres Bruders, des Komponisten Felix Mendelssohn Bartholdy (1809–1847). Um die Bedeutung Mendelssohns und der Haskala für die weitere Geschichte des Judentums zu würdigen, lohnt sich aber auch ein Blick zurück auf die Geschichte der Juden in Europa.

Nach der Eroberung und Islamisierung weiter Teile des Oströmischen Reiches entwickelte sich im islamischen Kulturraum eine reiche jüdische Kultur, die von Nordafrika und der Iberischen Halbinsel auch auf Südfrankreich und Italien ausstrahlte. Gleichzeitig bildeten sich in den Nachfolgereichen des untergegangenen Weströmischen Reiches autonome jüdische Gemeinden, deren Mitglieder jedoch von vielen Erwerbszweigen ausgeschlossen und insbesondere in Krisenzeiten – wie etwa während der Kreuzzüge oder der Pestepidemie von 1348/49 – immer wieder schweren Verfolgungen ausgesetzt waren. Seit dem 15. Jahrhundert wanderten daher viele mitteleuropäische Juden, sogenannte *Aschkenasim*, von Mittel- nach Osteuropa aus, wo sie in der slawischen Umgebung eine eigenständige Kultur entwickelten. Gleichzeitig strömten Juden aus der Iberischen Halbinsel, sogenannte *Sephardim*, infolge ihrer Vertreibung aus Spanien (1492) und Portugal (1496) verstärkt nach Mitteleuropa, wo sie etwa in Amsterdam, Hamburg und London bedeutende Zentren bildeten. Seit dem 18. Jahrhundert entwickelte sich unter dem Eindruck massiver Verfolgungen vor allem in den sozial benachteiligten Schichten des osteuropäischen Judentums die von mystischen Strömungen geprägte volkstümliche Bewegung des Chassidismus, die sich innerhalb weniger Jahrzehnte vor allem unter den Juden der Ukraine, Polens, Weißrusslands, Russlands und Österreichs ausbreitete. Charakteristisch für diese osteuropäischen *Chassidim* («Frommen») war die hohe Wertschätzung der individuellen und gemeinschaftlichen religiösen Erfahrung, die Orientierung an einer charismatischen Führergestalt (dem *Zaddik*, «Gerechten») sowie eine strenge Absonderung von der nichtjüdischen Umwelt und den Einflüssen der Moderne. Zu den Gegnern des Chassidismus zählten einerseits die Vertreter der traditionellen rabbinischen Gelehrsamkeit, andererseits aber auch die jüdischen Befürworter der Aufklärung und einer Modernisierung des Judentums.

Zu einem Zentrum der Haskala entwickelte sich in der zweiten Hälfte des 18. Jahrhunderts Berlin. Dort waren Juden zwar bereits im 13. Jahrhundert vor allem im Kreditwesen und im Handel tätig gewesen, doch hatte man sie im 15. und 16. Jahrhundert immer wieder verfolgt und vertrieben. Erst 1671 entstand mit der Zuwanderung und Neuansiedlung jüdischer Familien, die Kaiser Leopold I. aus Wien ausgewiesen hatte, eine dauerhafte jüdische

Gemeinde. Ausgestattet mit einem Schutzbrief des Großen Kurfürsten Friedrich Wilhelm, dem es um den Wiederaufbau seines Landes nach dem Ende des Dreißigjährigen Krieges zu tun war, legten die Berliner Juden bereits 1672 vor dem Spandauer Tor einen eigenen Friedhof an und errichteten 1714 in der Stadt ihre erste Synagoge.

Moses Mendelssohn wurde am 6. September 1729 als Sohn des jüdischen Küsters und Gemeindeschreibers Menachem Chaim (jiddisch Mendel Heymann) in Dessau geboren. Seit 1739 studierte er bei dem Dessauer Oberrabbiner David Fränkel (1704–1762), durch dessen 1742 gedruckte Neuausgabe des *Führers der Unschlüssigen* von Moses Maimonides er erstmals Bekanntschaft mit der mittelalterlichen jüdischen Philosophie machte. 1743 folgte Mendelssohn seinem Lehrer nach Berlin, wo er sich mit dem Kopieren hebräischer Texte das Geld für den Besuch der ein Jahr zuvor gegründeten Talmudschule verdiente und im Selbststudium Kenntnisse der deutschen, lateinischen, englischen und französischen Sprache erwarb. 1754 wurde Mendelssohn Buchhalter in der Fabrik des Seidenhändlers Isaak Bernhard, für den er zuvor als Hauslehrer tätig gewesen war. Um die gleiche Zeit begann seine Freundschaft mit dem gleichaltrigen Lessing, der ihn mit dem befreundeten Schriftsteller, Kritiker und Verlagsbuchhändler Friedrich Nicolai (1733–1811) bekannt machte. Durch die Zusammenarbeit mit Lessing und Nicolai wurde er rasch zu einem der bekanntesten und einflussreichsten Kritiker und Publizisten.

1763 gewann Mendelssohn mit einer philosophischen Preisschrift noch vor seinem Konkurrenten Immanuel Kant den ersten Preis bei einem Wettbewerb der «Königlichen Academie» (dem Vorläufer der späteren Preußischen Akademie der Wissenschaften). 1767 erschien sein erfolgreichstes, in zehn Sprachen übersetztes Werk *Phaedon oder Über die Unsterblichkeit der Seele*, in dem er Gedanken Platons mit dem Rationalismus der Aufklärung verband. Als der reformierte Pfarrer Lavater Mendelssohn 1770 öffentlich aufforderte, das Christentum entweder zu widerlegen oder sich zu ihm zu bekehren, führte dies zu einer publizistischen Auseinandersetzung, in deren Verlauf sich Mendelssohn gegen öffentlich ausgetragene religiöse Streitigkeiten wandte. Neun Jahre später setzte Lessing seinem Freund als idealer Verkörperung aufgeklärter Humanität und Toleranz in der Gestalt der Hauptfigur seines Dramas *Nathan der Weise* ein Denkmal.

1780–1783 veröffentlichte Mendelssohns seine in hebräischen Lettern gedruckte deutsche Übersetzung des Pentateuch, mit der er den Juden, die das Hebräische gar nicht oder nur unvollkommen beherrschten, den wichtigsten religiösen Text des Judentums, aber auch die deutsche Literatursprache nahebringen wollte. Ebenfalls 1783 erschien seine Übersetzung der Psalmen und die rechtsphilosophische Schrift *Jerusalem oder Über religiöse Macht und Judentum*, um nachzuweisen, dass die jüdischen Zeremonialgesetze mit dem Geist der Aufklärung vereinbar sind. Als sein letztes Werk erschien postum die Schrift *An die Freunde Lessings*, in der er seinen Weggefährten gegen den Vorwurf des Atheismus verteidigte. Mendelssohn starb am 4. Januar 1786 an einer Erkältung und wurde einen Tag später auf dem Berliner Jüdischen Friedhof beigesetzt.

In der ersten Hälfte des 19. Jahrhunderts entwickelte sich aus der jüdischen Aufklärung ein progressives oder liberales Judentum, das die Offenbarung Gottes nicht als ein einmaliges Ereignis, sondern als einen fortschreitenden Prozess verstand und daraus die Notwendigkeit einer Verbindung von Tradition und Erneuerung ableitete. Im Gefolge dieser Neueinschätzung führte man die Verwendung von Musikinstrumenten in der Synagoge und den Gebrauch des Deutschen als Sprache der jüdischen Liturgie ein. Auch bekannte man sich bewusst zu aufklärerischen Werten wie etwa der Demokratie, der sozialen Gerechtigkeit und der Gleichberechtigung von Mann und Frau, wobei man den Vorrang des inhaltlichen ethischen Sinns der jüdischen Gebote vor ihrer verbindlichen Festlegung als unverrückbares Gesetz hervorhob.

Bereits 1778 hatte Mendelssohns Freund David Friedländer (1750–1834) in Berlin eine jüdische Freischule gegründet, für die er die Schulbücher verfasste und das jüdische Gebetbuch ins Deutsche übersetzte. Als Hauslehrer der Kinder seines Bruders wirkte zu dieser Zeit in Königsberg Isaac Euchel (1756–1804), der an der Königsberger Universität Albertina unter anderem bei Kant Philosophie und Orientalische Sprachen studierte. Als Mitbegründer der aufklärerischen «Gesellschaft der hebräischen Literaturfreunde» fungierte er als Herausgeber ihrer Monatsschrift *Hame'assef*, der ersten modernen hebräischen Zeitschrift. Darin veröffentlichte er nicht nur eine Paraphrase von Kants *Kritik der reinen Vernunft*, sondern auch eine ausführliche Biographie Moses Mendelssohns. Ein weiterer Reformer des jüdischen Gottesdienstes und der Pädagogik war Israel Jacobson (1768–1828), in dessen 1801 gegründeter Schule jüdische und christliche Kinder gemeinsam bei freier Unterkunft und Verpflegung unterrichtet wurden. Als Prediger in der Synagoge, die Jacobsohn 1815 in Berlin errichtete, wirkte neben anderen Leopold Zunz (1794–1886), der sich im Rahmen der von ihm mitbegründeten «Wissenschaft des Judentums» für die kritische Erforschung der rabbinischen Literatur und der jüdischen Liturgie einsetzte. In diese Richtung zielten auch die wissenschaftlichen Arbeiten des Orientalisten Julius Fürst (1805–1873), der 1864 als erster Jude auf eine Professur an der Universität Leipzig berufen wurde und dort die Abteilung für Orientalische Sprachen und Literatur leitete. Ein weiterer Orientalist war Abraham Geiger (1810–1874), der nach arabistischen Studien an der Universität Bonn in Wiesbaden und Breslau als Rabbiner wirkte und 1872 in Berlin die «Hochschule für die Wissenschaft des Judentums» mitbegründete. Zumindest hingewiesen sei schließlich noch auf die Impulse, die von den literarischen Salons im Berlin der späten Aufklärung und frühen Romantik ausgingen. Dabei sind vor allem Rahel Varnhagen van Ense (1771–1833) und Henriette Herz (1764–1847) zu nennen. In ihrem Salon begegnete Friedrich Schlegel erstmals Dorothea Veit, der ältesten Tochter Moses Mendelssohns, die später seine Frau wurde.

Hand in Hand mit der Öffnung des Judentums für seine Umwelt gingen die Bemühungen um das, was man zunächst als Gleichstellung und später als Emanzipation der Juden bezeichnete. Den Anfang machte das einflussreiche Werk *Über die bürgerliche Verbesserung der Juden*, das der Jurist Christian Konrad Wilhelm von Dohm (1751–1820) 1781 auf Veranlassung seines Freundes Mendelssohn veröffentlichte. Während die französische Nationalversammlung bereits 1791 die Gleichberechtigung aller französischen Juden verkündet hatte, erstreckte sich die Emanzipation der Juden im deutschsprachigen Raum über mehrere Generationen vom «Toleranzpatent» Kaiser Josephs II. (1782) über das «Preußische Judenedikt» (1812) bis hin zu entsprechenden Gesetzgebungen des Norddeutschen Bundes (1869), des Kaiserreichs (1871) und der Schweiz (1874). Mit der zunehmenden Gleichberechtigung der Juden wuchsen indessen auch Judenfeindschaft und Antisemitismus, die in Deutschland nach nur wenigen Jahrzehnten im Nationalsozialismus einen für die Aufklärer unvorstellbaren Höhepunkt erreichen sollten.

Im Bewusstsein der Nachwelt lebt Moses Mendelssohn fort als einer der anziehendsten Wegbereiter deutsch-jüdischer Verständigung. «Nach Wahrheit forschen, Schönheit lieben, das Gute wollen, das Beste tun – das ist die Bestimmung des Menschen», hatte er in seinen Philosophischen Schriften erklärt. Einst war dieser Satz das Motto der 1792 gegründeten Berliner *Gesellschaft der Freunde*, die sich bis zu ihrem Verbot durch die Nationalsozialisten von einer Interessenvereinigung junger jüdischer Aufklärer zu einem kulturellen Zentrum des Berliner Judentums entwickelte. Seit 2002 ist er das Motto einer Bürgerinitiative, die als *Geschichtsforum Jägerstraße e. V.* vom einstigen Stammhaus der Familie Mendelssohn aus mit Lesungen, Diskussionen und Ausstellungen an die bewegte Geschichte der Berliner Juden seit den Tagen Moses Mendelssohns erinnert.

22.

«Anbetung des ewigen Urhebers des Universums»

Ram Mohan Roy ruft den Brahmo Samaj ins Leben

Am 20. August 1828 trafen sich in einem angemieteten Haus in der Chitpore-Straße in Kalkutta eine Gruppe feierlich gekleideter Personen aus der bengalischen Oberschicht. Unter der Leitung von Brahmanen wurden vedische Hymnen gesungen sowie Abschnitte aus den Upanischaden vorgetragen und ins Bengalische übersetzt. In der Folge trafen sich die Teilnehmer an jedem Samstag zwischen sieben und neun Uhr abends, und am 23. Januar 1830 wurde in der Chitpore-Straße ein eigens für diese Zusammenkünfte errichtetes Gebäude eröffnet. Als seine Bestimmung definierte man «die Verehrung und Anbetung des ewigen, unergründlichen und unwandelbaren Wesens, welches der Urheber und Bewahrer des Universums ist». Gleichzeitig verwahrte man sich gegen die Verwendung spezifischer Namen und Bilder, lehnte den Opferkult strikt ab und betonte vielmehr die Absicht, alle Bande der Einheit zwischen den Anhängern unterschiedlicher Religionen zu stärken. Dies war die eigentliche Geburtsstunde der «Vereinigung der Brahman-Verehrer» *(Brahmo Samaj)*, die in der Folge alljährlich feierlich begangen wurde. Begründet von dem Brahmanensohn Ram Mohan Roy (1772–1833), waren die Vereinigung und ihre Zusammenkünfte doch ganz offensichtlich von christlichen Vorbildern beeinflusst. Dies führt zur Frage nach den historischen Voraussetzungen dieser Reformbewegung.

Im 9. Kapitel war im Anschluss an eine kurze Übersicht über die Geschichte der Upanischaden in Indien bereits von ihrer Rezeption in Europa die Rede. Wie bemerkt, wurde diese Rezeption ursprünglich durch die persische Übersetzung des Mogul-Herrschers Dara Shikoh angestoßen und entwickelte sich während des 19. Jahrhunderts vor allem in der Auseinandersetzung mit europäischen philosophischen Strömungen. Ebenfalls im 19. Jahrhundert gaben die Veden und Upanischaden aber auch in Indien selbst noch einmal den Anstoß zu neuen religiösen Entwicklungen, die man mit dem gängigen, wenn auch umstrittenen Sammelbegriff des Neohinduismus zusammenfasst. Ihre Grundlage bildeten die britische Kolonialherrschaft, die christliche Mission und nicht zuletzt die Erschließung der indischen Religionen und Literaturen durch die Indologie und Religionswissenschaft.

Die europäische Präsenz auf dem indischen Subkontinent begann mit den Reisen des portugiesischen Seefahrers Vasco da Gama, der 1498 als erster Europäer auf dem Seeweg Indien erreichte und mit einem örtlichen Herrscher an der Malabarküste einen Handelsvertrag abschloss. Dadurch wurde der einträgliche Zwischenhandel der Araber, Türken und Venezianer auf der sogenannten Gewürzroute ausgeschaltet, und die portugiesische Krone setzte nun ihrerseits ein königliches Monopol für die Einfuhr und den Verkauf von Gewürzen durch. Ungefähr ein Jahrhundert lang behauptete Portugal dank einer überlegenen Flotte seine führende Stellung im Indienhandel, bevor es zu Beginn des 17. Jahrhunderts in zunehmendem Maße durch Holland und England verdrängt wurde. Bereits 1600 hatte Königin Elisabeth I. einer Gruppe von Londoner Kaufleuten ein Monopol auf den gesamten Handel zwischen dem Kap der Guten Hoffnung und der Magellan-Straße gewährt. Unter Karl II. und Jakob II. wurden die Privilegien dieser Britischen Ostindien-Kompanie bestätigt und weiter gestärkt, so dass sie gegen Ende des 17. Jahrhunderts in ihren Besitzungen nicht nur die Zivil- und Strafgerichtsbarkeit, sondern auch das Recht zum Erwerb von Territorium, zur Prägung eigener Münzen, zum Abschluss von Bündnissen, zur Aushebung von Truppen, zum Festungsbau und zur Kriegführung besaß. Ihre militärische Schlagkraft bewies die Britische Ostindien-Kompanie 1756–1763 im Siebenjährigen Krieg gegen Frankreich, das seine Aktivitäten in Indien danach stark einschränkte, sowie

1757 in der Schlacht von Plassey, in der General Robert Clive den letzten unabhängigen Herrscher von Bengalen besiegte. Um die Ostindien-Kompanie besser kontrollieren zu können, schuf die englische Krone 1773 das Amt des Generalgouverneurs, der die Anwendung des britischen Rechts in Indien sicherstellen sollte.

Zu den Juristen, die unter dem ersten Generalgouverneur Warren Hastings (1732–1818) nach Indien berufen wurden, gehörte William Jones (1746–1794), der 1784 zur Erforschung der indischen Kultur die *Royal Asiatic Society of Bengal* ins Leben rief, 1786 auf die Verwandtschaft des Griechischen und Lateinischen mit dem Sanskrit aufmerksam machte und 1789 das später von Goethe sehr geschätzte Drama *Shakuntala* des Dichters Kalidasa ins Englische übersetzte. In ähnlicher Weise wurde Henry Thomas Colebrooke (1765–1837) tätig, der seit 1782 für die britische Verwaltung arbeitete, 1805 zum Professor für Sanskrit in Fort William ernannt wurde und neben bahnbrechenden Studien und Übersetzungen zum indischen Recht auch Arbeiten auf dem Gebiet der indischen Grammatik, Mathematik und Religionsgeschichte veröffentlichte. Die ersten Typen für den Druck indischer Literaturwerke schuf um 1805 der Bibliothekar und gelernte Drucker Charles Wilkins (1749–1836), der sich zuvor bereits als Übersetzer der *Bhagavadgita* (1785) und der Fabelsammlung *Hitopadesha* (1787) einen Namen gemacht hatte.

Um die Kenntnis der indischen Religionen und Literaturen bemühten sich jedoch nicht nur Juristen und Verwaltungsbeamte, sondern auch christliche Missionare. Den Anfang machte hier der Mitbegründer des Jesuitenordens Francisco de Xavier (1506–1552), der 1542–1545 vom portugiesischen Stützpunkt Goa aus in Südindien missionierte. Zum Jesuitenorden gehörte auch der Italiener Roberto de Nobili (1577–1656), der seit 1606 im südindischen Madurai missionierte, Sanskrit, Tamil und Telugu erlernte und nach dem Grundsatz der Inkulturation den christlichen Glauben mit den Begriffen der indischen Philosophie auszudrücken suchte. Ein Zeitgenosse de Nobilis war der holländische kalvinistische Missionar Abraham Rogerius, der 1630–1647 in Indien wirkte und 1651 mit seinem Buch *Die offene Tür zum verborgenen Heidentum* eine überaus einflussreiche Darstellung indischer Religionen verfasste. Als erster deutscher evangelischer Missionar war seit 1706 Bartholomäus Ziegenbalg (1682–1719), ein Schüler August Hermann Franckes, an der Südostküste Indiens tätig. Er übersetzte nach dem Erlernen der tamilischen Sprache als erster das Neue Testament sowie größere Teile des Alten Testaments ins Tamilische und verfasste neben einer Tamil-Grammatik auch zwei Studien zur polytheistischen Religion seines Missionsgebiets. Im bengalischen Serampur wirkte schließlich zu Beginn des 19. Jahrhunderts William Carey (1761–1834), der 1792 als erste nichtstaatliche Missionsgesellschaft die *Baptist Missionary Society* mitbegründet hatte. Vielseitig interessiert und engagiert, legte er zur Erforschung der indischen Pflanzenwelt ein großes botanisches Versuchsgelände an, richtete eine Volksschule sowie ein Seminar zur Ausbildung einheimischer Mitarbeiter ein und gründete die erste Zeitung in einer ostindischen Sprache. Als Autodidakt erlernte er zur Übersetzung biblischer Texte rund 40 indische Sprachen und verfasste Grammatiken, Lehr- und Wörterbücher. Darüber hinaus setzte er sich aber auch für eine Verbesserung der wirtschaftlichen Lage seiner Schutzbefohlenen und für das gesetzliche Verbot überkommener Traditionen wie etwa der Kindstötung und der Witwenverbrennung ein.

Zu den immer wieder beklagten Problemen der frühen Missionare gehörte die Beobachtung, dass ihre Bemühungen bei den Angehörigen der Oberschicht zumeist auf taube Ohren stießen, während gesellschaftlich benachteiligte Randgruppen das Christentum in erster Linie wegen seines Angebots materieller Vorteile annahmen. Dies führte dazu, dass Konvertiten beim Wegfall von Kontrollen die neue Religion nicht weiter praktizierten oder sie überhaupt von vorneherein in synkretistischer Weise mit einheimischen Kulten verbanden. Um das Christentum für die einheimischen Eliten attraktiver zu machen, setzte man daher seit dem frühen 19. Jahrhundert verstärkt auf die Vermittlung europäischer Bildung, die für den Religionswechsel der Oberschicht den Boden bereiten sollte. Ein Pionier auf diesem Gebiet war der schottische Missionar Alexander Duff (1806–1878), der sich seit 1830 für den Ausbau europäischer Bildungseinrichtungen und -inhalte einsetzte, für die ausschließliche Förderung des Englischen als Bildungssprache eintrat und maßgeblich an der Gründung der ersten indischen Universität 1857 in Kalkutta beteiligt war.

Lernten die einheimischen Eliten durch die Tätigkeit der Missionare die Ideale christlicher Ethik kennen, so führte ihnen die oft drastische Ausbeutung ihres Landes durch die Kolonialmacht zugleich den Abstand zwischen dem Anspruch und der Wirklichkeit dieser Ethik vor Augen. Gleichzeitig weckte das europäische Interesse an der altindischen Literatur den Wunsch nach einer Auseinandersetzung mit den Grundlagen der eigenen Kultur, die man nunmehr vielfach unter dem Gesichtspunkt europäischer philosophischer Systeme betrachtete. In Verbindung mit dem Erlebnis der militärisch-technischen und machtpolitischen Unterlegenheit führte dies wiederholt zu dem Bestreben, die traditionelle Religion der Brahmanen gleichsam von innen heraus zu reformieren und an die neue Zeit anzupassen. Einen der ersten Versuche dieser Art unternahm 1828 Ram Mohan Roy.

1772 als Sohn eines Brahmanen im bengalischen Radhanagar geboren, erhielt Ram Mohan Roy in Benares eine Ausbildung in der klassischen Sanskrit-Literatur, lernte aber auch Persisch, Arabisch und Englisch. Von 1803 bis 1814 war er als Steuerbeamter für die Britische Ostindien-Kompanie tätig, lebte danach jedoch von seinem privaten Vermögen. Bereits 1814 gründete er in Kalkutta die *Atmiya Sabha* («Gesellschaft der Freunde»), in der er mit gleichgesinnten Indern vor allem aus der Oberschicht die Möglichkeit gesellschaftlicher und religiöser Reformen erörterte. Dazu gehörten unter anderem die Abschaffung der Witwenverbrennung und der Polygamie sowie das Recht der Witwen auf Wiederverheiratung. Darüber hinaus befürwortete Ram Mohan Roy die Stärkung des Englischen und der Naturwissenschaften im Unterrichtswesen und gründete zu diesem Zweck eine Schule, die sich an englische Vorbilder anlehnte. 1828 rief er schließlich die Reformbewegung des *Brahmo Samaj* («Vereinigung der Brahman-Verehrer») ins Leben, die unter Rückgriff auf eine einseitige Interpretation der Veden und Upanischaden die Rückkehr zu einem vermeintlich vedischen Monotheismus propagierte. Ein bemerkenswerter Erfolg seiner Reformbemühungen war die Abschaffung der Witwenverbrennung, die 1829 in Britisch-Indien gesetzlich verboten wurde. 1831 reiste Ram Mohan Roy im Auftrag des Mogul-Herrschers nach England, wo er zwei Jahre später an Meningitis erkrankte und starb.

Durch die Verknüpfung des Gedankens religiöser Reformen auf der Grundlage von Veden und Upanischaden mit dem Plan einer Reform des Bildungswesens in Anlehnung an europäische Vorbilder gilt Ram Mohan Roy heute als einer der Väter der «Bengalischen Renaissance». Dabei handelt es sich um eine Bewegung, die ähnlich wie bei der Wiederentdeckung des Griechischen in der europäischen Renaissance von einer Neuinterpretation der klassischen altindischen Texte ausging und vor dem Hintergrund tiefgreifender politischer, wirtschaftlicher und gesellschaftlicher Veränderungen in der Auseinandersetzung mit dem Altertum Neuansätze zur Bewältigung der Gegenwartsprobleme zu gewinnen hoffte. Ursprünglich die Bewegung einer elitären Minderheit im Rahmen kolonialer Strukturen, entwickelte die Bengalische Renaissance eine Dynamik, die nach und nach weite Teile der indischen Gesellschaft erfassen und maßgeblich prägen sollte.

Nach dem Tod Ram Mohan Roys wurde die «Vereinigung der Brahman-Verehrer» von seinem Nachfolger Debendranath Tagore (1817–1905), dem ältesten Sohn des erfolgreichen Unternehmers und Sozialreformers Dwarkanath Tagore (1794–1846), von Grund auf erneuert. Eine wichtige Rolle spielte in den darauffolgenden Jahrzehnten Keshab Chandra Sen (Keshub Chunder Sen, 1838–1884), dessen Großvater Ramkamal Sen (1783–1844) der erste indische Sekretär der Royal Asiatic Society gewesen war und 1830–1834 das erste englisch-bengalische Wörterbuch zusammengestellt hatte. Europäisch gebildet, schloss Keshab Chandra Sen sich 1857 dem *Brahmo Samaj* an und wurde 1870 bei einer Vortragsreise in England von Vertretern unterschiedlicher Konfessionen begeistert empfangen. Nach seiner Rückkehr rief er die *Indian Reform Association* ins Leben und erzielte mit der von ihm gegründeten sozialreformerischen Zeitschrift *Sulava Samachar* einen großen publizistischen Erfolg.

Bereits um 1830 hatte sich eine Gruppe junger bengalischer Intellektueller um den Lehrer Henry Louis Vivian Derozio (1809–1831) versammelt, der europäische Vorfahren hatte, sich jedoch als Inder verstand. Zu dieser Bewegung der «Derozianer» oder «Jungbengalen» *(Young Bengal)*, die ebenso wie der *Brahmo Samaj* das Anliegen religiöser und sozialer Reformen verfolgte, zählten unter anderem der erste bengalische Priester, Krishna Mohan Banerjee (1813–1885), der auch im *Brahmo Samaj* aktive Sib Chandra Deb (1811–1890), der Jurist Hara Chandra Ghosh (1808–1868) und der als «bengalischer Dickens» bezeichnete Journalist und Schriftsteller Peary Chand Mitra (1814–1883). Den organisatorischen Mittelpunkt ihrer Bewegung bildete die noch von Derozio ins Leben gerufene «Akademische Verbindung» *(Academic Association)*, der 1839 die «Gesellschaft zum Erwerb allgemeinen Wissens» *(Society for the Acquisition of General Knowledge)* folgte.

Hatte Ram Mohan Roy vor allem auf die Gemeinsamkeiten zwischen dem Hinduismus, dem Islam und dem Christentum abgehoben, so kultivierten die «Jungbengalen» oftmals eine betont kritische und rationalistische Haltung zur Religion. Im Unterschied zu diesen beiden Ansätzen erstrebte die 1875 ins Leben gerufene «Gemeinschaft der Arier» *(Arya Samaj)* eine grundlegende Reform des Hinduismus im Geist der monotheistisch gedeuteten vedischen Religion. Ihr Gründer war der Brahmane Dayananda Sarasvati (eigentlich Mula Shankara, 1824–1883), der in seinem auf Hindi abgefassten Hauptwerk *Satyarthaprakasha* («Das Licht der Wahrheit») zwar die Wiedergeburtslehre der Upanischaden akzeptierte, den hinduistischen Polytheismus, die Kastenordnung, die Bilderverehrung, das Pilgerwesen und den Opferkult jedoch strikt ablehnte. Mit großem Eifer betrieb Dayananda Sarasvati die Rückkonversion von Hindus, die sich zum Christentum bekehrt hatten. Da er zugleich mit einem universalen Missionsanspruch auftrat, erschien der Hinduismus nun erstmals als eine Religion, in die man nicht notwendigerweise hineingeboren werden musste, sondern in die man – ebenso wie in das Christentum und in den Islam – aus freien Stücken eintreten konnte. Große Bedeutung erlangte diese Neuinterpretation seit der Wende des 19. zum 20. Jahrhundert, als Hindus wie Swami Vivekananda (1863–1902) und Sri Aurobindo (1872–1950) diesen Hinduismus weit über die Grenzen Indiens hinaus bekannt und populär machten. Im letzten

Kapitel wird von diesen Entwicklungen noch einmal die Rede sein. Zuvor jedoch wollen wir an dieser Stelle den Blick auf eine Entwicklung innerhalb des Christentums richten, deren Anfänge manche Gemeinsamkeiten mit einer Reformbewegung aufweisen, an deren Ende jedoch die Entstehung einer neuen Religion zu verzeichnen ist.

23.

«Und ich schaute und sah das Land der Verheißung»

Die Mormonen erreichen den Großen Salzsee

Im Norden des heutigen US-Bundesstaates Utah erstreckt sich in über 1200 Meter Höhe auf 120 Kilometer Länge und 48–80 Kilometer Breite der abflusslose Große Salzsee. Seine Ufer umgab noch in den ersten Jahrzehnten des 19. Jahrhunderts eine weitgehend unberührte Wildnis, als dort am 24. Juli 1847 eine kleine Gruppe von Siedlern mit ihren Planwagen, Pferden, Rindern, Maultieren, Hunden und Hühnern eintraf und in einem Tal am Südostufer des Sees eine Stadt zu gründen beschloss. Bei den knapp 150 Personen handelte es sich um die Vorhut eines sehr viel größeren Trecks, der über siebzehn Monate zuvor, am 4. Februar 1846, aus der Stadt Nauvoo im Bundesstaat Illinois an der Westgrenze der Vereinigten Staaten in das damals noch zu Mexiko gehörende Gebiet aufgebrochen war. Nach der Überquerung des Mississippi hatten die Siedler die weiten Ebenen Iowas durchquert und Mitte Juni 1846 den Missouri erreicht, an dessen Westufer sie zu überwintern beschlossen. Im darauffolgenden Frühling 1847 waren sie dann erneut aufgebrochen, um die fast viermal so lange und noch beschwerlichere zweite Etappe ihrer Reise zu bewältigen. Im Juni erblickten sie schließlich erstmals die schneebedeckten Gipfel des großen Felsengebirges, in dessen Tälern sie sich ansiedeln wollten.

Nachdem die ersten Siedler am Ziel der Reise eingetroffen waren, begannen sie sogleich mit der Anlage einer Stadt, deren Häuser beim Einbruch des Winters über 1600 Neuankömmlinge beherbergen sollten. Im darauffolgenden Frühjahr 1848 erreichte die zweite große Welle von Siedlern den neu gegründeten Ort, der nach dem nahe gelegenen Großen Salzsee zunächst *Great Salt Lake City* und später einfach nur *Salt Lake City* genannt werden sollte. In den nächsten zwanzig Jahren trafen um die 70 000 Siedler mit Planwagen und Handkarren im Tal am Ufer des Großen Salzsees ein und verwandelten allmählich die umliegende Einöde in eine blühende Kulturlandschaft.

Im Unterschied zu vielen anderen Siedlern, die in jenen Jahrzehnten aus dem Osten Nordamerikas nach Westen aufgebrochen waren, hatten diese Neuankömmlinge die Vereinigten Staaten weder ganz freiwillig noch aus rein wirtschaftlichen Erwägungen verlassen: Sie waren Mormonen, Anhänger der noch jungen «Kirche Jesu Christi der Heiligen der Letzten Tage» *(Church of Jesus Christ of Latter-Day Saints)*, die aus Furcht vor weiteren Verfolgungen und zur Sicherung ihrer Glaubens- und Kultfreiheit diesen gefährlichen Schritt gewagt hatten. Ihre Neuansiedlung am Ufer des Großen Salzsees in einer Art Niemandsland war jedoch nicht die Folge einer kopflosen Flucht, sondern das Ergebnis einer planvollen und geordneten Wanderbewegung, die der Disziplin und Glaubensstärke der Mormonen ein glänzendes Zeugnis ausstellte. Um ihre Motivation zu verstehen, muss man zunächst die Vorgeschichte des Auszugs aus Nauvoo kennen. Hier ist allerdings sogleich anzumerken, dass sich die Sicht der Mormonen auf ihre eigene Geschichte grundlegend von der Wahrnehmung außenstehender Zeitgenossen unterscheidet.

Im Mittelpunkt der neuen Religionsgemeinschaft stand zunächst Joseph Smith, der am 23. Dezember 1805 als viertes von zehn Kindern des Ehepaars Joseph und Lucy Smith in dem kleinen Ort Sharon im US-Bundesstaat Vermont geboren wurde. Seine bibelgläubigen Eltern kämpften viele Jahre lang mit wirtschaftlichen Schwierigkeiten, weshalb die Familie auch mehrfach den Wohnort wechselte. Eigener Aussage zufolge hatte Joseph Smith erstmals im Frühjahr 1820 in der Nähe seines Elternhauses in Manchester, New York, eine Vision. Darin erschienen ihm nach Glaubenszweifeln auf sein Gebet hin Gott Vater und Jesus Christus und warnten ihn davor, sich einer der bestehenden Kirchen anzuschließen, da diese alle im Irrtum befangen seien. In einer weiteren Vision am 21. September 1823, so Smith, erschien ihm dann in seiner Schlafkammer ein himmlisches Wesen, das sich als der Engel Moroni zu erkennen gab und ihn auf antike Goldplatten aufmerksam machte, die seit vielen Jahrhunderten im nahegelegenen Hügel Cumorah verborgen seien. Vier Jahre später, so Smiths Bericht, durfte er diese Platten vorübergehend an sich nehmen, um mit Hilfe der beiden «Sehersteine» Urim und Thummim den darauf eingravierten Text zu übersetzen, bevor der Engel Moroni die Platten wieder an sich nahm. Eine wichtige Rolle spielte dabei der Grundschullehrer Oliver Cowdery (1806–1850), der ab dem 7. April 1829 den größten Teil des Textes, der heute als das *Buch Mormon* bekannt ist, nach Joseph Smiths Diktat niederschrieb. In dieser Zeit, so Smith und Cowdery, erschienen dem Übersetzer und seinem Sekretär der auferstandene Johannes der Täufer sowie die Apostel Petrus, Jakobus und Johannes, um ihnen mit dem Ziel der Wiederherstellung der Kirche Jesu Christi das Aaronische bzw. Melchisedekische Priestertum zu übertragen.

Eingeteilt in fünfzehn Abschnitte, beginnt das *Buch Mormon* mit der Geschichte des Propheten Lehi, der auf Gottes Gebot hin um 600 v. Chr. mit seiner Familie aus Jerusalem flieht und dadurch der Zerstörung der Stadt durch die Babylonier entgeht. Unter der Führung seines Sohnes Nephi segeln die Flüchtlinge nach Amerika, wo Lehis Sohn Nephi zum Ahnherrn der gottesfürchtigen Nephiten, sein Bruder Laman aber zum Stammvater der mit ihnen verfeindeten gottlosen Lamaniten wird. Ausführlich schildert das *Buch Mormon* die Beziehungen dieser Volksgruppen, wobei dem Bericht von der Erscheinung des auferstanden Christus unter den Nephiten mitsamt seiner Wiederholung der Bergpredigt und der Einsetzung des Abendmahls besondere Bedeutung zukommt. In einem blutigen Krieg vernichten schließlich die Lamaniten, in denen der Leser unschwer die Ahnen der amerikanischen Ureinwohner erkennt, das Brudervolk der Nephiten, dessen letzter Prophet Moroni im 5. Jahrhundert n. Chr. die Aufzeichnungen seines Vaters Mormon über diese Ereignisse vollendet.

Das *Buch Mormon* enthält die vollständigste Darstellung des mormonischen Geschichtsbildes. Dagegen fußen die Kirchenorganisation, der Kult und das religiöse Weltbild weitgehend auf anderen Werken, die neben der christlichen Bibel und dem *Buch Mormon* ebenfalls als kanonisch gelten. Dabei handelt es sich um das Buch *Lehre und Bündnisse (Doctrine and Covenants)*, das neben Offenbarungen an Joseph Smith auch solche an seine Nachfolger enthält, sowie um eine Reihe von Schriften Joseph Smiths, die erstmals 1851 zu Missionszwecken unter dem Titel *Die köstliche Perle (The Pearl of Great Price)* zusammengestellt und in den darauffolgenden Jahrzehnten mehrfach ergänzt wurden.

Im März 1830 wurde das *Buch Mormon* auf Kosten von Martin Harris, eines wohlhabenden Nachbarn und Anhängers von Joseph Smith, in einer Erstauflage von 5000 Exemplaren gedruckt. Am 6. April erfolgte dann die offizielle Gründung der «Kirche Christi», die 1834 in «Kirche der Heiligen der letzten Tage» umbenannt wurde und schließlich 1838 die noch heute gebräuchliche Bezeichnung «Kirche Jesu Christi der Heiligen der Letzten Tage» erhielt. Präsident war Joseph Smith, «Zweiter Ältester» und damit Vizepräsident Oliver Cowdery. Infolge einer regen Missionstätigkeit unter der Leitung von Joseph Smiths Bruder Samuel fand die neue Kirche rasch Zulauf, aber auch erbitterten Widerspruch, der sich in publizistischen Schmähungen und sogar Tätlichkeiten äußerte. Um diesen Anfeindungen zu entkommen, verlegte Joseph Smith bereits 1831 den Hauptsitz der Kirche nach Kirtland im schwächer besiedelten Bundesstaat Ohio und gründete weitere Kircheneinheiten in Missouri. Schon bald kam es jedoch auch in Missouri zu Verfolgungen. Darüber hinaus entwickelte sich aus einer schweren Finanzkrise in Verbindung mit unterschiedlichen Einstellungen zur damals noch geheimgehaltenen Praxis der Vielehe ein massives Zerwürfnis zwischen Joseph Smith und seinem Stellvertreter Oliver Cowdery, der daraufhin im April 1838 aus der Kirche ausgeschlossen wurde.

Anfang 1839 gründeten Joseph Smith und seine Anhänger schließlich in Illinois am rechten Ufer des Mississippi als neuen Hauptsitz ihrer Kirche die Stadt Nauvoo, in der Joseph Smith rasch zum Bürgermeister und Kommandeur der örtlichen Miliz aufstieg. In dieser Funktion verfügte er am 10. Juni 1844 nach einem Beschluss des von Kirchenmitgliedern dominierten Stadtrats die Vernichtung der Druckstöcke und der Druckerpresse einer örtlichen Zeitung, die in ihrer ersten und einzigen Ausgabe Smiths polygame Lebensweise und seinen prophetischen Anspruch zur Zielscheibe eines publizistischen Angriffs gemacht hatte. Auf Betreiben des Gouverneurs von Illinois wurde Joseph Smith daraufhin verhaftet und in das Gefängnis von Carthage verbracht, wo er zusammen mit seinem Bruder Hyrum am 27. Juni von einer aufgebrachten Menschenmenge ermordet wurde.

Zum Führer der Bewegung wurde nunmehr Brigham Young (1801–1877), ein gelernter Schreiner, der sich bereits 1832 der Kirche Christi angeschlossen hatte, 1835 Mitglied des obersten Führungsgremiums der Zwölf Apostel geworden war und 1839–1841 erfolgreich in England missioniert hatte. Er organisierte ab 1846 die planmäßige Auswanderung der meisten Kirchenmitglieder von Nauvoo nach Salt Lake City und wirkte bis zu seinem Tod als Präsident, Prophet und Kolonisator, der nicht nur Stützpunkte, Versorgungsfarmen und Winterlager für die Einwandererroute schuf, sondern auch ein planmäßiges Siedlungsnetz anlegen ließ, die Landverteilung und Wasserversorgung gesetzlich regelte, den Bau einer Telegrafenlinie und der Eisenbahn förderte und mit der Gründung eines Frauenhilfs- und eines Fortbildungsvereins das kirchliche Leben stärkte. Eine wichtige Rolle für den Ausbau des mormonischen Gemeinwesens spielte dabei der von Young ins Leben gerufene «Ständige Auswanderungsfonds» *(Perpetual Emigrating Fund)*, der mittellosen Neubekehrten die Auswanderung in das mormonische Gemeinwesen ermöglichte. Nachdem Mexiko 1848 infolge seiner Niederlage im Mexikanisch-Amerikanischen Krieg rund die Hälfte seines Staatsgebietes an die Vereinigten Staaten abtreten musste, wurde Young im Februar 1851 zum ersten Gouverneur des neugeschaffenen Territoriums Utah ernannt, das 1896 nach der offiziellen Abschaffung der Vielehe den Status eines eigenständigen Bundesstaates erhielt.

Als eine wesentliche Neuerung infolge der vollen rechtlichen Anerkennung durch die Vereinigten Staaten ist seit der Wende zum 20. Jahrhundert und insbesondere seit dem Ende des Ersten Weltkriegs eine verstärkte internationale Ausbreitung der «Kirche Jesu Christi der Heiligen der Letzten Tage» zu beobachten. Mit der Abkehr von der älteren Vorstellung, dass alle Mitglieder sich in Utah sammeln sollten, etablierte sich die Kirche in vielen Ländern gerade auch Lateinamerikas und Afrikas. Wesentlich gefördert wurde diese Entwicklung durch die Aufgabe des Priestertumsverbotes für farbige Mitglieder, die 1978 von Präsident Spencer Kimball unter Verweis auf eine neue Offenbarung festgeschrieben wurde. Derzeit zählt die Kirche offiziell um zwölf Millionen Mitglieder, von denen über die Hälfte außerhalb der Vereinigten Staaten lebt. Innerhalb der Vereinigten Staaten gelten die Mormonen infolge der starken konfessionellen Zersplitterung als fünftgrößte Religionsgemeinschaft und stellen im Bundesstaat Utah noch immer die Bevölkerungsmehrheit.

Im Hinblick auf die Entstehung und frühe Geschichte der Mormonen-Bewegung haben Religionswissenschaftler des öfteren auf den synkretistischen, aus ganz unterschiedlichen Quellen gespeisten Charakter der neuen Religion hingewiesen und ihren engen Bezug zu zeitgenössischen freikirchlichen Bewegungen und dem Erwachen eines eigenständigen nordamerikanischen Kultur- und Geschichtsbewusstseins hervorgehoben. Im Hinblick auf den Religionsgründer Joseph Smith reicht das Spektrum der Meinungen von der gläubigen Hinnahme seiner Selbstdarstellung über eine indifferente oder skeptische Einstellung bis hin zum Vorwurf der Scharlatanerie und des Betrugs. Eine wichtige Rolle spielt dabei die bis heute verfochtene These, bei dem *Buch Mormon* handle es sich um das Plagiat eines historischen Romans, den der Prediger Solomon Spaulding (1761–1816) über die Vorgeschichte der amerikanischen Indianer verfasst habe. Allgemeine Anerkennung finden gleichwohl die innerkirchliche Solidarität, die interreligiöse Toleranz, das humanitäre Engagement und nicht zuletzt die gesunde Lebensweise der Mormonen. Unbestritten ist auch die erstaunliche Pionierleistung der frühen «Heiligen der letzten Tage», derer man in Utah und einigen Regionen benachbarter Bundesstaaten noch immer alljährlich am 24. Juli, dem «Pioniertag» *(Pioneer Day)*, mit Umzügen, Feuerwerken und anderen Festlichkeiten gedenkt.

24.

«Dies ist die Schönheit Gottes unter euch»

Baha'ullah gibt sich als Gesandter Gottes zu erkennen

Zur gleichen Zeit, da die Mormonen vom Westen der Vereinigten Staaten in unbekanntes Neuland aufbrachen, um sich der Verfolgung zu entziehen, bekam in einem anderen Teil der Welt eine weitere neu gegründete Religionsgemeinschaft die ganze Härte staatlicher Repressionen zu spüren: Nachdem sich Mirza Ali Muhammad aus der persischen Stadt Schiraz im Mai 1844 zum Träger einer göttlichen Offenbarung erklärt hatte, wurde er im August 1845 unter Arrest gestellt, später eingekerkert und schließlich am 9. Juli 1850 in Täbris hingerichtet. Sein Tod steht jedoch nicht am Ende, sondern am Anfang einer neuen Religion, die sich besonders in den vergangenen Jahrzehnten über ihren iranischen Ursprungsraum hinaus weltweit verbreitet hat: die Religion der Baha'i. Sie knüpfte ebenso wie die «Kirche Jesu Christi der Heiligen der Letzten Tage» an die schriftlich fixierte Offenbarung der vorherrschenden Religion ihres kulturellen Umfelds an, führte jedoch in entscheidenden Punkten über sie hinaus und bewies dadurch ihre Eigenständigkeit. Eine unerlässliche Grundlage für das Verständnis ihrer Geschichte ist der Glaube der schiitischen Muslime an einen verborgenen Imam.

Nach dem Tod des dritten Kalifen Uthman im Jahr 656 war die politische Einheit des frühen islamischen Staats im Streit zwischen dem vierten Kalifen Ali und seinem Rivalen Muawiya verlorengegangen. Im Gefolge dieses Streits um die Rechtmäßigkeit des Kalifats kam es dadurch zu den beiden Hauptrichtungen der Sunniten, die heute mit rund 90 Prozent die Mehrzahl der Muslime

stellen, und der Schiiten, die mit rund 10 Prozent eine einflussreiche Minderheit bilden. Ausschlaggebend für die Spaltung war
die Beurteilung der frühen Kalifen, denn im Unterschied zu den
Sunniten akzeptierten und akzeptieren die Schiiten als die «Partei
Alis» *(schiat Ali)* bis heute nur den vierten der vier ersten sogenannten «rechtschaffenen» Kalifen, Muhammads Vetter und
Schwiegersohn Ali Ibn Abi Talib. Er gilt als der erste *Imam* oder
Führer der Gemeinschaft aller Muslime, dessen Führungsan-
spruch nach seinem Tod 661 auf seinen ältesten Sohn Hasan und
nach dessen Tod 669 auf Hasans jüngeren Bruder Husain über-
ging.

Wie die Würde des Imams nach Husains Tod 680 in der Schlacht
von Kerbela weitergegeben wurde, wird von verschiedenen schiitischen Gruppierungen unterschiedlich beurteilt. Die zahlenmäßig größte Gruppe bilden die «Zwölfer-Schiiten» oder Imamiten,
die insgesamt zwölf sündlose und mit unfehlbarem Wissen be-
gabte Imame anerkennen und davon ausgehen, dass der letzte
dieser zwölf Imame 874 aus seiner Hauptstadt Samarra in die Verborgenheit entrückt wurde und am Ende der Zeit als «Rechtgelei-
teter» *(Mahdi)* wiederkehren wird. Abspaltungen von dieser
Gruppierung sind die «Fünfer-Schiiten» oder Zaiditen und die
«Siebener-Schiiten» oder Ismailiten, die nur fünf bzw. sieben
Imame anerkennen und die Reihe der Imame mit dem 740 im
Kampf gegen die Umaiyaden gefallenen Zaid ibn Ali bzw. mit dem
760 verstorbenen Ismail ibn Dschafar enden lassen.

Ein Hauptstützpunkt der Zaiditen war seit dem frühen 10. Jahrhundert der Jemen, wo sie mit einigen Unterbrechungen bis zum
Sturz der Monarchie 1962 die politische Führung im Norden des
Landes innehatten und dort bis heute die stärkste religiöse Gemeinschaft bilden. Ein bedeutendes Zentrum der Ismailiten waren im Mittelalter Nordafrika und Ägypten, wo die Dynastie der
Fatimiden im 10./11. Jahrhundert als ebenbürtiger Gegner der ab-
basidischen Kalifen von Bagdad auftrat. Das bedeutendste Zentrum der Imamiten ist seit dem frühen 16. Jahrhundert Iran. Dort
verschaffte Schah Ismail I. (1485–1524) als Begründer der bis 1736
herrschenden Safawiden-Dynastie der Zwölfer-Schia eine beherrschende Stellung, die sie auch unter den darauffolgenden Dynas-

tien der Afschariden (1736–1796) und der Kadscharen (1796–1925) behalten sollte.

Die Geschichte oder besser Vorgeschichte der Baha'i-Religion beginnt im frühen 19.Jahrhundert mit dem Mystiker Schaich Ahmad al-Ahsa'i (um 1750–1826), den seine Anhänger als Mittler zwischen den Muslimen und dem verborgenen Imam betrachteten. Ihm folgte Saiyid Kazim Rashti (1793–1843), der selbst jedoch keinen Nachfolger bestimmte, sondern die baldige Wiederkehr des verborgenen Imam voraussagte und vor seinem Ende seine Anhänger dazu aufrief, den in der Verborgenheit bereits wirksamen Mahdi zu suchen. Zum spirituellen Führer der Bewegung wurde wenig später der persische Kaufmann Sayyid Ali Muhammad (1819–1850), der sich im Mai 1844 zum Empfänger einer besonderen Offenbarung erklärte, was von Saiyid Kazims wichtigstem Schüler Mulla Husain (1813–1849) bestätigt wurde. Zur Bezeichnung seiner besonderen Rolle als Sprachrohr Gottes verwendete Saiyid Ali Muhammad von nun an den Titel *Bab* («Tor» oder «Pforte»), weshalb man seine Anhänger *Babis* (persisch *Babiha*) nannte.

Bereits im Mai 1844 hatte der Bab mit der Niederschrift seines ersten großen Werks begonnen, eines Kommentars zur Joseph-Sure, der 12.Sure des Korans, mit dem Titel *Qaiyumu l-asma'* («Der, welcher die Namen zur Auferstehung bringt»). Überzeugt von seiner göttlichen Sendung, entsandte er Mulla Husain und weitere siebzehn Anhänger, die er als die achtzehn «Buchstaben der Lebendigen» (arabisch *huruf al-haiy*) bezeichnete, um in verschiedenen Regionen Irans für seine Bewegung zu werben. Dies rief jedoch schon bald den Widerstand der Geistlichkeit wie auch der staatlichen Behörden hervor, die den Bab im Sommer 1847 in der aserbeidschanischen Bergfestung Maku festsetzten und im darauffolgenden Frühjahr in die persische Festung Chihriq verbrachten. Während dieser Gefangenschaft schrieb der Bab sein zweites Hauptwerk, den teils auf Persisch, teils auf Arabisch abgefassten *Bayan* («Erklärung»). In ihm erläuterte er zentrale Begriffe seiner Theologie und Eschatologie, bestätigte die prophetische Sendung Muhammads, propagierte jedoch zugleich die Vorschriften einer neuen Religion, die den Koran ersetzen sollten.

Zum endgültigen Bruch mit dem herrschenden schiitischen Islam Irans und zum offenen Konflikt mit den staatlichen Behörden kam es im Juli 1848, als der Bab sich selbst im Beisein des Thronfolgers als den erwarteten *Mahdi* bezeichnete und damit die alleinige geistliche und weltliche Autorität beanspruchte. In der Nähe des Grabs des schiitischen Heiligen Schaich Tabarsi in der iranischen Provinz Mazandaran lieferten sich die Anhänger des Bab und Regierungstruppen von Oktober 1848 bis Mai 1849 eine Serie von Gefechten, in deren Verlauf Mulla Husain und andere «Buchstaben des Lebendigen» ums Leben kamen. Nach weiteren militärischen Zusammenstößen in anderen Regionen Persiens wurde der Bab am 9. Juli 1850 in Täbris durch Erschießen öffentlich hingerichtet. Als drei seiner Anhänger zwei Jahre später ein erfolgloses Attentat auf den Schah unternahmen, führte dies zu weiteren schweren Verfolgungen der Bewegung, denen viele ihrer Anführer zum Opfer fielen.

Eine wichtige Rolle spielte seit 1848 Mirza Husain Ali Nuri, genannt Baha'ullah («Herrlichkeit Gottes»), der Sohn eines hohen persischen Staatsbeamten, dessen jüngeren Bruder Mirza Yahya Nuri, genannt Subh-i-Azal, der Bab als Nachfolger ausersehen hatte. Während viele führende Anhänger des Bab im Zuge der Verfolgungen des Jahres 1852 hingerichtet wurden, wurden die beiden Brüder wegen ihres hohen gesellschaftlichen Ansehens und ihrer Verbindungen zu den Botschaftern westlicher Staaten lediglich inhaftiert und schließlich nach Bagdad verbannt. Bereits während seiner Kerkerhaft im berüchtigten Gefängnis *Siyah Chal* («Schwarzes Loch») hatte Baha'ullah die Überzeugung gewonnen, Empfänger einer besonderen göttlichen Offenbarung zu sein. 1862 veröffentlichte er als sein erstes theologisches Werk das teils persisch, teils arabisch geschriebene *Buch der Gewissheit (Kitab-i-Iqan)*. In ihm entwickelte er erstmals den Gedanken einer fortschreitenden Gottesoffenbarung, demzufolge alle monotheistischen Religionen aufeinander aufbauen und nicht nur die Bibel als Vorbote des Korans, sondern auch der Koran als Vorbote der Sendung des Bab zu verstehen sei. Ein Jahr später bezeichnete sich Baha'ullah vor einem kleinen Kreis von Anhängern dann erstmals als der in den Schriften des Bab Verheißene, «den Gott offenbaren wird». Als er diesen Anspruch 1866 öffentlich bekräftigte, kam es darüber zwischen ihm und seinem jüngeren Bruder Subh-i-Azal zum Bruch, wobei jedoch fast alle Anhänger des Bab den Anspruch Baha'ullahs anerkannten und so die neue Religionsgemeinschaft der Baha'i bildeten.

1868 verbannte die osmanische Regierung Subh-i-Azal und seine Anhänger nach Famagusta auf der Insel Zypern, Baha'ullah und seine Gemeinde dagegen in die Festungsstadt Akkon im heutigen Israel. Dort verfasste Baha'ullah ein umfangreiches Schrifttum in persischer und arabischer Sprache, darunter 1873 das auf Arabisch geschriebene *Heiligste Buch* (*al-Kitab al-Aqdas*, oft auch persisch *Kitab-i-Aqdas* genannt). In ihm forderte er die wichtigsten Herrscher seiner Zeit zur Anerkennung seines Offenbarungs- und Führungsanspruchs auf und legte wichtige Grundsätze für die Organisation der neuen Religion fest. So enthält das *Heiligste Buch* Angaben über die Pflichtgebete, die Gebetsrichtung, das Fasten, die Feste und Feiertage sowie die als «Häuser der Andacht» bezeichneten Kultzentren, aber auch gesetzliche Bestimmungen wie etwa das Verbot der Sklaverei, der Polygamie und des Glücksspiels bzw. die positive Würdigung der interreligiösen Toleranz, der Familie und der gemeinnützigen staatlichen Einrichtungen.

In seinem *Buch des Bundes (Kitab-i-Ahd)* hatte Baha'ullah die Leitung der neuen Religion und die Auslegung seiner Schriften seinem ältesten Sohn Abdu'l Baha (1844–1921) übertragen. Dieser machte 1910–1913 die Religion der Baha'i auf einer großen Missionsreise durch Europa und die Vereinigten Staaten weithin bekannt. In seinen Vorträgen warb er vor allem für die ethischen Grundsätze der Lehren Baha'ullahs: die Einheit der Menschheit (bei gleichzeitiger Wahrung der kulturellen Vielfalt), die Mündigkeit des Einzelnen (bei gleichzeitiger Ablehnung einer den Glauben vermittelnden Geistlichkeit), die Einheit der Religionen und ihre Übereinstimmung mit Wissenschaft und Vernunft, die Gleichberechtigung von Mann und Frau, den Abbau gesellschaftlicher Spannungen und die Förderung des Weltfriedens durch die Einführung einer Welthilfssprache und die Einsetzung eines Weltschiedsgerichtshofes.

Von der britischen Regierung wegen seiner humanitären Verdienste im Ersten Weltkrieg geadelt, starb Abdu'l Baha am 28. November 1921. Er wurde unter großer Anteilnahme unterschiedlicher Bevölkerungsteile und Religionsgemeinschaften Palästinas im Schrein des Bab am Fuße des Bergs Karmel beigesetzt. Zu seinem Nachfolger hatte er seinen Enkel Shoghi Effendi (1857–1957) bestimmt, unter dessen Leitung sich die Religion der Baha'i in der ganzen Welt verbreitete. Seit 1963 leitet sie ein neunköpfiges Gremium, das als «Universales Haus der Gerechtigkeit» bekannt ist und seinen Sitz im israelischen Haifa hat. Doch kehren wir abschließend noch einmal zurück ins ausgehende 19. Jahrhundert, in dem der Gedanke einer inneren Einheit aller Religionen erstmals auch in internationalen Begegnungen Ausdruck fand.

25.

«Eine der wichtigsten Tatsachen
der Weltgeschichte»

In Chicago tagt das «Weltparlament der Religionen»

1893 erhielt der in Europa und Indien gleichermaßen hochangesehene Indologe und Sprachwissenschaftler Friedrch Max Müller (1823–1900), Herausgeber des *Rig-Veda*, Übersetzer der Upanischaden und Initiator der fünfzigbändigen Sammlung religionsgeschichtlicher Quellentexte *The Sacred Books of the East* die Vortragseinladung für ein kurzfristig anberaumtes «Weltparlament der Religionen» in Chicago. Nachdem der Siebzigjährige diese Einladung wegen Arbeitsüberlastung und schwacher Gesundheit abgesagt hatte, bekannte er anderthalb Jahre nach dem Ereignis in einem ausführlichen Bericht darüber in der *Deutschen Rundschau:* «Ich kann aufrichtig sagen, dass ich kaum etwas in meinem Leben mehr bereut habe, als dass ich der an mich gerichteten Einladung nicht Folge leistete.» Begeistert schilderte er das «Weltparlament der Religionen» als «das größte Ereignis des ganzen Jahres, ja, ich sage es kühn, eine der wichtigsten Tatsachen in der ganzen Weltgeschichte» und stellte fest: «Ein solches Zusammenkommen von Vertretern der hauptsächlichen Religionen der Menschheit hat noch nie in der ganzen Geschichte stattgefunden. Es ist einzig in seiner Art.» Was war geschehen?

Am Anfang stand der Beschluss, in den Vereinigten Staaten zum vierhundertsten Jahrestag der Entdeckung Amerikas durch Christoph Columbus eine jener Weltausstellungen auszurichten, wie sie als publikumswirksame Jahrmärkte und propagandistisch wirksame Demonstrationen technischer und kunsthandwerklicher Leistungsfähigkeit seit der Londoner Weltausstellung 1851 zunehmend beliebt geworden waren. Nachdem internationale Ausstellungen bereits in New York (1853), Philadelphia (1876) und New Orleans (1884) zu sehen gewesen waren, fiel diesmal die Wahl auf Chicago, das jedoch im Unterschied zu den Mitbewerbern New York, Washington und St. Louis kein besonders hohes internationales Ansehen genoss und obendrein 1871 bei einem großen Brand weitgehend zerstört worden war. Getragen von dem Bemühen um einen Imagewechsel und eine möglichst positive Selbstdarstellung, schufen die Veranstalter auf einer Länge von knapp zweieinhalb Kilometern auf 268 Hektar ein Ausstellungsgelände der Superlative, das erstmals auch einen eigenen Vergnügungspark umfasste. In über 200 leuchtend weißen Gebäuden, die man eigens für die Ausstellung im Stil der italienischen Renaissance errichtet hatte, präsentierten sich rund 50000 Aussteller aus 50 Ländern. Als eine Hauptattraktion erwies sich das erste Riesenrad, das mit 80 Metern Höhe und 36 Kabinen für je 40 Sitz- und 20 Stehplätze über 2000 Menschen Raum bot. Nach der feierlichen Einweihung am 21. Oktober 1892 öffneten die Veranstalter am 1. Mai 1893 erstmals die Tore für die Öffentlichkeit. Bis zum Ende der Ausstellung am 30. Oktober 1893 zählte man über 20 Millionen Besucher.

Da sich Nationen aus aller Welt an der Ausstellung in Chicago beteiligten, wurde sie auch zum Anlass einer Vielzahl von Konferenzen, so etwa eines Treffens von Mathematikern, das als Vorläufer der späteren, erstmals 1897 abgehalten Internationalen Mathematikerkongresse gilt. Das «Weltparlament der Religionen» tagte gegen Ende der Ausstellung vom 11. bis 27. September 1893, geplant von dem amerikanischen Juristen Charles Carroll Bonney (1831–1903) und unter der Präsidentschaft des Presbyterianers John Henry Barrows (1847–1902). Mehr als zweihundert Sprecher aus zahlreichen Religionsgemeinschaften der ganzen Welt versuchten insgesamt rund 150000 Zuhörern in Ansprachen und Vorträgen die Grundlagen ihrer jeweiligen Religion zu vermitteln. Dabei konnte die Bezeichnung der Veranstaltung als «Parlament» jedoch nicht darüber hinwegtäuschen, dass viele Sprecher keineswegs von allen Anhängern der Religionen, für die sie sprachen, legitimiert worden waren. Auch zielte die Mehrzahl der Vorträge darauf ab, die Zuhörer zunächst einmal mit den Glaubensinhalten und der Ethik der betreffenden Traditionen bekannt zu machen, so dass konfliktträchtige Themen weitgehend ausgespart blieben und die ganze Veranstaltung weniger aus einem Dialog als vielmehr aus einer Serie von Monologen bestand. Dabei bekannten sich keineswegs alle Sprecher zu einem religiösen Pluralismus, der die Vielfalt der Religionen uneingeschränkt bejahte. Weit verbreitet waren auch eine Art Inklusivismus, der die bestehende Vielfalt nur als Vorstufe zu einer kommenden Einheit bejahte sowie ein unverhohlener Exklusivismus, der den Vorrang oder die absolute Sonderstellung des Christentums propagierte und sachlich zu begründen suchte. Unübersehbar war ferner eine gewisse Einseitigkeit, die man teils aus der Eigendynamik der Veranstaltung, teils aus den Zeitumständen ableiten kann. So fehlten bezeichnenderweise Vertreter indianischer Religionen zu einer Zeit, da der Historiker Frederick Jackson Turner seine These vom amerikanischen Exzeptionalismus propagierte und «Buffalo Bill» William Frederick Cody vor den Toren des Ausstellungsgeländes seine Wild-West-Show abhielt. Eine eher untergeordnete Rolle spielte auch der Islam, wohingegen Repräsentanten einiger (ost-)asiatischer Traditionen das Erscheinungsbild des Weltparlaments prägten.

Eine prominente Rolle spielte etwa Anagarika Dharmapala (1864–1933), der ursprünglich David Hewavitarne hieß und aus Colombo (Sri Lanka) stammte. Auf einer Missionsschule christlich erzogen, hatte er sich dem Theravada-Buddhismus zugewandt und wurde nach seiner begeisterten Aufnahme beim Weltparlament der Religionen zu einem Pionier der buddhistischen Erneuerung in Indien und zu einem seiner erfolgreichsten Missionare in den Vereinigten Staaten und Europa. Ähnlich erfolgreich war Swami Vivekananda (1863–1902), der als Narendranath Dutta in Kalkutta geboren wurde und wie Anagarika Dharmapala eine europäische Bildung genossen hatte. Zeitweilig Anhänger der Reformbewegung *Brahmo Samaj* unter ihrem Führer Keshub Chunder Sen, vertrat Vivekananda seit 1881 die religiösen Lehren des Sri Ramakrishna Paramahamsa (1836–1886), der eine Form des Advaita Vedanta und die Einheit der Religionen propagierte.

Als Vivekananda seine erste Rede in Chicago mit «Amerikanische Schwestern und Brüder» (statt «Meine sehr geehrten Damen und Herren») begann, unterbrach ihn minutenlanger stürmischer Applaus.

Um das «Weltparlament der Religionen» von 1893 zu verstehen, sind viele Faktoren im Auge zu behalten, darunter die Auseinandersetzung europäisch gebildeter und erzogener indischer Eliten mit christlichen Werten und europäischer Philosophie, die Erschütterung des überkommenen christlichen Weltbilds im Gefolge naturwissenschaftlicher Entdeckungen, die von der Theosophischen Gesellschaft propagierte Vorstellung von einer verborgenen Einheit der Religionen, nicht zuletzt die bis zum Ersten Weltkrieg weithin geteilte optimistische Annahme eines schier unbegrenzten Entwicklungspotentials der Menschheit. Dass das europäische (und amerikanische) Bild des Hinduismus und Buddhismus von ihren Repräsentanten in Chicago wesentlich beeinflusst wurde, unterliegt keinem Zweifel. Wie Buffalo Bill und Frederick Jackson Turner das populäre Bild vom amerikanischen Westen als der Grenze zwischen Wildnis und Zivilisation bestimmten, so prägten Vivekananda und Anagarika Dharmapala die amerikanischen und europäischen Vorstellungen von indischer und buddhistischer Spiritualität. Eine wichtige Rolle spielte dabei der deutsch-amerikanische philosophische Schriftsteller und Verleger Paul Carus (1852–1919), der in Chicago mit dem japanischen Buddhisten Shaku Soen zusammentraf und vier Jahre später dessen Schüler Daisetz Teitaro Suzuki (1870–1966) als seinen persönlichen Assistenten nach Amerika holte, um bei der Übersetzung und Herausgabe buddhistischer Schriften einen kompetenten Helfer zu haben. Nach zehnjähriger Übersetzer- und Vortragstätigkeit kehrte Suzuki 1908 über England und Frankreich nach Japan zurück. 1921 wurde er in Kyoto Professor für Buddhistische Philosophie, gründete zusammen mit seiner amerikanischen Frau die *Eastern Buddhist Society* und erzielte in den darauffolgenden Jahrzehnten durch zahlreiche Vortragsreisen in Europa und den Vereinigten Staaten eine breite Wirkung, die das europäische und amerikanische Verständnis des japanischen Buddhismus nachhaltig beeinflusste.

In der ersten Hälfte des 20. Jahrhunderts nahezu vergessen, fand das «Weltparlament der Religionen» von 1893 erst nach dem Ende des Zweiten Weltkriegs mit der Auflösung der alten Kolonialreiche, einer erheblichen Zunahme internationaler Migration und einer deutlich gestiegenen Breitenwirkung indischer und fernöstlicher Traditionen in Europa und Nordamerika wieder verstärkt Beachtung. Aufmerksam wurden zum einen die Vertreter der unterschiedlichen Spielarten des akademischen Fachs Religionswissenschaft, zum anderen die Repräsentanten europäischer und außereuropäischer Religionen, die unter dem Vorzeichen der interkulturellen Begegnung und des interreligiösen Gesprächs im Zeitalter der Globalisierung das Weltparlament als einen direkten Vorläufer gegenwärtiger Bemühungen um den Dialog der Religionen wiederentdeckten.

Der Anstoß zu einer Feier anlässlich des hundertjährigen Jubiläums des Weltparlaments der Religionen kam 1988 von zwei Mitgliedern der 1930 gegründeten *Vivekananda Vedanta Society* in Chicago. Vom 28. August bis zum 4. September 1993 trafen sich daraufhin erneut über 8000 Vertreter verschiedener Religionen aus aller Welt im Palmer House Hotel in Chicago, um an das erste Weltparlament der Religionen zu erinnern und zugleich den möglichen Beitrag der Religionen zur Lösung gegenwärtiger globaler Probleme auszuloten. Eine wichtige Rolle spielte dabei die Ausarbeitung eines Regelwerks, das die Menschenrechtserklärung von 1948 aus den religiösen Traditionen der Menschheit begründen sollte. Dabei einigte man sich unter Federführung des katholischen Theologen Hans Küng in einer *Erklärung zum Weltethos* auf die Ziele einer Kultur der Gewaltlosigkeit, einer gerechten Wirtschaftsordnung, der Toleranz und der Gleichberechtigung von Mann und Frau. Ein weiteres Ergebnis des Treffens war *A Sourcebook for the Community of Religions*, das auf 250 Seiten eine Vielzahl von Beiträgen der Kongressteilnehmer versammelte und Anregungen zur konkreten Umsetzung des interreligiösen Dialogs zu geben suchte.

Nachdem man sich darauf geeinigt hatte, die begonnene Arbeit auf weiteren Zusammenkünften in regelmäßigen Abständen weiterzuführen, besuchten mehr als 7000 Teilnehmer aus über 80 Ländern vom 1. bis 8. Dezember 1999 das dritte Weltparlament der Religionen im südafrikanischen Kapstadt. Ein wichtiges Thema war einmal mehr die Rolle der Religionen angesichts globaler Bedrohungen, wobei man im Hinblick auf den Tagungsort insbesondere der Aids-Epidemie große Aufmerksamkeit schenkte. Eine vierzigseitige Broschüre mit dem Titel *A Call to our Guiding Institutions* widmete sich der Problematik, wie grundsätzlich konsensfähige ethische Prinzipien durch internationale Organisationen, nationale Regierungen, die Industrie, die Medien und das Bildungswesen umgesetzt werden könnten. Weiter ausgeführt wurden diese Ansätze auf dem vierten Weltparlament der Religionen, das im Rahmen eines «Weltforums der Kulturen» vom 7. bis 13. Juni 2004 in Barcelona tagte und sich insbesondere der Problematik religiös motivierter Gewalt sowie der Flüchtlings- und Schuldenproblematik in den Ländern der sogenannten Dritten Welt widmete. Das fünfte Weltparlament der Religionen soll mit voraussichtlich 8000–12 000 Teilnehmern vom 3. bis 9. Dezember 2009 im australischen Melbourne stattfinden und neben den sogenannten Weltreligionen erstmals auch in größerem Umfang die sehr viel weniger bekannten ethnischen Religionen der Welt zu Wort kommen lassen.

Mehr als fünfzehn Jahre nach dem zweiten Treffen in Chicago und der Erklärung zum Weltethos sind indessen auch noch weitere Bemühungen zur Förderung des Dialogs der Religionen und Kulturen zu verzeichnen. Schon lange bevor die Pläne zu einer Neuauflage des Weltparlaments der Religionen von 1893 konkret wurden, hatten Vertreter verschiedener Weltreligionen unter dem Eindruck der Verheerungen des Zweiten Weltkriegs und angesichts der atomaren Bedrohung während des Kalten Krieges ein Treffen vereinbart, das schließlich als erste «Weltkonferenz der Religionen für den Frieden» (*World Conference of Religions for Peace* oder kurz *WCRP*) vom 16. bis 21. Oktober 1970 in Kyoto stattfand. In der Folge wurden (bis einschließlich 2006) weitere sieben Konferenzen abgehalten, auf denen Vertreter des Islams und des Judentums, verschiedener christlicher Konfessionen, der Baha'i, des Buddhismus, des Konfuzianismus, Hinduismus, Shinto, der Religion der Sikhs, des Zoroastrismus sowie verschiedener ethnischer und neuer Religionen ihre Anhänger zu gemeinsamen Aktionen für den Frieden zu mobilisieren versuchten. Auf internationaler, nationaler und lokaler Ebene entstanden zahlreiche Zweigorganisationen, seit 1988 auch in Deutschland. Im Mittelpunkt steht dabei weniger die Erarbeitung konsensfähiger Glaubensaussagen als vielmehr das praktische Handeln mit dem Ziel der gewaltfreien Lösung bestehender Konflikte.

Im Anschluss an die 25. Olympischen Sommerspiele, die 1992 in Barcelona stattfanden, entwickelte sich ferner das Projekt des bereits erwähnten «Weltforums der Kulturen», das mit Unterstützung der UNESCO erstmals 2004 in Barcelona und ein weiteres Mal 2007 im mexikanischen Monterrey durchgeführt wurde. Im Mittelpunkt standen dabei zwar nicht die Religionen, sondern die unterschiedlichen Erscheinungsformen der Zivilgesellschaft, doch bemühte man sich einmal mehr um den interkulturellen Dialog als Grundvoraussetzung eines friedlichen Miteinanders. Ebenfalls zu erwähnen ist in diesem Zusammenhang schließlich noch die 2001 von Alain Michel gegründete und in Genf ansässige Stiftung *Hommes de Parole*, die als politisch, weltanschaulich und wirtschaftlich unabhängige Einrichtung den interkulturellen und interreligiösen Dialog in erster Linie durch die Bereitstellung von Informationsmaterial und die Organisation von Tagungen und Kongressen voranzutreiben sucht. Weithin bekannt wurde insbesondere die Organisation einer «Weltkonferenz der Imame und Rabbiner für den Frieden», die erstmals im Januar 2005 in Brüssel und ein zweites Mal im März 2006 in Sevilla tagte.

Blickt man nach diesen Entwicklungen aus einem Abstand von mehr als hundert Jahren auf das erste Weltparlament der Religionen zurück, erkennt man unschwer, wie der jeweilige Zeitgeist diese wie auch alle folgenden Veranstaltungen geprägt hat. Dass die «großen» religiösen Traditionen Europas und Nordamerikas, insbesondere das Religionsverständnis des liberalen Protestantismus, die Zielsetzung und das Vorgehen der Initiatoren maßgeblich geprägt haben, ist kaum zu bestreiten. Darüber hinaus begann mit dem Treffen in Chicago 1893 eine neue Epoche der interkulturellen Kommunikation, die von der Erfindung der elektrischen und später auch drahtlosen Telegraphie in der zweiten Hälfte des

19. Jahrhunderts bis zur Entwicklung des World Wide Web im letzten Jahrzehnt des 20. Jahrhunderts beständig ausgeweitet wurde. Wie die damit verbundenen Veränderungen die Selbst- und Fremdwahrnehmung von Religionen in der Gesellschaft und darüber hinaus die Rolle der Religion im Leben des einzelnen Menschen verändert haben und noch weiter verändern werden, ist nicht absehbar.

Rückblick und Ausblick

In den vorangegangenen 25 Kapiteln dieses Buches hat der Verfasser, seines Zeichens Religionswissenschaftler, seine Leserinnen und Leser anhand von 25 «Sternstunden» durch die Geschichte der Religionen geführt. Ein Schlussabschnitt unter der Überschrift «Rückblick und Ausblick» könnte vermuten lassen, hier solle zum einen eine Bilanz der Vergangenheit, zum anderen eine Prognose für die zukünftige Entwicklung der Religionen erstellt werden. Damit wäre nach Meinung des Verfassers jedoch nicht allzu viel gewonnen: Eine Prognose, wollte man sie wirklich wagen, müsste angesichts des begrenzten dafür zur Verfügung stehenden Raumes sehr allgemein und unspezifisch ausfallen, und eine Bilanz müsste aus dem gleichen Grund eine unvermeidliche Schwäche der vorangegangenen Darstellung, nämlich deren oft verkürzende und vereinfachende Perspektive, noch stärker hervortreten lassen. Aus diesem Grund sei hier etwas anderes versucht: «Rückblick» soll im folgenden nicht den Blick auf die dargestellte Religionsgeschichte, sondern den Blick auf die Darstellung selbst, ihre Voraussetzungen, ihre Entstehungsbedingungen, also den Blick auf den Religionswissenschaftler und sein Tun bezeichnen. «Ausblick» soll sich demgegenüber nicht auf die Zukunft der Religionen, sondern auf die des Lesers beziehen, wenn er dieses Buch aus der Hand gelegt hat und – dies die stille Hoffnung des Verfassers – mehr über den darin behandelten Gegenstand erfahren will.

Als Beispiel für die Tätigkeit des Religionswissenschaftlers ist das vorliegende Buch typisch und untypisch zugleich. Untypisch insofern, als es auf einem außerordentlich beschränkten Raum – knapp 200 Seiten – den Leser in ein unerhört weites Feld, nämlich die gesamte uns bekannte Religionsgeschichte, einführt und obendrein anstelle minutiöser Quellennachweise nur einen knappen Anhang mit summarischen Hinweisen auf benutzte und weiterführende Literatur bietet. Typisch andererseits insofern, als es eben ein *Text* ist: Was dem Fotografen das Lichtbild, dem Bildhauer die Skulptur, dem Komponisten die Partitur, ist dem Religionswissenschaftler die mündliche oder schriftlich fixierte Rede, sei es als Vorlesung, Vortrag, Aufsatz, Lexikonartikel oder eben – wie hier – als Buch.

Woher aber nimmt der Religionswissenschaftler das Material für seinen Text? Die Antwort darauf hängt zunächst natürlich davon ab, worüber er zu sprechen oder zu schreiben gedenkt. Dass das Christentum in seinen verschiedenen Ausprägungen eine Religion ist, versteht sich von selbst. Dass auch der Islam, der Buddhismus oder der Hinduismus Religionen sind, gilt in unserer Kultur ebenfalls als ausgemacht. Darüber sei jedoch nicht vergessen, dass keine dieser bei uns so genannten Religionen einen Begriff hat, der unserem Wort «Religion» genau entspricht. Arabisch *din* oder indisch *dharma* stimmen damit zwar teilweise überein, bezeichnen andererseits aber auch Kulturaspekte, die wir mit anderen, nichtreligiösen Begriffen bezeichnen bzw. assoziieren. Noch schwieriger wird es bei den antiken und altorientalischen Hochkulturen, in denen vermeintlich religiöse Phänomene in eigentümlicher Weise mit solchen verzahnt oder verschränkt sind, die wir gewöhnlich als profan bezeichnen. Wenn wir aber bestimmte Erscheinungen in fremden und vergangenen Kulturen auch dann unter dem Oberbegriff «Religion» zusammenfassen, wenn dies dem Selbstverständnis der beteiligten Akteure gar nicht oder nur teilweise entspricht, sollten wir dann nicht auch überlegen, ob manche Elemente in unserer eigenen Kultur mit demselben Recht als «Religion» bezeichnet werden könnten, auch wenn wir dies nicht gewohnt sind? Wie auch immer die Antwort auf diese Frage ausfallen mag: Klar ist, dass der Religionswissenschaftler – im Unterschied etwa zum Sprachwissenschaftler – den Gegenstand seiner Forschung nicht eindeutig abgegrenzt vorfindet, sondern ihn – ähnlich wie der Kunstwissenschaftler – im Laufe seiner Arbeit immer wieder neu bestimmen muss. Wie geht er dabei vor?

Wer über eine Religion in seiner Umgebung schreibt, kann sie oft – wenn auch nicht immer – über einen längeren Zeitraum hinweg aus mehr oder weniger geringer Distanz beobachten, religiöse Handlungen unmittelbar miterleben und die Akteure gegebenenfalls nach deren Sinn und Auswirkungen befragen. Wer sich dagegen über die Religion einer fernen, möglicherweise weit entfernten Kultur zu unterrichten sucht, wird diese im Allgemeinen nur schlaglichtartig oder überhaupt nicht selbst erleben können und daher weitgehend oder vollständig auf Informationen aus zweiter Hand angewiesen bleiben. Letzteres gilt ohne Einschränkung für die gesamte Religionsgeschichte von ihren Anfängen bis in die jüngste Vergangenheit, die sich der teilnehmenden Beobachtung des Religionswissenschaftlers vollständig entzieht. Wer also allgemeine, empirisch nachprüfbare Aussagen über «Religion» im Sinne der Gesamtheit aller Religionen treffen will, kommt nicht darum herum, die auf eigener Erfahrung beruhenden Aussagen in großem Umfang anhand der Mitteilungen anderer zu ergänzen, zu modifizieren und gegebenenfalls zu korrigieren. Was sind die Voraussetzungen dafür, und welche Hindernisse stehen dem entgegen?

Um das Wichtigste vorwegzunehmen: Rasch und gleichsam nebenbei ist diese Aufgabe nicht zu erledigen, denn sie erfordert einerseits umfangreiche Geschichts- und Sprachkenntnisse, die man sich nur im langjährigen Umgang mit den Quellen und der modernen Forschung darüber erwirbt, andererseits die persönliche Vertrautheit mit – oder doch wenigstens Offenheit für – unterschiedliche Weisen des Erlebens und der Bewältigung menschlicher Existenz, die nur aus eigener Erfahrung kommt. Beides unter einen Hut zu bringen, ist keineswegs leicht, letzten Endes aber – zumindest als Ideal – unverzichtbar. Wer nämlich sämtliche Religionen der Gegenwart und Vergangenheit am Maßstab seiner eigenen Erfahrung misst, erfasst deren Eigenart, Komplexität und Vielfalt ebensowenig wie der, der mangels philologischer Kenntnisse den Inhalt der Quellen überhaupt nicht zu erfassen versteht. Erst beide Voraussetzungen zusammen ermöglichen dem Religionswissenschaftler Aussagen, die mehr als subjektiv plausibel oder eine bloße Widerspiegelung des Zeitgeists sind. Die Schwierigkeiten dieses Unterfangens sollte man jedoch nicht unterschätzen: Wer das vorliegende Buch aufmerksam gelesen hat, wird an vielen Beispielen unschwer erkennen, wie sehr sich das Bild der einzelnen Religionen im Laufe der Zeit gewandelt hat und jedes Zeitalter seine Vorstellungen von «Religion» danach neu ausgerichtet hat. In dieser Perspektive erweist sich die Religionswissenschaft als ein Fach, das ein gewisses Maß an akademischer Freiheit ebenso voraussetzt wie eine fachliche, historisch-philologisch fundierte Spezialisierung. Weit davon entfernt, die Komplexität ihres Gegenstands auf einige wenige griffige und vermeintlich praktisch-nützliche Formulierungen zu reduzieren, muss es ihr vor allen Dingen darum gehen, das Bewusstsein für die Komplexität dessen, was bei uns gemeinhin «Religion» genannt wird, wachzuhalten.

Wessen Interesse durch die Lektüre des vorliegenden Buches noch nicht befriedigt ist, findet in den Anmerkungen in Verbindung mit dem Literaturverzeichnis vielfältige Hinweise auf weiterführende Informationsmöglichkeiten. Nicht vergessen sei darüber die Möglichkeit, in unserer multikulturellen Gesellschaft auf gleicher Ebene mit den unterschiedlichsten religiösen Traditionen Bekanntschaft zu machen. Eine genaue Kenntnis auch der religiösen Wurzeln unserer eigenen Kultur bildet dabei eine wichtige Voraussetzung für das Verständnis dessen, was zunächst nur fremd erscheinen mag. Wie die jeweiligen religiösen Traditionen haben im übrigen auch deren Anhänger und Vertreter ihre jeweils eigene Geschichte, der es sich mit Respekt, Geduld und Aufmerksamkeit zu nähern gilt.

Anmerkungen

1. Vollständige Übersetzungen der Lehre des Ptahhotep mit reichhaltigen Anmerkungen bieten Brunner 1988, S. 104–132 (daraus sämtliche Zitate) und Lichtheim 1973–1980, Bd. 1, S. 61–80. Die Angaben zum Nachleben und zur Rezeption des Textes folgen den Hinweisen bei Brunner, die Bemerkungen zur Bildersprache den Angaben bei Lichtheim. Eine neuere Studie zum Text bietet Junge 2003.

2. Kommentierte Übersetzungen der Tonzylinder des Gudea von Lagasch bieten Jacobsen 1987, S. 386–444, Wilson 1996, Edzard 1997 sowie – in Auszügen – R. E. Averbeck in Hallo u. a. 2000, S. 417–433 (dort auch die zitierten Hinweise auf biblische Parallelen). Zur Interpretation vgl. ferner Klein 1989, Averbeck 1998 und Suter 2000.

3. Neuere Biographien Echnatons bieten Hornung 2001, Reeves 2002 und Schlögl 2008. Die am Ende des Kapitels zitierte Stelle aus der Darstellung von Richard Lepsius entstammt Hornung 2001, die Zitate aus dem Großen Aton-Hymnus Schlögl 2008. Alternative Übersetzungen bieten Assmann 1975, S. 215–221 und Bayer 2007.

4. Vgl. den Ausstellungskatalog Hethiter 2002 sowie die neueren Darstellungen von Burney 2004 und Klinger 2007. Eine kommentierte deutsche Übersetzung der Pestgebete des Mursili bietet Goetze 1930 (daraus auch der eingangs des Kapitels zitierte Abschnitt). Neuere Übertragungen findet man bei Hallo u. a. 1997, S. 156–160 und Lebrun 1980, S. 191–239. Zur hethitischen Gebetstradition vgl. Singer 2002.

5. Einen guten Einstieg in die vedische Religion bieten die oft nachgedruckten und bis heute nicht ersetzten Standardwerke von Oldenberg 1917 und MacDonell 1917. Wichtige neuere Gesamtdarstellungen der vedischen Religion und Literatur sind Gonda 1960 und 1975. Eine neuere Übersetzung ausgewählter vedischer Hymnen enthält Witzel 2007.

6. Eine umfassende Darstellung der Geschichte des Zoroastrismus gibt Stausberg 2002–2004 (kurz zusammengefasst Stausberg 2005). Die europäische Rezeption der Zarathustra-Gestalt behandeln ausführlich Stausberg 1998 und Rose 2000. Die Zusammenfassung der mittelpersischen Zarathus-

tra-Legende und der in der Überschrift zu diesem Kapitel zitierte Satz daraus beruhen auf der Transkription und Übersetzung des Pahlavi-Textes durch Molé 1967.

7. Zur Entstehungsgeschichte der Hebräischen Bibel vgl. Zenger u.a. 2006. Über den gegenwärtigen Forschungsstand der Biblischen Archäologie orientieren Finkelstein u. Silberman 2002. Zur Auffassung der Mose-Erzählung als einer Schöpfung des 6.Jahrhunderts v.Chr. vgl. Otto 2000 (darin auch die zitierte Übersetzung der Geburtserzählung Sargons von Akkad) sowie Otto 2006. Speziell zur Aussetzungsgeschichte vgl. Gerhards 2006, zur Rezeptionsgeschichte der Mose-Erzählung Graupner u. Wolter 2007, zu den Zehn Geboten und ihrer Wirkungsgeschichte Köckert 2007.

8. Neuere Einführungen zu Homer und seinem Werk bieten Latacz 2003, Patzeck 2003 und Rutherford 1996. Vgl. außerdem das umfassende Handbuch von Morris u. Powell 1996 sowie zur Frage der Götter und des Menschenbilds zuletzt Sarischoulis 2008. Zur Rezeption der homerischen Epen in Literatur und Kunst vgl. den Ausstellungskatalog Latacz 2008.

9. Zur religions- und philosophiegeschichtlichen Einordnung der Upanischaden vgl. zur Einführung Glasenapp 1958 und Glasenapp 1961. Neuausgaben klasssischer älterer Übersetzungen bieten Michaels 2006 und Michel 2006, als umfassendes Nachschlagewerk dient Pandey 2007.

10. Neuere Einführungen in den Buddhismus bieten Schumann 2008, Brück 2007, Schmidt-Glintzer 2007 und Schumann 2005. Zur Biographie des Buddha vgl. Schumann 2004, zum frühen Buddhismus in Indien Conze 2007 und Williams 2000. Als handliches Nachschlagewerk dient Keown u. Prebish 2004.

11. Zu Laozi vgl. Reiter 2008 und Möller 2003. Einführungen in den Daoismus bieten Bauer 2006, die Beiträge in Meisig 2005, Kirkland 2004 sowie Reiter 2003 und 2002. Vgl. ferner die umfangreichen Handbücher von Kohn 2000, Schipper u. Verellen 2004 sowie Pregadio 2008. Die europäische Daoismus-Rezeption behandelt Clarke 2000.

12. Über die Voraussetzungen und den Verlauf der Makkabäerkriege orientiert kurzgefasst Baur 2007. Einen Einstieg in die neuere Forschung zum hellenistischen Judentum ermöglichen Frey 2007, Rajak 2007, Xeravits 2007, Feldman 2006, Bakhos 2005, Collins 2005 und Kovelman 2005.

13. Über den Prozess Jesu aus historischer Sicht orientiert kurzgefasst Reinbold 2006. Jesus aus der Perspektive des Judentums seiner Zeit behandeln – mit unterschiedlichen Akzent- und Zielsetzungen – Hengel u. Schwemer 2007, Chester 2007, Becker 2005 und Chancey 2005.

14. Vgl. die drei Bände Gnosis 1995. Eine kommentierte Übersetzung von liturgischen Texten der Manichäer Zentralasiens bietet Klimkeit 1989.

Der Kölner Mani-Kodex ist zugänglich in der kritischen zweisprachigen Ausgabe von Koenen u. Römer 1989 sowie in der für einen weiteren Leserkreis bestimmten Übersetzung von Koenen u. Römer 1993. Neuere Darstellungen der Geschichte des Manichäismus bieten die beiden Bände von Lieu 1994 und 1998 sowie Decret 2005.

15. Neuere Einführungen zu Augustinus bieten Knowles 2007, Trapè 2006 und Kreuzer 2005. Vgl. ferner die Studie von Seele 2008, die Beiträge zur Fachdiskussion in Fuhrer 2008 und Mayer 2007 sowie das umfassende Handbuch von Drecoll 2007. Eine Neuausgabe der Bekenntnisse in deutscher Übersetzung bietet Ulrich 2007.

16. Einführungen in das Leben Muhammads und die Anfänge des Islams bieten Bobzin 2000 und Khoury 2008. Kontroversen der neueren Forschung veranschaulichen die umfangreicheren Biographien von Jansen 2008 und Nagel 2008. Das Zitat zur Einigung von Hudaibiya entstammt der klassischen Prophetenbiographie von Buhl 1930.

17. Eine Einführung in den tibetischen Buddhismus aus der Feder des 14. Dalai Lama bietet bsTan-'dzin-rgya-mtsho 2007. Vgl. ferner die Ausstellungskataloge von Bräutigam u. Lee-Kalisch 2006, Köpke u. Schmelz 2005 und Rhie u. Thurman 1996. Eine Auswahl buddhistischer Texte aus Tibet in deutscher Übersetzung gibt Hahn 2007. Zu Padmasambhava vgl. Guenther 1996 und Essen 1991.

18. Zur Entstehung und zur Geschichte des Zisterzienserordens vgl. die neueren Gesamtdarstellungen von Rüffer 2008, Uffelmann 2004, Eberl 2002 sowie die Aufsätze in Scholkmann u. Lorenz 2000. Zum abendländischen Mönchtum im Allgemeinen vgl. Ohler 2008, Hawel 2007, Metzger u. Feuerstein-Praßer 2006 sowie als kurzgefasstes Nachschlagewerk Schwaiger 2003.

19. Neuere Biographien Martin Luthers bieten Beutel 2006, Kaufmann 2006, Leppin 2006 und Tomlin 2007. Zu Luthers Bibelübersetzung vgl. die Beiträge in Meurer 1996 sowie zur Rezeptions- und Wirkungsgeschichte Wolf 1996 und Besch 1999. Eine Neuausgabe der Luther-Bibel von 1534 mit kulturgeschichtlichen Erläuterungen gibt Füssel 2002.

20. Zu Ignatius von Loyola vgl. die Einführungen von Kiechle 2007 und Knauer 2006 sowie die ausführlicheren Biographien von Feld 2006 und Maron 2001. Zum Jesuitenorden vgl. Worcester 2008, Hartmann 2008 und Haub 2007. Zur Mission der Jesuiten in China und Amerika vgl. zuletzt Brockey 2007 bzw. Cushner 2006, zum Jesuitenstaat in Paraguay Hartmann 1994.

21. Zur Biographie Moses Mendelssohns vgl. kurzgefasst Tree 2007 und ausführlich Bourel 2007. Zur Freundschaft Mendelssohns mit Lessing vgl.

Forester 2001, zur jüdischen Aufklärung im Allgemeinen Fainer 2007, Hertz 2007, Panwitz 2007, Reichman 2007 und Schulte 2002.

22. Zu Ram Mohan Roy vgl. zuletzt Bagchi 2004 und Prakash 2003. Zum Neohinduismus des 19. Jahrhunderts im Allgemeinen vgl. Hatcher 2008, Dasgupta 2007, Salmond 2004, Basu 2002 und Kejariwal 1999.

23. Neuere Einführungen zur Religion der Mormonen im Allgemeinen bieten Bushman 2008, Davies 2003, Eliason 2001 sowie – als Nachschlagewerk – Bitton 2000. Zur Geschichte der Mormonen vgl. Givens 2004, zur Kontroverse um den Ursprung des Buches Mormon Cowdrey u. a. 2005 und zu den Mormonen in der Gegenwart Bushman 2006.

24. Neuere Gesamtdarstellungen der Baha'i-Religion bieten Towfigh 2007 sowie – aus religionswissenschaftlicher Perspektive – Warburg 2006, Adamson 2007 und Brookshaw 2008. Zur Entstehung und frühen Geschichte der Baha'i-Religion vgl. ferner die Beiträge in Bürgel u. Schayani 1998.

25. Zum Weltparlament der Religionen von 1893 vgl. zuletzt Lüddeckens 2002 (dort auch das Zitat von Friedrich Max Müller), Seager 1995 und Ziolkowski 1993. Eine Auswahl aus den 1893 gehaltenen Ansprachen bietet Seager 1993. Zum Weltparlament der Religionen von 1993 vgl. Teasdale u. Cairns 1996, und zu dem von 1999 Kenney 2000. Zum «Projekt Weltethos» vgl. Hasselmann 2002 und Küng 2002.

Rückblick und Ausblick: Neuere Einführungen in die Religionswissenschaft bieten Rüpke 2007, Hock 2002 und Stolz 2001. Vgl. ferner die Beiträge in den Sammelbänden von Segal 2006, Hinnells 2004, Figl 2003 sowie Braun u. McCutcheon 2000.

Literatur

Assmann 1975: Jan Assmann, Ägyptische Hymnen und Gebete, Zürich und München.

Averbeck 1998: R.E. Averbeck, «Ritual Formula, Textual Frame, and Thematic Echo in the Cylinders of Gudea», in: Crossing Boundaries and Linking Horizons. Studies in Honor of Michael C. Astour on his 80th Birthday, Bethesda/Md, 37–93.

Bagchi 2004: Reeta Bagchi, Vision of Raja Rammohun Roy: secularism, humanism, universalism, New Delhi.

Bakhos 2005: Carol Bakhos (Hrsg.), Ancient Judaism in its Hellenistic Contexts, Leiden.

Basu 2002: Shamita Basu, Religious revivalism as nationalist discourse. Swami Vivekananda and new Hinduism in nineteenth-century Bengal, Oxford.

Bauer 2006: Wolfgang Bauer, Geschichte der chinesischen Philosophie, München.

Baur 2007: Wolfgang Baur (Red.), Heiliger Krieg in der Bibel? Die Kämpfe der Makkabäer, Stuttgart.

Bayer 2007: Christian Bayer, Echnaton: Sonnenhymnen, Stuttgart.

Becker 2005: Hans-Jürgen Becker (Hrsg.), The Sermon on the Mount and its Jewish setting, Paris.

Besch 1999: Werner Besch, Die Rolle Luthers in der deutschen Sprachgeschichte, Heidelberg.

Beutel 2006: Albrecht Beutel, Martin Luther, 2., verbesserte Auflage, Leipzig.

Bitton 2000: Davis Bitton, Historical Dictionary of Mormonism, second edition, Lanham/Md.

Bobzin 2000: Hartmut Bobzin, Mohammed, München.

Bourel 2007: Dominique Bourel, Moses Mendelssohn – Begründer des modernen Judentums, Zürich.

Bräutigam u. Lee-Kalisch 2006: Uwe Bräutigam und Jeonghee Lee-Kalisch (Hrsg.), Tibet: Klöster öffnen ihre Schatzkammern, München.

Braun u. McCutcheon 2000: W. Braun und R.T. McCutcheon (Hrsg.), Guide to the Study of Religion, London.

Brockey 2007: Liam Matthew Brockey, Journey to the East. The Jesuit Mission to China, 1579–1724, Cambridge/ Mass.

Brück 2007: Michael von Brück, Einführung in den Buddhismus, Darmstadt.

Brunner 1988: Hellmut Brunner, Altägyptische Weisheit. Lehren für das Leben, Zürich und München.

bsTan-'dzin-rgya-mtsho 2007: bsTan-'dzin-rgya-mtsho (XIV. Dalai Lama), Der Weg des tibetischen Buddhismus, veränderte Neuausgabe, Freiburg.

Bürgel u. Schayani 1998: Christoph Bürgel und Isabel Schayani (Hrsg.), Iran im 19. Jahrhundert und die Entstehung der Baha'i-Religion, Hildesheim.

Buhl 1930: Frants Buhl, Das Leben Muhammeds, Heidelberg.

Burney 2004: Charles Burney, Historical Dictionary of the Hittites, Lanham/Md.

Bushman 2006: Claudia L. Bushman, Contemporary Mormonism: Latter-Day Saints in modern America, Westport/ Conn.

Bushman 2008: Richard Lyman Bushman, Mormonism, Oxford.

Chancey 2005: Mark A. Chancey, Greco-Roman culture and the Galilee of Jesus, Cambridge.

Chester 2007: Andrew Chester, Messiah and exaltation. Jewish messianic and visionary traditions and New Testament Christology, Tübingen.

Clarke 2000: J. J. Clarke, The Tao of the West, London.

Collins 2005: John Joseph Collins, Jewish cult and Hellenistic culture, Leiden.

Conze 2007: Edward Conze, Buddhistisches Denken, Frankfurt/Main.

Cowdrey u. a. 2005: Wayne L. Cowdrey, H. A. Davis und A. Vanick, Who really wrote the book of Mormon? The Spalding enigma, St. Louis.

Cushner 2006: Nicholas P. Cushner, Why have you come here? The Jesuits and the first evangelisation of native America, Oxford 2006.

Dasgupta 2007: Subrata Dasgupta, The Bengal Renaissance. Identity and creativity from Rammohun Roy to Rabindranath Tagore, Delhi.

Davies 2003: Douglas J. Davies, An introduction to Mormonism, Cambridge.

Decret 2005: François Decret, Mani et la tradition manichéenne, Paris.

Drecoll 2007: Volker Henning Drecoll (Hrsg.), Augustinus-Handbuch, Tübingen.

Eberl 2002: Immo Eberl, Die Zisterzienser. Geschichte eines europäischen Ordens, Stuttgart.

Eliason 2001: Eric A. Eliason (Hrsg.), Mormons and Mormonism, Urbana/Ill.

Edzard 1997: Dietz Otto Edzard, Gudea and his Dynasty, Toronto.

Essen 1991: Gerd Wolfgang Essen, Padmasambhava: Leben und Wundertaten des großen tantrischen Meisters aus Kaschmir im Spiegel der tibetischen Bildkunst, Köln.

Fainer 2007: Shemu'el Fainer, Haskala – jüdische Aufklärung, Hildesheim.

Feld 2006: Helmut Feld, Ignatius von Loyola, Köln.

Feldman 2006: Louis H. Feldman, Judaism and Hellenism reconsidered, Leiden.

Figl 2003: Johann Figl (Hrsg.), Handbuch Religionswissenschaft, Göttingen u. a.

Finkelstein u. Silberman 2002: Israel Finkelstein und Neil A. Silberman, Keine Posaunen vor Jericho. Die archäologische Wahrheit über die Bibel, München.

Forester 2001: Vera Forester, Lessing und Moses Mendelssohn: Geschichte einer Freundschaft, Hamburg.

Frey 2007: Jörg Frey, Jewish Identity in the Greco-Roman World, Leiden 2007.

Füssel 2002: Stephan Füssel, Die Luther-Bibel von 1534, 3 Bände, Köln.

Fuhrer 2008: Therese Fuhrer (Hrsg.), Die christlich-philosophischen Diskurse der Spätantike, Stuttgart.

Gerhards 2006: Meik Gerhards, Die Aussetzungsgeschichte des Mose, Neukirchen-Vluyn.

Givens 2007: Terry L. Givens, People of paradox. A history of Mormon culture, Oxford.

Glasenapp 1958: Helmuth von Glasenapp, Die Philosophie der Inder, 2. Auflage, Stuttgart.

Glasenapp 1961: Helmuth von Glasenapp, Die Literaturen Indiens, Stuttgart.

Gnosis 1995: Die Gnosis, Bd. 1: Zeugnisse der Kirchenväter, unter Mitwirkung von Ernst Haenchen und Martin Krause eingeleitet, übersetzt und erläutert von Werner Foerster, Bd. 2: Koptische und mandäische Quellen, eingeleitet, übersetzt und erläutert von Martin Krause und Kurt Rudolph, herausgegeben von Werner Foerster, Bd. 3: Der Manichäismus, unter Mitwirkung von Jes Peter Asmussen eingeleitet, übersetzt und erläutert von Alexander Böhlig, Zürich.

Goetze 1930: Albrecht Goetze, «Die Pestgebete des Mursili», Kleinasiatische Forschungen 1, 161–251.

Gonda 1960: Jan Gonda, Die Religionen Indiens. I Veda und älterer Hinduismus, Stuttgart.

Gonda 1975: Jan Gonda, Vedic Literature, Wiesbaden.

Graupner u. Wolter 2007: A. Graupner und M. Wolter (Hrsg.), Moses in Biblical and Extra-Biblical Traditions, Berlin.

Guenther 1996: Herbert Guenther, The Teaching of Padmasambhava, Leiden.

Hahn 2007: Michael Hahn, Vom rechten Leben. Buddhistische Lehren aus Indien und Tibet, Frankfurt/Main 2007.

Hallo u.a. 1997: William W. Hallo u.a. (Hrsg.), The Context of Scripture. Volume I. Canonical Compositions from the Biblical World, Leiden.

Hallo u.a. 2000: William W. Hallo u.a. (Hrsg.), The Context of Scripture. Volume II. Monumental Inscriptions from the Biblical World, Leiden.

Hartmann 1994: Peter Claus Hartmann, Der Jesuitenstaat in Südamerika, 1609–1768, Weissenhorn.

Hartmann 2008: Peter Claus Hartmann, Die Jesuiten, 2., durchgesehene Auflage, München.

Hasselmann 2002: Christel Hasselmann, Die Weltreligionen entdecken ihr gemeinsames Ethos, Mainz.

Hatcher 2008: Brian A. Hatcher, Bourgeois Hinduism, or the faith of the modern Vedantists. Rare discourses from early colonial Bengal, New York.

Haub 2007: Rita Haub, Die Geschichte der Jesuiten, Darmstadt.

Hawel 2007: Peter Hawel, Das Mönchtum im Abendland. Ursprung – Idee – Geschichte, 3., völlig neu bearb. u. erw. Auflage, München.

Hengel u. Schwemer 2007: Martin Hengel und Anna Maria Schwemer, Geschichte des frühen Christentums, Bd. 1: Jesus und das Judentum, Tübingen.

Hertz 2007: Deborah Hertz, How Jews became Germans. The history of conversion and assimilation in Berlin, New Haven/Conn.

Hethiter 2002: Die Hethiter und ihr Reich. Volk der 1000 Götter, Bonn.

Hinnells 2004: John Hinnells (Hrsg.), The Routledge companion to the study of religion, London.

Hock 2002: Klaus Hock, Einführung in die Religionswissenschaft, Darmstadt.

Hornung 2001: Erik Hornung, Echnaton. Die Religion des Lichts, Düsseldorf.

Jacobsen 1987: Thorkild Jacobsen, The Harps that Once ... Sumerian Poetry in Translation, New Haven und London.

Jansen 2008: Hans Jansen, Mohammed: eine Biographie, München.

Junge 2003: Friedrich Junge, Die Lehre Ptahhoteps und die Tugenden der ägyptischen Welt, Freiburg/Schweiz und Göttingen.

Kaufmann 2006: Thomas Kaufmann, Martin Luther, München.

Kejariwal 1999: O. P. Kejariwal, The Asiatic Society of Bengal and the Discovery of India's Past, 1784–1838, Oxford.

Kenney 2000: Jim Kenney, «World Parliament of Religions, Cape Town, South Africa», Buddhist-Christian Studies 20, 249–255.

Keown u. Prebish 2004: Damien Keown und Charles S. Prebish (Hrsg.), Encyclopedia of Buddhism, London.

Khoury 2008: Adel Theodor Khoury, Muhammad. Der Prophet und seine Botschaft, Freiburg.

Kiechle 2007: Stefan Kiechle, Ignatius von Loyola, überarb. Neuausgabe, Freiburg.

Kirkland 2004: Russell Kirkland, Taoism: the enduring tradition, London.

Klein 1989: J. Klein, »Building and Dedication Hymns in Sumerian Literature», Acta Sumerologica 11, 27– 67.

Klimkeit 1989: Hans-Joachim Klimkeit, Hymnen und Gebete der Religion des Lichts. Iranische und türkische liturgische Texte der Manichäer Zentralasiens, Opladen.

Klinger 2007: Jörg Klinger, Die Hethiter, München.

Knauer 2006: Peter Knauer, Hinführung zu Ignatius von Loyola, Freiburg.

Knowles u. Penkett 2007: Andrew Knowles und Pachomios Penkett, Augustinus und seine Welt, Freiburg.

Köckert 2007: Matthias Köckert, Die Zehn Gebote, München.

Koenen u. Römer 1988: Ludwig Koenen und Cornelia Römer, Der Kölner Mani-Kodex. Über das Werden seines Leibes, Opladen.

Koenen u. Römer 1993: Ludwig Koenen und Cornelia Römer, Mani. Auf der Spur einer verschollenen Religion, Freiburg.

Köpke u. Schmelz 2005: Wulf Köpke und Bernd Schmelz (Hrsg.), Die Welt des tibetischen Buddhismus, Hamburg.

Kohn 2000: Livia Kohn (Hrsg.), Daoism Handbook, Leiden.

Kovelman 2005: Arkady Kovelman, Between Alexandria and Jerusalem. The dynamics of Jewish and Hellenistic culture, Leiden.

Kreuzer 2005: Johann Kreuzer, Augustinus zur Einführung, Hamburg.

Küng 2002: Hans Küng (Hrsg.), Dokumentation zum Weltethos. Der Weg zur Weltethoserklärung, München.

Latacz 2003: Joachim Latacz, Homer: Der erste Dichter des Abendlands, Düsseldorf.

Latacz 2008: Joachim Latacz (Hrsg.), Homer, München.

Lebrun 1980: René Lebrun, Hymnes et prières hittites, Louvain-la-Neuve.

Leppin 2006: Volker Leppin, Martin Luther, Darmstadt.

Lichtheim 1973–1980: Miriam Lichtheim, Ancient Egyptian Literature. A Book of Readings, 3 Bände, Berkeley, Calif.

Lüddeckens 2002: Dorothea Lüddeckens, Das Weltparlament der Religionen von 1893. Strukturen interreligiöser Begegnung im 19. Jahrhundert, Berlin.

MacDonell 1917: Arthur Anthony MacDonell, A Vedic Reader for Students, Oxford.

Maron 2001: Gottfried Maron, Ignatius von Loyola, Göttingen.

Mayer 2007: Cornelius Petrus Mayer (Hrsg.), Gnade – Freiheit – Rechtfertigung: augustinische Topoi und ihre Wirkungsgeschichte, Stuttgart.

Meisig 2005: Konrad Meisig (Hrsg.), Chinesische Religion und Philosophie, Wiesbaden.

Metzger u. Feuerstein-Praßer 2006: Franz Metzger und Karin Feuerstein-Praßer, Die Geschichte des Ordenslebens: von den Anfängen bis heute, Freiburg.

Meurer 1996: Siegfried Meurer (Hrsg.), «Was Christum treibet»: Martin Luther und seine Bibelübersetzung, Stuttgart.

Michaels 2006: Axel Michaels (Hrsg.), Die Weisheit der Upanischaden, aus dem Sanskrit von Karl Friedrich Geldner, München.

Michel 2006: Peter Michel (Hrsg.), Upanischaden: die Geheimlehre des Veda, in der Übersetzung von Paul Deussen, Wiesbaden.

Möller 2003: Hans-Georg Möller, Laozi (Lao-tse), Freiburg.

Molé 1967: Marijan Molé, La Légende de Zoroastre selon les textes pehlevis, Paris.

Morris u. Powell 1996: Ian Morris und Barry Powell (Hrsg.), A New Companion to Homer, Leiden.

Nagel 2008: Tilman Nagel, Mohammed – Leben und Legende, München.

Ohler 2008: Norbert Ohler, Mönche und Nonnen im Mittelalter, Düsseldorf.

Oldenberg 1917: Hermann Oldenberg, Die Religion des Veda, Stuttgart.

Otto 2000: Eckart Otto, «Mose und das Gesetz. Die Mose-Figur als Gegenentwurf Politischer Theologie zur neuassyrischen Königsideologie im 7. Jh. v. Chr.», in: Ders. (Hrsg.), Mose. Ägypten und das Alte Testament, Stuttgart.

Otto 2006: Eckart Otto, Mose, München.

Pandey 2007: Ravi Narayan Pandey, Encyclopedia of Upanishads, New Delhi.

Panwitz 2007: Sebastian Panwitz, Die Gesellschaft der Freunde (1792 – 1935), Hildesheim.

Patzeck 2003: Barbara Patzeck, Homer und seine Zeit, München.

Prakash 2003: Om Prakash, Raja Rammohun Roy: the reformer, New Delhi.

Pregadio 2008: Fabrizio Pregadio (Hrsg.), The Encyclopedia of Taoism, London.

Rajak 2007: Tessa Rajak (Hrsg.), Jewish perspectives on Hellenistic rulers, Berkeley/Calif.

Reeves 2002: Nicholas Reeves, Echnaton. Ägyptens falscher Prophet, Mainz.

Reichman 2007: Ronen Reichman (Red.), Haskala im 18. Jahrhundert, Heidelberg.

Reinbold 2006: Wolfgang Reinbold, Der Prozess Jesu, Göttingen.

Reiter 2002: Florian C. Reiter, Religionen in China, München 2002.

Reiter 2003: Florian C. Reiter, Taoismus zur Einführung, 2. Auflage, Hamburg.

Reiter 2008: Florian C. Reiter, Laozi interkulturell gelesen, Nordhausen.

Rhie u. Thurman 1996: Marylin M. Rhie und Robert A. F. Thurman (Hrsg.), Weisheit und Liebe. 1000 Jahre Kunst des tibetischen Buddhismus, Bonn.

Rose 2000: Jenny Rose, The Image of Zoroaster: The Persian Mage through European Eyes, New York.

Rüffer 2008: Jens Rüffer, Die Zisterzienser und ihre Klöster. Leben und Bauen für Gott, Darmstadt.

Rüpke 2007: Jörg Rüpke, Historische Religionswissenschaft. Eine Einführung, Stuttgart.

Rutherford 1996: Richard Rutherford, Homer, Oxford.

Salmond 2004: Noel A. Salmond, Hindu Iconoclasts: Rammohun Roy, Dayananda Sarasvati and nineteenth century polemics against idolatry, Calcutta.

Sarischoulis 2008: Efstratios Sarischoulis, Schicksal, Götter und Handlungsfreiheit in den Epen Homers, Stuttgart.

Schipper u. Verellen 2004: Kristofer Schipper und Franciscus Verellen, The Taoist canon, Chicago/Ill.

Schlögl 2008: Herrmann Alexander Schlögl, Echnaton, München.

Schmidt-Glintzer 2007: Helwig Schmidt-Glintzer, Der Buddhismus, 2., durchgesehene Auflage, München.

Scholkmann u. Lorenz 2000: Barbara Scholkmann und Sönke Lorenz (Hrsg.), Von Cîteaux nach Bebenhausen. Welt und Wirken der Zisterzienser, Tübingen.

Schulte 2002: Christoph Schulte, Die jüdische Aufklärung: Philosophie, Religion, Geschichte, München.

Schumann 2004: Hans Wolfgang Schumann, Der historische Buddha, aktualisierte Neuausgabe, Kreuzlingen.

Schumann 2005: Hans Wolfgang Schumann, Buddhismus. Stifter, Schulen und Systeme, überarbeitete Neuausgabe, Kreuzlingen.

Schumann 2008: Hans Wolfgang Schumann, Handbuch Buddhismus, 2., aktualisierte Auflage, Kreuzlingen.

Schwaiger 2003: Georg Schwaiger (Hrsg.), Mönchtum, Orden, Klöster: von den Anfängen bis zur Gegenwart, München.

Seager 1993: Richard Hughes Seager (Hrsg.), The Dawn of Religious Pluralism. Voices from the World's Parliament of Religions, 1893, La Salle, Ill.

Seager 1995: Richard Hughes Seager, The World's Parliament of Religions. The East/West Encounter, Chicago, 1893, Bloomington.

Seele 2008: Peter Seele, Philosophie der Epochenschwelle: Augustinus zwischen Antike und Mittelalter, Berlin.

Segal 2006: Robert A. Segal (Hrsg.), The Blackwell companion to the study of religion, Oxford.

Singer 2002: Itamar Singer, Hittite Prayers, Leiden.

Stausberg 1998: Michael Stausberg, Faszination Zarathushtra. Zoroaster und die europäische Religionsgeschichte der frühen Neuzeit, Berlin.

Stausberg 2002–2004: Michael Stausberg, Die Religion Zarathushtras. Geschichte - Gegenwart - Rituale, 3 Bände, Stuttgart.

Stausberg 2005: Michael Stausberg, Zarathustra und seine Religion, München.

Stolz 2001: Fritz Stolz, Grundzüge der Religionswissenschaft, 3., durchgesehene Auflage, Göttingen.

Suter 2000: Claudia E. Suter, Gudea's temple building. The representation of an early Mesopotamian ruler in text and image, Groningen.

Teasdale u. Cairns 1996: Wayne Teasdale und George F. Cairns (Hrsg.), The community of religions. Voices and Images of the Parliament of the World's Religions, New York.

Tomlin 2007: Graham Tomlin, Luther und seine Welt, Freiburg.

Trapè 2006: Agostino Trapè, Aurelius Augustinus: ein Lebensbild, überarb. u. erg. Neuauflage, München.

Tree 2007: Stephen Tree, Moses Mendelssohn, Reinbek bei Hamburg.

Uffelmann 2004: Uwe Uffelmann, Die Zisterzienser im hohen Mittelalter. Anspruch und Wirklichkeit einer europäischen Lebensform, Neuried.

Ulrich 2007: Jörg Ulrich (Hrsg.), Augustinus. Bekenntnisse, aus dem Lateinischen übersetzt von Joseph Bernhart, Frankfurt/Main.

Williams 2000: Paul Williams, Buddhist Thought. A complete introduction to the Indian tradition, London.

Wilson 1996: E.J. Wilson, The Cylinders of Gudea: Transliteration, Translation and Index, Neukirchen-Vluyn.

Witzel 2007: Michael Witzel, Rig-Veda: das heilige Wissen. Erster und zweiter Liederkreis, Frankfurt/Main.

Wolf 1996: Herbert Wolf (Hrsg.), Luthers Deutsch. Sprachliche Leistung und Wirkung, Frankfurt/Main.

Worcester 2008: Thomas Worcester (Hrsg.), The Cambridge Companion to the Jesuits, Cambridge.

Xeravits 2007: Géza György Xeravits (Hrsg.), The Books of the Maccabees: history, theology, ideology, Leiden.

Zenger u.a. 2006: Erich Zenger u.a., Einleitung in das Alte Testament, sechste, durchgesehene Auflage, Stuttgart.

Ziolkowski 1993: Eric J. Ziolkowski (Hrsg.), A Museum of Faiths. Histories and Legacies of the 1893 World's Parliament of Religions, Atlanta, Georgia.

Register

Das Register enthält eine Auswahl der wichtigsten Namen und Begriffe. Andere, die nur kurz erwähnt und nicht näher erläutert werden, blieben unberücksichtigt.

Aus dem Verlagsprogramm

Sternstunden in der Beck'schen Reihe

Otto A. Böhmer
Sternstunden der Philosophie
Von Platon bis Heidegger
2008. 204 Seiten. Paperback
(Beck'sche Reihe Band 4064)

Thomas Bührke
Sternstunden der Physik
Von Galilei bis Heisenberg
2008. 260 Seiten mit 12 Abbildungen. Paperback
(Beck'sche Reihe Band 4062)

Alexander Demandt
Sternstunden der Geschichte
Von Babylon bis Berlin
2008. 334 Seiten mit 11 Karten. Paperback
(Beck'sche Reihe Band 4060)

Nikolaus de Palézieux
Sternstunden der Musik
Von J. S. Bach bis John Cage
2008. 194 Seiten mit 14 Abbildungen. Paperback
(Beck'sche Reihe Band 4063)

Susanna Partsch
Sternstunden der Kunst
Von Nofretete bis Andy Warhol
2008. 230 Seiten mit 31 Abbildungen. Paperback
(Beck'sche Reihe Band 4061)

Verlag C. H. Beck

Weltreligionen in C. H. Beck Wissen

Verlag C. H. Beck